全国优秀教材二等奖

新编21世纪政治学系列教材

当代中国政治制度导论

第二版

An Introduction to Contemporary China's Government and Politics

杨光斌 著

中国人民大学出版社

·北京·

作 者 简 介

杨光斌 中国人民大学政治学系二级教授，教育部长江学者特聘教授，博士生导师，《比较政治评论》创刊主编。研究领域为政治学理论、比较政治、当代中国政治、中国国内政治经济与对外关系。著作有《让民主归位》、《政治学的基础理论与重大问题》、《政治变迁中的国家与制度》、《制度的形式与国家的兴衰》、《制度变迁与国家治理：中国政治发展研究》、《中国政治发展的战略选择》、《中国经济转型中的国家权力》、《中国政治变迁中的观念与利益》、《中国国内政治经济与对外关系》等。

内 容 简 介

本书在阐述新中国政治发展和当代中国政治基本性质的基础上，系统、深入地考察了当代中国政治是如何发展而来的，从“党和国家领导体制”和“立法—行政—司法体制”两方面详细介绍当代中国的政治制度，并对政治制度下动态、真实的政治关系和政治过程进行考察。本书既包含了中国政治制度的基本方面，又追踪了近年来出现的政治权力结构即政治关系的变化，诸如党政关系的变化、国家—社会关系的变化、政治—市场关系的变化，以及中央—地方关系的变化等，是全景式和动态式了解当代中国政治制度的入门之作。此次修订把政治制度分为两篇分别加以阐述，新增加了“政治关系与政治过程”部分。

总　序

改革开放是新中国成立以来的又一次革命。过去几十年的改革开放已经给中国带来革命性变化。这种革命性变化不仅体现在经济、政治等层面的现实生活上，而且还体现在因现实的变迁而带来的理论上的创新和发展以及由此带来的政治学学科建设上的成就方面。

在我国，计划经济体制已经让位于社会主义市场经济体制，同时由经济变革带来的政治体制上的变化也是有目共睹的。首先，在民主法治建设上，政治的制度化正在加强，其中一个重要标志就是终身制的废除和退休制度的形成。其次，在国家结构上，过去在计划经济时期的简单的单一制已经转变为更加复杂的国家结构关系。中央与地方、地方政府与地方政府之间的关系有了更多的市场经济特征。再次，在国家与社会之间的关系上，过去是“大政府（国家），小社会”，现在正向“大政府（国家），大社会”的方向变化。最后，在意识形态上，过去那种对待马克思主义、毛泽东思想的封闭、激进而又教条的态度已经转变为开放、理性而又灵活的态度，因而形成了引导改革开放事业的中国特色社会主义理论体系。所有这些变革，都是我们在几十年前所无法想象的。当然，在政治进步的同时，存在的问题也不容回避。那就是迫切需要建立一套约束政府权力、使人民群众的真实意愿和利益诉求能够得到顺畅表达的机制，以便从根本上保证社会的稳定与和谐。这些问题的解决，不仅需要实际工作者在体制创新方面的实践，更需要政治学学科的发展和政治学专业人才的智慧与理论贡献。

我国的政治变革既是对政治学研究工作的挑战，又是促使政治学发展的良好机遇。我国的政治学在这种压力与机遇并存的环境中正在快步前进。首先，在学科分类上，政治学已经从法学中独立出来而成为一级学科。其次，在学科分支上，政治学从马克思主义政治理论、制度史、思想史发展成为学科门类更加丰富、更加有特色的一门学科，诸如新政治经济学、政治社会学、政治心理学、政治文化、政治学方法论等。再次，在研究方法上，从单一的阶级分析法发展成为以历史唯物主义为基础的多元化方法论，诸如行为主义、理性选择主义以及方兴未艾的新制度主义。最后，在问题研究上，无论是深度还是广度，我国政治学界都取得了可喜的成就，为中国的政治发展和政治变革做出了自己应有的贡献。当然，在看到成绩的同时，也不能无视发展中的不足。作为中国政治学学科建设和发展的见证人，我们不能不为政治学发展中的结构性缺失而忧心忡忡。比如，就专业刊物而言，不要说与经济学、法学和历史学比较，就是和政治学的二级学科国际关系比较，政治学专业刊物的数量也是少之又少。这种现象严重制约了我国政治学的发展，很多优秀的研究成果只能散见于综合性学术刊物和大学学报。

中国政治学学科发展的基础是高校政治学专业建设。自 1980 年恢复政治学专业以来，政治学系或政治与行政管理学系已经成为很多高校的普遍性建制。而且在各高校政治学专业竞相发展的过程中，我们很高兴地看到各个高校的政治学学科建设，无不生机勃勃，成就斐然。其中特别值得一提的是中国人民大学。人所共知，中国人民大学一直是中国近代政治制度的研究重镇。同时，中国人民大学在学科发展中非常注重教材建设，经过专业优化组合的“新编 21 世纪政治学系列教材”在全国享有很高的声誉，是我国很多高校政治学专业和行政管理学专业的必备教科书。从已经出版的教材来看，我认为，“新编 21 世纪政治学系列教材”具有如下特点：

第一，体系上的创新性与独特性。教科书固然应该有通用的内容，但是在教材林立的今天，千篇一律而了无特色的教材是难以立足的，也难以为社会所认可和接受。“新编 21 世纪政治学系列教材”中的每一本教材在体系上的创新性与独特性都是很突出的。

第二，内容上的研究性与新颖性。体系上的独特性应该由内容上的研究性与新颖性构成。教科书不但要介绍一般性的概念和理论，还应该容纳最新的理论研究成果以及对有关理论成果的看法与评价。该系列教材的一个重要特征是，这些教材都是作者们基于自己多年的教学与研究心得而撰写的具有新意的研究性作品。一本好的教科书之所以享有盛名，就在于其因体系上的独特性和内容上的研究性而形成的权威性。

第三，观点上的全面性与选择性。教科书是一种通论性的著作，因而包容的学术观点、理论应该尽量全面。但是，在信息爆炸的时代，一本书企图容纳所有的观点是不可能，也是不必要的。因为有的观点不过是个别学者的偶发奇想而不具有普遍性。这就需要撰写者去伪存真，认真取舍。我很高兴地看到，本系列教材在追求观点的全面性时，也没有忘记选择性原则。

第四，方法论上的马克思主义原则性与包容性。我国的社会科学研究离不开马克思主义的基本方法论，尤其离不开历史唯物主义的指导，政治科学更是如此。但是马克思主义并不是凭空产生的，它是在吸纳人类精神文明优秀成果的基础上产生的，马克思主义的发展同样少不了与其他理论流派的碰撞以及对人类文明成果的借鉴与扬弃。封闭的马克思主义是没有生命力的，坚持马克思主义并不排除对其他理论流派的介绍与分析。正是基于这样的指导思想，本套教材在介绍马克思主义政治学的同时，能运用历史唯物主义的基本原理兼容并蓄地介绍和分析其他理论流派。

本套教材的上述特点决定了它们不但是有关专业的教师和学生必备的教学和学习用书，也是政治学研究者的重要参考书籍。虽然具有上述优点和特征，但是十全十美的社会科学著作是不存在的，因此，本套教材中的缺点与不足在所难免。衷心希望专家学者、广大读者积极批评、热情指正！

赵宝煦

第二版前言

写一本教科书而让读者基本理解中国政治，无疑是一项巨大的挑战。欣慰的是，海内外很多大学的中国政治课程在使用本书作为教科书。几年前到日本法政大学开会，东京大学的中国问题专家高原明生教授专程拜访我，说他正在使用我的《中国政府与政治导论》作为教科书，和我探讨书中的几个疑点。台湾政治大学等不少台湾的大学多年来也在使用本书作为大陆政治课的教科书，为此台湾五南图书公司 2007 年出版了繁体版，并几次再版。更有挑战性的是，如何让时时刻刻身处中国政治之中的读者读后而有所获益？一位学者型官员在一次演讲中说，“在我所阅读的与当代中国政治有关著作中，杨光斌教授的《中国政府与政治导论》算是基本上把中国政治说清楚了”。这一评价让我深感不安，因为 10 年前出版的《中国政府与政治导论》虽有些与众不同之处，尤其是关于党政关系的描述，但我个人认为很难说已经把中国政治说清楚了。

为了把中国政治说清楚，在“时间去哪儿了”的紧张、忙碌的研究日程里，有责任拿出时间修订这本教材。10 年过去了，中国政治依然在“不变”中“变化”着——不变的是基本政治制度，变化的是制度框架内的政治关系和政治过程。在过去 10 年里，自己在中国政治研究上也有不少心得和收获，出版了论文集《中国政治发展的战略选择》，发表了不少政治评论文章。将自己的研究成果转化成教科书产品，是我的一贯做法，比如《政治学导论（第 4 版）》，以避免和其他教科书的雷同，或者说其他教科书也不会和我的教科书雷同。

怎么才能把中国政治说清楚？当代中国政治至少包括具有内在逻辑关系的三大部分：中国政治是怎么来的——当下的政治制度是什么样的——政治制度是怎么运作的。如果按照法条文本讲干巴巴的静态的制度规定，不但学生觉得乏味而听不下去，教师自己也会觉得无味而讲不下去。因此，必须从历史的、动态的视野讲授中国政治。不但要讲政治制度是什么样的，更重要的是政治关系和政治过程是什么样的。

基于此，对《中国政府与政治导论》做了结构性的重大调整和内容更新。此次修订版由如下几个部分构成，首先讲当代中国政治发展即中国政治是怎么来的，制度部分分两篇即最为重要的“党和国家领导体制”和“政府体制”，最后是政治制度下的动态的、真实的政治关系和政治过程。此次修订版把政治制度分为两篇分别加以阐述，新增加了“政治关系与政治过程”部分。

在基本制度不变的前提下，中国的政治权力结构即政治关系都发生了重大变化，诸如党政关系的变化、国家—社会关系的变化、政治—市场关系的变化，以及中央—地方关系的变化等。政治的结构性变化必然导致政治过程的变化，其中最大的变化是公众参与政策过程的程度前所未有。

变化着的权力关系和政治过程告诉我们，我们不能再简单地运用一些舶来品（比如“威权主义”、“专制”、“极权主义”）而一成不变地套在中国身上，这是一种思想上的偷懒表现，也很洋教条主义。正如我多次所呼吁的，中国不应该只是理论的试验场，更应该是理论的发源地。所以这样说，作为政治学理论和比较政治学的研究者，我深知很多理论和概念都有特定的历史语境，或者是对特定国家的特定历史经验的量身定制，或者是冷战时期为政治斗争的需要而高歌自己、妖魔化对手的产物。不仅如此，历史上中国人似乎一直不擅长将自己的事务概念化、理论化，而善于概念制造的西方人又制造出太多的概念和理论，以至于概念泛滥。就这样，华人世界的很多学人总是不得不浸淫于过密化的概念世界，久而久之便成了观念的囚徒。结果，在比较治理意义上，相对于可比的发展中大国如印度、巴基斯坦、墨西哥、俄罗斯、印度尼西亚等，中国治理的成就和相对优势虽然有目共睹，但很多人，包括不少中国精英人士却认为中国错了，而印度和墨西哥却是对的。何来观念与现实的如此巨大的反差？对于中国和其他国家的比较，中国老百姓是怎么看的？印度和墨西哥甚至包括俄罗斯的精英又是怎么看的？

为此，中国急需基于自己历史文化和现实经验而形成的新概念、新表述。我认为，“国家治理体系和治理能力现代化”是一个不错的概念，它不但是对中国政治制度和政治关系的理论概括，也是对政治过程的一种理论总结。为此，本书的结语便是“国家治理体系和治理能力现代化”，我相信它将是未来相当长的时期内引领中国政治建设的总目标。

第一章由中共中央编译局李月军副研究员撰写，第三章由民政部尹冬华博士撰写。在此，特别感谢香港中文大学王绍光教授授权使用其《中国公共政策议程设置的模式》一文中的思想成果、感谢中国人民大学康晓光教授和郑州大学韩恒副教授授权使用其《分类控制》一文中的部分成果，相信本教科书因此而增色不少。

一如既往地欢迎读者的支持、批评与指正，让本书和变化着的中国政治一道健康成长！

杨光斌

中国人民大学明德国际楼 909 室

2014 年 5 月 18 日

目　录

绪 论

当代中国的政治制度变迁

重点问题

- 如何认识中国革命的政治意义？
- 新中国成立初期制度建设成功的经验是什么？
- 如何认识“大跃进”与“文化大革命”的关系？
- “文化大革命”时期的政治特征是什么？
- 观念与20世纪80年代的制度变迁是什么关系？
- 当前中国政治的基本特征是什么？

在了解我国的基本政治制度之前，很有必要对新中国成立以来的政治发展作一个线索性的勾画。当代中国的政治发展不仅是理解当代中国政治制度的基础，也是当代中国政治制度的一个动态过程。当然，要理解当代中国的政治发展和政治制度的运作，还应该具备中国政治传统、苏联政治和中国共产党历史方面的基本背景知识。

新中国成立以来，政治发展总体上可以划分为以下几个时期：1949—1956年制度建设时期、1957—1977年制度的曲折与衰退时期、1978年以来制度的恢复与发展时期。

第一节　新制度的建立

一、革命的意义

在介绍新制度的建立之前，有必要简单交代一下中国共产党革命的意义。我们一般把毛泽东领导的革命理解为社会主义和共产主义意义上的革命。其实，这场革命的意义远不止于此。从民族—国家建设的意义上看，这场革命还是一场推动民族国家重新整合的革命。

马克思主义关于革命的基本观点是，历史上的任何一次真正的革命，都将使社会发生急剧的变化和促进社会飞速发展，因为它宣告了旧制度的灭亡和新制度的诞生。这是历史发展中的质变，或者说，革命是政治现代化的重要手段。亨廷顿说：“一场全方位的革命，包括摧毁旧的政治制度和合法性模式，动员新社会集团参与政治，重新界定政治共同体，接近新的政治价值标准与合法性的新概念，由新的、更有活力的政治精英掌握政权，以及建立新的、更强有力的政治制度。就政治参与的扩张而言，一切革命都包含着现代化；就新的政治秩序模式的建立而言，某些革命还包含着政治发展。”① 这不仅是对某些资产阶级革命成果的总结，更是对社会主义革命作用的评价。因为社会主义革命大多是在政治经济文化相对落后的国家里发生的。革命不仅使这些国家的经济飞速发展，也使这些国家建立起了更先进的政治制度。革命使中国真正开始了政治现代化。

第一，完成了民族独立、国家统一的大业。晚清以后，中国处于半殖民地状态，殖民主义强国的“势力范围”到处可见。“九一八”事变后，日本侵占了东三省。在中国内部，军阀主义盛行，国家处于分裂状态。社会主义革命赶走了外国势力，实现了中国大陆的真正统一。从政治现代化标准来看，国家的统一或国家权力的统一是政治现代化必不可少的条件。革命创造了一个自立性政权，即对外独立、对内统一行政。

第二，实现了道德更新。革命胜利以前的中国像一盘散沙，缺少共同的利益意识。具体地说，旧中国的政治制度腐败，政治四分五裂，地方势力猖獗，追求私利成为人们的目标，人们效忠的对象是家族和其他小集团。革命摧毁了旧的社会秩序，同时也消灭了旧的社会阶级、多元状态和狭隘的效忠意识。革命创造了新的、更普遍的道德观念和合法性源泉，新的道德观念是全国性的而非地域性的。在旧秩序下，公共利益被彼此冲突的地方势力分割；在新秩序下，公共利益表现为全国的、人民的、革命的利益。自中国近代以来，没有哪一个政权获得过比共产党政权更多的支持和拥护。如果说认同是落后国家进行现代化的一个关键因素，那么中国的社会主义革命就解决了这一问题。革命是有代价的，但这种代价不是徒劳的，在革命中诞生的共产党政权给中国带来了前所未有的政治稳定以及经济增长所必需的政治结构。因此，革命创造了一个具有高度凝聚力的合法性政权。

第三，革命所创立的政治制度也具有高度的复杂性。和近代以来许多国家的革命一样，中国的革命也建立了一种全新的政治制度，即民主集中制，它有效地使革命形成的权力合法化和制度化。一个强大的政党能使群众的支持制度化。共产党通过它的社会联系纽带，如共青团、工会和妇联组织，成功地联系着群众，了解群众的要求。政府则充当政策输出的角色。政党还在政府各部门进行政治上和组织上的领导。这种政治结构上的复杂性有力地保证了共产党的领导。同时，在社会层面，各企事业单位有力地执行党和政府的政策，使单位成了联结党与社会的重要桥梁。这些复杂的政治机制保证了政治功能的灵活性及应付复杂问题的能力。

总之，社会主义革命建立的新政权使广大人民群众成了国家的主人，人民群众参与政治的热情空前高涨，而政治体系的高度制度化则为满足人民的参政要求和推动社会变革提供了制度保障。

社会主义革命带来了政治现代化。但革命不是万能的，一个国家不能永远处于革命性的政治运动状态，否则，这个国家就没有机会进行现代化建设。

---

① ［美］塞缪尔·亨廷顿：《变迁社会中的政治秩序》，301页，北京，华夏出版社，1987。

二、统治秩序的确立

统治秩序是社会各阶级经过特殊斗争和较量之后形成的，是斗争的胜利者强加于整个社会的统治行为。因此，政治统治的第一步是以暴力为后盾，建立有利于自己的统治秩序。为了建立新的政治秩序，取得革命胜利以后的中国共产党首先做了以下几件事情：

第一，土地改革。中国的社会主义革命在某种意义上是一场中国共产党领导的农民革命，大多数革命者的基本诉求是拥有自己的土地，因此，土地改革运动可以认为是巩固革命成果的一个根本举措。1950 年冬天开始的在新解放区开展的土地改革运动到 1953 年春天基本完成，全国 3 亿多无地少地的农民无偿分得了土地和其他生产资料。土地改革运动彻底消灭了封建制的土地制度，是中国历史上规模最大的一次土地制度的革新，使新政权从根本上获得了大多数人的衷心支持。

第二，镇压反革命。朝鲜战争爆发后，新政权的敌对势力空前猖獗，他们组织武装暴乱，袭击、围攻区、乡政府，甚至攻击县政府。仅在 1950 年春天到秋天的半年时间内，新解放区就有 4 万名干部和群众被杀害。为此，1950 年 10 月开始镇压反革命，重点是土匪（匪首、惯匪）、特务、恶霸、反动会道门头子和反动党团骨干分子。到 1951 年 10 月，在运动中共惩处各类新政权敌对分子 300 万人，保证了新政权的稳定和各项工作的顺利推进。

第三，“三反”和“五反”。1951 年底在共产党内开展了一场反对贪污、反对浪费、反对官僚主义的“三反”运动，同时在私营企业里开展了一场反对行贿、反对偷税漏税、反对偷工减料、反对盗窃国家财产、反对偷窃国家情报的“五反”运动。“三反”、“五反”运动使城市中的工人阶级有了更加强烈的阶级斗争意识，加强了共产党在私人企业中的工会和党组织的建设，为大规模地推行计划经济作好了组织上的准备。

上述三次大规模的政治运动是在抗美援朝的大的国际背景下发生的，目的是为了巩固新政权和建设一个全新的社会。

第四，重建社会道德。1950 年 5 月，中央人民政府颁布的《婚姻法》规定：废除包办强迫、男尊女卑、漠视子女利益的封建主义婚姻制度。实行男女婚姻自由、一夫一妻、男女权利平等，保护妇女和子女合法利益的新民主主义婚姻制度。这是新中国反封建斗争的一次深入。与此同时，新政权还采取坚决措施，彻底取缔旧社会遗留的卖淫嫖娼、贩毒吸毒、赌博等各种社会丑恶现象，使社会风气大为好转。

第五，改革文化教育制度和改造知识分子的思想。政治合法性不仅来自受惠者组织上的支持，更重要的是思想上的认同。因此，改革旧的文化教育制度是新政权的必然任务。首先，各地军管会立即接管各级学校，在组织上建立共产党组织、共青团、少先队、学生会和教工组织，在教学上开设马克思列宁主义和毛泽东思想等理论课程。不仅如此，新政权还组建了自己的大学。1949 年 12 月，政务院决定开办中国人民大学作为培养国家建设干部的新型正规大学。其次，接管外国势力所办的文化、宗教和传媒机构。最后，改革旧的社会文化事业，建立共产党领导文化事业的组织，使所有作家、文艺工作者都纳入党所领导的协会之中，例如从事创作的艺术家都被编入中国文学艺术界联合会。在这个联合会内，各个学科又有自己的组织，如中国作家协会、中国戏剧家协会，这些协会在各个省和各大城市又有分会。

在组织上进行整合的同时，新政权也开始了人类历史上最具有挑战性的工程，即改造人的思想，把具有旧思想的人改造为具有新思想的人，把自私的人改造为毫不利己、专门利人的人。在所有人群中，最需要改造的是知识分子。毛泽东说："思想改造，首先是各种知识分子的思想改造，是我国在各方面彻底实现民主改革和逐步实现工业化的重要条件之一。"① 从1951年9月开始，在全国范围内开展了一场知识分子思想改造运动，使知识分子学习和运用马克思主义的基本观点和方法。

但是，由于政治挂帅的原因，在这场思想改造运动中，学术问题变成了政治问题，学术讨论变成了政治批判，例如对电影《武训传》的批判。"以对电影《武训传》的批判为发端，毛泽东后来在思想文化领域又发动过几次批判运动，都有消极的方面，对新中国文化教育事业的发展带来严重的损害，其经验教训是值得深刻汲取的。"②

至此，新的政治格局在新中国成立后的4年内基本建立起来。

三、制度建设和法律建构

统治阶级依赖暴力后盾是为了确立有利于自己的政治制度，统治者首先应健全和完善各种制度或政治机构。政治制度越复杂，政治体系也就越稳定，因为不同的政治部门有解决不同问题的功能。制度建设通常主要表现为法律建构。法律是掌握国家管理权力的统治阶级的意志的体现，是统治阶级把现存的统治关系固定化的形式，也是统治阶级达到利益普遍化目的的最好手段。所谓利益普遍化，就是统治阶级把自己的利益和意志变成全社会的利益和意志，使统治阶级的利益要求上升为社会公共利益的要求，并且获得普遍效力，从而直接制约和指示着社会经济生活的所有领域和整个过程。利益以法律面貌出现，自然容易获得权威性认可。历史上很少有向法律挑战的现象，法律越完备、越健全，统治阶级的地位就越牢固。因此，成熟的统治阶级十分注重以法律手段去保护政治制度，国家力量或暴力也往往以法律为中介而表现出来。

在统治秩序基本确立以后，新政权就立即开始了制度与法律的建构。

第一，政治制度的建构。在建构正式的政治制度之前，作为执政党的共产党首先建立了党委会制度和党组制度以加强党对政府的领导。在加强党的领导的同时，新中国政府并没有忽视政权合法化的问题。1954年9月，第一届全国人民代表大会在北京召开，大会通过了《中华人民共和国宪法》（简称《宪法》）、《中华人民共和国全国人民代表大会组织法》、《中华人民共和国国务院组织法》、《中华人民共和国人民法院组织法》、《中华人民共和国人民检察院组织法》、《中华人民共和国地方各级人民代表大会和地方各级人民委员会组织法》等一系列法律。

关于国家的性质和政治制度，《宪法》规定："中华人民共和国是工人阶级领导的、以工农联盟为基础的人民民主专政的社会主义国家。""中华人民共和国的一切权力属于人

① 《毛泽东文集》，第6卷，184页，北京，人民出版社，1999。
② 何沁主编：《中华人民共和国史》，66页，北京，高等教育出版社，2002。

民。人民行使国家权力的机关是全国人民代表大会和地方各级人民代表大会。”全国人民代表大会是最高国家权力机关，是行使国家立法权的唯一机关。人民代表大会实行民主集中制原则。

宪法规定了公民的基本权利和义务，规定在少数民族集中的地区实行民族区域自治。

宪法和相关的组织法确立了我国政治制度的基本框架。宪法表明，新中国的政治统治方式在短短几年时间里发生了根本性变化，由军事统治转变为文职管理。

第二，经济制度的建构。无论是农业还是工业，在新政权建立后的短短几年内都完成了从私有到国家所有的巨变。这种产权关系的变更显然不是建立在交易基础上而自然形成的，而是国家依靠其强制力量创建的。

1949 年建立新的国家的同时，没收了国外企业、官僚资本企业并将之改造为社会主义全民所有制企业。从 1953 年开始，国家开始对私人所有的工业、商业进行改造，到 1956 年完成，同时土地集体化运动也达到高潮。这样，中国的经济制度即产权制度发生了根本性变化，公有产权基本上取代了在我国存在了几千年的私有产权。

随着对土地、工业、商业所有权改造的完成，新的国家建立了计划管理体制，国家计划委员会①成为经济制度中举足轻重的一环。计划经济实际上就是一种中央集权制经济。

计划经济不仅表现为中央集权制，还直接体现为产权与政权的合一性。国有产权的主体在理论上是国家，但国家是抽象的，国家的权力由各级政府直接实施，因而，国家所有实际上就是各级政府所有，是中央各部门和地方政府所有。在政企合一的体制下，企业单位已经不再是传统意义上的经济组织，而是政治制度中的重要部分。这种政治与经济的特殊关系决定了领导人对政治的态度和行为直接决定着企业的命运。不仅如此，在中央集权制下的干部委任制中，由于企业是行政权力的一环，企业具有行政功能和行政级别，在很长的时间里，企业领导人的政治追求往往大于对经济利润的追求，从而直接约束企业的创新动力。

土地制度改造的完成和计划经济体制的建立，标志着中国完成了社会主义国家基本的制度建设。社会主义国家在经济上体现为以公有制为基础的计划经济制度。

第三，文化制度的建构。在新制度主义看来，作为软性制度的政治文化、意识形态是与硬性的政治制度和经济制度相辅相成的。因此，在建设新的政治制度和经济制度的同时，势必要批评旧思想或与马克思列宁主义、毛泽东思想相左的思想。从 1954 年开始，在思想文化领域开展了对“资产阶级唯心主义思想”的批判，其中重点批判了俞平伯的《红楼梦》研究、胡适的学术思想和胡风的文艺思想。既然是政治批判，就自然地把学术问题上升到政治问题，同时采取了全盘否定的非历史唯物主义的态度。② 在经过几年的马克思列宁主义和毛泽东思想基本理论的普及和对一系列思想的批判以后，毛泽东在 1956 年 4 月提出“百花齐放、百家争鸣”的著名的“双百”方针。

---

① 国家计划委员会于 1998 年更名为国家发展计划委员会，又于 2003 年将原国务院体改办和国家经贸委部分职能并入，改组为国家发展和改革委员会。

② 参见何沁主编：《中华人民共和国史》，106 页。

至此，新中国的基本政治制度、经济制度和文化制度已经全部建立起来，在苏联的帮助下，新中国在工业、农业和教育方面都取得了非凡的成就。

四、成功的经验

根本经验是党内的团结，虽然其间出现了“高饶事件”。党内团结的根本原因在于：第一，新政权一致认同苏联模式就是新中国的社会主义道路，因而在如何建设新中国的问题上没有异议。第二，党内民主。虽然毛泽东是党内核心，但多年战争所形成的战友式的关系使其他领导人还能比较平等地与毛泽东探讨问题。第三，与第二个方面相联系，是毛泽东个人的作用。在抗美援朝胜利以后，毛泽东的个人威望在党内又得到进一步提高，毛泽东的绝对权威对领导核心的稳定起了关键作用。在这一时期，毛泽东对党内的纷争扮演了公正的仲裁者的作用。同时，他对自己不太熟悉的领域比如经济建设方面能够保持谦虚和审慎的态度，这对充分发挥以陈云为代表的经济专家和技术专家的作用很有帮助。

但是，在制度不健全的条件下，个人的作用是不确定的。接下来的历史表明，毛泽东的权威为领导集体的团结提供了可能性，但却不是这种团结的保证。

五、政治特征

这一时期的基本政治特征如下：

第一，在政治上，确立了以中国共产党为领导核心的政治制度。党的组织不仅在党内建立起来，也在政府机关和社会团体中建立起来；

第二，在经济上，确立了基于公有产权之上的中央集权的计划经济体制，根本性地改变了几千年以来以私有制为主体的经济制度；

第三，在国家与社会关系上，由于政治上党的组织向基层社会的延伸和经济上计划经济体制的形成，以及单位体制的建立，形成了国家对社会的全面控制和个人对国家的全面依附关系；

第四，在意识形态上，共产主义理想是整合社会道德的主导政治思想，同时很多人也自觉地以这一新思想要求自己的言行，为国家奉献自己的一切。

这样，新中国建立起来的政治模式是一个具有高度动员性的、为克服过去 100 多年社会全面危机的政治体制。这样的政治又被称为全能主义政治，即国家的组织和控制延伸到社会的每一个角落以进行政治统治。

第二节 制度的曲折与衰退

政治发展过程中不仅有前进，也有曲折甚至衰退；政治发展的方向也是多方面的，可能有民主的方向，也可能有反民主的方向。而政治衰退和反民主方向的发展都会导致现代化的中断。很多发展中国家的现代化过程都出现过中断，而我国的“文化大革命”带来的政治衰退事实上就是现代化中断。

一、制度的曲折时期

1954 年宪法可以认为是一部关于社会主义人民民主的制度架构的规定，1956 年党的八大明确肯定了党内民主的主张，毛泽东提出的“双百”方针和《关于正确处理人民内部矛盾的问题》（1957年2月）可以认为是对新中国建设社会主义民主的鼓励。但是，从1957年开始，新中国在制度发展上陷入了曲折时期，其标志是反右派斗争扩大化、“大跃进”中的庐山会议和“大跃进”中的法律虚无主义。

1. 反右派斗争扩大化

反右派斗争的国际背景是1956年匈牙利的“十月事件”，1957年春天，毛泽东决定在全党开展整风运动，批判官僚主义以防“匈牙利事件”在中国重演。一改过去党内整风的做法，毛泽东要求动员党外人士向共产党提出批评、建议。

在对执政党的批评建议中，绝大部分意见是中肯的和积极的。但也有少数人攻击党和社会主义制度，攻击现实“政治黑暗，道德败坏”，提出“根本办法是改变社会主义制度”，鼓吹“轮流坐庄”。①

对于极端言行进行反击是完全正确和必要的，但是，反右派斗争严重扩大化。反右派斗争的扩大化酿成了严重的后果。

第一，严重侵害了宪法规定的“言论自由”的公民权利，损害了社会主义民主，打击了广大知识分子对建设社会主义的积极性，造成国内政治生活的不正常，扭曲了国家与社会之间的关系。

第二，使中国在发展方向上陷于误区。反右派斗争扩大化以后，毛泽东修改了党关于社会主要矛盾的正确判断，认为我国当时的主要矛盾仍然是无产阶级和资产阶级、社会主义道路和资本主义道路之间的矛盾，最终使党和国家长期陷入阶级斗争扩大化的误区。

反右派斗争的扩大化是我国政治发展陷入曲折历程的开端。

2. “大跃进”和庐山会议

“大跃进”把刚走上发展正轨的中国经济带向崩溃的边缘，对党的领导人的威望造成影响。因此，1959年8月在庐山召开的纠“左”会议变成了进一步推动“大跃进”的会议，批评“大跃进”的彭德怀等人被定为“反党集团”。

“大跃进”和庐山会议的政治后果是：第一，党内民主遭到严重损害，并形成了个人崇拜。在党的领导核心中以阶级斗争的办法解决意见分歧，破坏了多年来党内上层的民主传统。如果说反右派斗争的扩大化破坏了社会民主，那么庐山会议则破坏了党内民主。庐山会议之后，党内有数十万人被重点批判和定为“右倾机会主义”。

第二，经济问题变成政治问题。在以后的社会主义经济建设中，任何不同的经济建设主张都可能被扣上政治帽子，从而使经济建设变成了政治运动。

第三，为“文化大革命”埋下种子。在如何评价“大跃进”所带来的经济后果的问题上，毛泽东等人坚持认为后果不太严重，而刘少奇等人则实事求是地认为必须采取一些农民能够接受的办法来恢复农村经济。事实上，刘少奇的经济路线对恢复“大跃进”后的中国经济有非常积极的作用。这样，毛泽东在党内的权威受到影响，转而以“阶级斗争扩大化”的方式主导政策。可以认为，“文化大革命”之前的党内分歧都是因“大跃进”而引

---

① 参见朱正：《1957年的夏季：从百家争鸣到两家争鸣》，第4章、第8章，郑州，河南人民出版社，1998。

起的。

3. 法律虚无主义

为了鼓励“大跃进”中群众的热情，1958年毛泽东公开提出“不能靠法律治多数人”。1958年，中央政法小组在《关于人民公社化后政法工作一些问题向主席、中央的报告》中认为，刑法、民法和诉讼法已经没有必要制定。1959年4月，撤销了国家司法部和监察部，不久又撤销了国务院法制局。国家最高权力机关也在急剧萎缩之中，1959年以后，全国人大常委会机关的工作人员被裁减至100多人。

这样，新中国建立起来的基本制度，尤其是法律体制被严重削弱，表明中国已经陷入了制度困难时期。

二、制度的衰退

“文化大革命”使中国进入全面的制度衰退时期。“文化大革命”发生的原因可以简要地归结为：第一，毛泽东对社会问题判断的失误。“大跃进”以及随后的三年困难时期使城乡矛盾、就业问题、升学问题空前突出，资源的短缺使有权者具有先天的拥有资源的优势，因此毛泽东认为党内已经形成一个官僚主义阶级，毛泽东要以群众的力量消灭这个新阶级。第二，苏联的国内政治变化和中苏冲突使得毛泽东相信中国有可能走苏联式的道路。第三，“文化大革命”是“大跃进”后党内分歧的总爆发，毛泽东希望以革命的手段彻底解决问题。

毛泽东之所以能够发动“文化大革命”，根本原因在于：第一，长期的个人崇拜所形成的深厚的群众基础。第二，根据我党的决议，是江青文人集团、林彪军事集团的别有用心的支持和利用。

“文化大革命”对政治制度造成的冲击是：第一，由毛泽东支持1967年1月上海造反派夺权开始，全国省市一级掀起了夺权风暴，从而使政府机关陷于瘫痪之中。夺权以后形成了“三结合”的政治格局，即由造反派、遗留党政干部和军队各出代表组成“革命委员会”取代了宪法规定的行政机关，地方政府的职能部门被“革命委员会”的各种工作小组所取代。

第二，“文化大革命”领导小组虽然名曰在政治局常委会的领导下工作，却是事实上的最高决策机关，凌驾于政治局和政治局常委会之上，从而使我党规定的最高决策机关陷入瘫痪。

第三，在“踢开党委闹革命”的指示下，造反狂潮扩展到社会生活各个领域，从而使党的领导陷入瘫痪状态。

第四，红卫兵运动极大地破坏了社会秩序和法制。红卫兵运动由最初的破除“四旧”（即所谓的旧思想、旧文化、旧风俗和旧习惯）发展为抄家、打人、砸物。无数优秀的文化典籍被付之一炬，大量国家文物遭受洗劫，许多知识分子、民主人士和干部遭到批斗。

第五，法制被彻底践踏。当时作为公安部部长的谢富治公然号召“砸烂公检法”，县委书记集法院和检察院职能于一身而审案定案；“大鸣、大放、大字报、大批判”公然蔑视宪法，制造了“大批判的政治”氛围。在“大批判的政治”下，只有观念上的对与错，道德上的好与坏，就是没有法律上的标准。

在“文化大革命”初期，由于“文化大革命”领导小组凌驾于政治局常委会之上，造反派“踢开党委闹革命”，使得国家政治生活面临全面的危机，政权本身也面临丧失权威的危机。为此，毛泽东不得不重建权力机制，并于1969年召开了党的第九次代表大会，大会确定林彪为毛泽东的接班人。但是，在1 500位代表中，军人占45%的席位，这不能不让毛泽东感到不寻常。1971年9月，发生了林彪军人集团阴谋夺权事件。

从1969年国家主席刘少奇的被迫害致死，到1971年粉碎林彪集团的阴谋夺权，再到1973年借“批林批孔”而批判实际主持工作的周恩来，又到1975年“反击右倾翻案风”并于1976年“四五”事件而打倒实际主持工作的邓小平。在整个“文化大革命”的十年期间，国家的政治生活处于极度的不正常状态之中，暴露了接班人制度的根本缺陷。

“文化大革命”最直接的后果是2亿人受到株连，教育文化事业备受摧残，派系政治无处不在并造成政治分裂，共产党面临合法性危机。其长远后果是：“文化大革命”中的“打砸抢”行为事实上是民族道德的沦丧，从而造成了中华民族生存的危机。

三、政治特征

1957年以后尤其是十年“文化大革命”的政治具有下列特征：

第一，个人的权力大于党和法律，党的领导制度被严重破坏，法律制度荡然无存，公民的基本权利被践踏。

第二，扭曲了国家政权的性质，法西斯主义行为盛行。邓小平说，“文化大革命”是林彪、江青集团的法西斯专政。肯定“文化大革命”成果的1975年宪法将1954年宪法中人民民主专政的国家性质改为“无产阶级专政”，将“无产阶级专政”说成是上层建筑中包括各个文化领域内的全面专政。在此旗号下，林彪和江青集团公然实行法西斯专政，法西斯专政的典型是谢富治伙同陈伯达、张春桥合谋炮制的“公安六条”，说任何反对“文化大革命”和毛泽东、林彪的言行“都是现行反革命，应当依法惩办”。

第三，在经济领域，政治挂帅使得经济全面依附于政治，全面为政治服务。

第四，在意识形态上实行被彻底歪曲的马克思列宁主义，实行“无产阶级专政下继续革命”的理论。

总之，1957年以来，中国政治进入了不正常的时期，而“文化大革命”彻底摧毁了共产党执政以来建立的政治制度和法律体系，使中国政治出现了全面的衰退。

第三节　制度的恢复、建设与新走向

1976年10月“四人帮”失败后，“文化大革命”并没有彻底结束。华国锋等人提出了“两个凡是”，即凡是毛主席作出的决策，我们都坚决维护，凡是毛主席的指示，我们都始终不渝地遵循；1978年初通过的宪法继续坚持“以阶级斗争为纲”，坚持“无产阶级专政下继续革命”的理论，强调要“巩固和发展无产阶级文化大革命的伟大成果”。只是经过真理标准问题大讨论和1978年底党的十一届三中全会以后，我国的制度才开始恢复与发展。我们把1978年以来的政治大致划分为两个阶段：从1978年到1991年和从

1992 年至今。

一、从 1978 年到 1991 年

制度的恢复与发展并不是一帆风顺的，“文化大革命”说明，我国必须改革。在社会主义国家进行改革本身就是一个探索的过程，因此，如何在我国进行改革，是一个“摸着石头过河”的过程，其间 20 世纪 80 年代的政治经济关系体现了“收放”循环的特征。巧合的是，双年份总体上体现为“放”的特征，而单年份则体现为“收”的特征，当然这种划分并不绝对，在有些年份，收放有时交替进行。更重要的是，鉴于“文化大革命”的惨痛教训，在 20 世纪 80 年代的最初几年，以邓小平同志为核心的党中央领导集体一直在进行新的制度建设。

第一轮，1978—1979 年。1978 年的标志性事件是真理标准大讨论和确定中国政治方向的党的十一届三中全会的召开，中国从此步入了正确的历史轨道。真理标准大讨论针对的是“两个凡是”和如何认识“文化大革命”，大讨论解放了人们的思想。党的十一届三中全会决定将我党的工作重心转向经济建设，这是经历了十年政治动荡以后我党第一次将经济工作作为中心。在经济体制上，安徽个别地区开始实行农村联产承包责任制，传统的土地制度开始出现松动。

1979 年邓小平提出了“四项基本原则”，即坚持社会主义道路，坚持中国共产党的领导，坚持人民民主专政，坚持马克思列宁主义、毛泽东思想。“四项基本原则”是针对当时一些人否定共产党领导和马克思列宁主义而提出的。这一年修改通过的《中华人民共和国选举法》将直接选举的范围由 1953 年《中华人民共和国选举法》规定的县级扩大到乡一级，并规定推荐人大代表的团体可以以任何方式介绍其候选人。在经济上，继续推动土地制度的变革。

第二轮，1980—1981 年。1980 年是政治和经济开始全面改革的一年。在经济上，除了全面推动土地制度的变革以外，决定在深圳、珠海、汕头和厦门建立经济特区。在政治上，邓小平在政治局扩大会议上的题为《党和国家领导制度的改革》的讲话，标志着邓小平决心启动政治体制改革工程。在讲话中，邓小平入木三分地指出了存在于党和国家领导制度中的根本性问题是党政不分和党的“一元化”领导口号下的个人专权。在政治实践上，1980 年开始县级以下的人民代表大会的直接选举。

1981 年在意识形态上批判电影《苦恋》。《苦恋》事实上是一种伤痕文学，说什么“我爱我的母亲，我的母亲不爱我”。伤痕文学在打倒“四人帮”以后就开始出现，到 20 世纪 80 年代初达到顶峰，主要是揭露人们在“文化大革命”时期的苦难历程以及人性的变异。但是《苦恋》这种主题并不利于正处于转折时期的中国。在经济上，由于经济过热，中央开始部分地控制、压缩经济建设规模。

第三轮，1982—1983 年。1982 年党的十二大召开，提出“建设有中国特色的社会主义”思想，强调社会主义精神文明和物质文明都要靠社会主义民主来保证。与此同时，1982 年宪法也恢复了 1954 年宪法的基本原则。1982 年宪法和《中国共产党章程》（简称党章）要求党在宪法范围内活动。

1983 年党内整风并在理论上反对“精神污染”。1982 年前后在理论界和文艺界集中

讨论人道主义和异化问题，这其实是伤痕文学在政治理论界的反映。其主要观点是，马克思主义的一个核心是人道主义，但是社会主义制度建立以后，制度本身却成为扭曲人性的工具，因而是对马克思主义的异化。中共中央认为，这实际上是在攻击马克思主义和社会主义制度。在 1983 年 10 月召开的中共十二届二中全会上，邓小平提出在思想战线上反对资产阶级自由化和精神污染。“根据这次会议精神开展的反对精神污染，即反对资产阶级自由化的斗争，由于党的总书记胡耀邦的消极对待，未能进行下去，造成严重后果。”①

第四轮，1984—1985 年。1984 年以城市为重点的整个经济体制改革开始启动，经济改革从农村走向城市，开始触及中国经济的根本体制。1984 年 10 月，中共中央作出了《关于经济体制改革的决定》。该决定第一次提出建立有计划的商品经济，商品经济是社会发展不可逾越的阶段。同年，中央决定开放 14 个沿海城市。在文学艺术界，由于对自由化的消极态度，资产阶级自由化倾向继续蔓延。

1985 年经济上收缩和调整，在理论上批评资产阶级自由化。在政治上，召开了党的全国代表会议，一大批中央委员退休，标志着共产党集体退休制度的正式启动。这是制度化建设的一个历史性进步。

第五轮，1986—1987 年。1986 年中共中央公布邓小平在 1980 年题为《党和国家领导制度的改革》的讲话，预示党中央和邓小平决定正式启动政治体制改革的艰巨工程。

1987 年 10 月召开的党的十三大提出社会主义初级阶段理论，十三大的政治主题是关于党政分开的政治改革，由于受 1989 年政治风波和 1991 年苏联共产党垮台的影响，十三大的政治改革设计被搁置。

第六轮，1988—1989 年。1988 年，经济过热诱发的经济短缺和经济双轨制引起的“官倒”腐败使社会矛盾加剧。

1989 年的政治风波迫使中央收紧各项政策。经济政策的调整到 1991 年完成，政治思想工作受到改革开放以来的空前重视，党在各方面的领导进一步加强。

收放循环的政治经济关系在 1992 年邓小平发表南方谈话后终于结束，中国从此走上了比较平稳的发展道路。

如何解释 1978 年到 1991 年的政治经济关系的循环表现？第一，政治与经济的共振性。在没有实现以市场经济为导向的改革中，政治和经济的关系是基于公有权之上的孪生兄弟，经济波动会带来政治上的波动，而政治上的问题又会引发经济波动。例如，1989 年的政治风波与 1988 年由经济过热而导致的经济短缺、“官倒”有直接关系。

第二，发展方向上的争论。虽然改革是一个大方向，但是中国向何处去？不同的思想观念导致不同的行为模式，因而意识形态争论使得中国在改革过程中出现钟摆现象。

第三，外源突发性事件的影响。由于政治体制的敏感性和制度的相似性，一些社会主义国家的事态直接影响着我党的决策，尽管这些事态和我国的政治与经济没有直接的联系。例如，1980—1981 年波兰团结工会的出现影响着我国当时的政治改革进程，因为 1980 年邓小平关于政治改革的讲话表明了其政治改革的决心。1991 年苏联共产党的垮台，

① 何沁主编：《中华人民共和国史》，301 页。

使邓小平在1992年春天而不是原来决定的1991年发表南方谈话。

二、从1992年至今

从1992年开始，中国经济实现了软着陆，高发展低通胀，扭转了过去几十年那种一放就乱、一收就死的恶性循环。根本原因是邓小平的南方谈话彻底摆脱了意识形态上的争论，在党内达成共识。同时，经过十几年的改革实践，培养了一些勇于改革并真正懂经济的技术专家，共产党的执政能力空前提高，设计出一套适合中国国情的经济改革方案。

首先，观念的转变。以邓小平南方谈话为基础的中共十四大决定，我国经济改革的目标是建立社会主义市场经济体制。1992年2月，邓小平在南方谈话中指出："计划多一点还是市场多一点，不是社会主义与资本主义的本质区别。"① 计划经济不等于社会主义，资本主义也有计划；市场经济不等于资本主义，社会主义也有市场。计划和市场都是经济手段。这个精辟论断，使共产党在计划与市场关系上的认识有了新的重大突破，摆脱了"改革要问姓什么"的教条主义的意识形态的羁绊。

1997年9月召开的中共十五大的核心是把邓小平理论写进党章。在实践中，由于坚持以邓小平理论为指导，经济发展中也突破了"姓公姓私"的束缚。

2002年11月召开的中共十六大把"三个代表"重要思想写进党章。从长远来看，"三个代表"重要思想将是共产党建设的一个重大的里程碑。不仅如此，也是政治制度建设的重大举措，因为"三个代表"重要思想要将改革开放以后产生的新的社会力量通过党的渠道纳入制度之中，而这正是制度发展和稳定的根本保证。历史上的有产阶级的革命都是因为经济利益在政治上不能得到保证而发生的。

2007年的中共十七大政治报告指出建设社会主义和谐社会，是针对经济发展起来以后建设什么类型的生活方式和社会制度问题而提出来的。在这个过程中，出现了靠金钱买稳定的"维稳政治"，结果出现一定程度、一定范围的法治不彰现象。当法治不彰时，首先受到威胁的是执政党。

2012年的中共十八大政治报告的一个亮点是提出社会主义核心价值体系。这意味着，当中国这样的巨型国家在经济上崛起之后，立国价值适时地提上议事日程。

其次，体制改革和制度建设。这一时期最引人注目的成就是行政体制改革，1998年大部制改革将政府的40个部门减少到29个，这是中国政治改革的标志性事件，因为行政改革大大刺激了市场经济，而市场经济的形成必然带来经济主体的多元化以及由此而来的社会结构的多元化和一定程度的社会自主性。到新世纪，中国又提出建设现代的大部门制政府。

随着市场经济的推进，政治体制上由20世纪80年代的党政分开改革转变为加强党的建设以及加强党的执政能力的建设。2004年党的十六届四中全会的主题就是加强党的执政能力建设，而其背景则是强烈的危机意识，认识到党受到一系列重大挑战，比如社会结构的变化、人们观念的变化以及由此而来的利益意识的变化。

中共十四大以来的政治发展表明，中国已经步入以经济发展为主要导向的政治时期，政治改革在很大意义上是指行政体制的改革。行政改革在我国具有深远的政治意义。

---

① 《邓小平文选》，1版，第3卷，373页，北京，人民出版社，1993。

三、政治特征

要总结改革开放以来的政治特征或政治模式并不是一件轻松的工作，中国二十几年的政治发展并不是仅用几条简单的线索就可以归纳的。但是，从党政关系、中央和地方关系、经济走向、国家与社会关系和意识形态几个核心指标来看，又不难总结出改革开放以来的政治特征。

第一，在党政关系方面，20 世纪 80 年代强调党政分开，90 年代以来强调党如何执政。80 年代一直在讨论党政不分问题，其集大成之作是 1987 年党的十三大所设计的党政分开的蓝图。

但是，1989 年政治风波以及 1991 年苏联共产党的垮台都给党政如何分开提出了新课题。在理论上，20 世纪 90 年代以来，已经不再是党政分开的问题，而是党如何执政的问题。党的十六大报告将政治体制改革归结为：坚持和完善社会主义民主制度；加强社会主义法制建设；改革和完善党的领导方式和执政方式；改革和完善决策制度；深化行政体制改革；推进司法体制改革；深化干部人事制度改革以及加强对权力的制约监督。

在实践中，我党加强了对政府、人民代表大会和社会团体的领导。在地方政府一级，有的省委书记兼任过省长，市委书记兼任过市长，而在更多的地方，则是省委书记兼任省人大常委会主任。在地方政治中，过去县委书记和县长一般是由上一级的党的部门任命，现在则一般是由省委组织部门负责考察和任命，任命干部的权力大幅度上移。这些事实表明我党已经加强了对政府和人民代表大会的领导。

第二，在中央和地方关系方面，鉴于 20 世纪 80 年代和 90 年代初中期的"诸侯经济"制约了我国统一市场的形成，90 年代中期中央政府明确提出要加强中央的权威，服从中央政府的统一的经济政策。同时在政治上通过"讲学习、讲政治、讲正气"加强地方党政干部思想上的统一认识，加强对地方党政干部的监督和管理。

党管干部制度和中央与地方经济关系的变化也能够保证地方对中央的服从。在 1978 年以前，中央与地方的关系是在中央高度集权的体制下运行，地方政府的主要任务是动员民众执行中央的政策，由于财政上的统收统支，地方政府并没有积极性超额完成经济生产。在 1978 年以后，随着财政体制的改革，地方政府成为一级利益主体，中央把经济权力下放给地方的同时，保留给地方规定的各项指标，例如，如果国家的经济增长率定在 8%左右，中央政府分解给不同的地方政府的指标可能分别是 10%或 6%左右。为了证明自己的能力，地方政府在报表中一般还要提出高于中央的指标。这样，在党管干部的体制下，这种压指标的做法就形成了普遍的压力型体制。① 为了完成上级的经济指标，各级政府层层量化分解指标，甚至分解至官员个人。经济指标的完成情况成为评价干部的主要标准。压力型体制推动了地方政府发展经济的积极性。但存在的问题是，为了完成经济指标，有些地方政府和官员会滥用权力，造成与当地民众的紧张关系。

第三，在经济走向方面，20 世纪 80 年代的经济改革是"摸着石头过河"，经济走向并不明确，因而经济制度在激烈的意识形态争论中改革和前进。1992 年邓小平的南方谈话

① 参见荣敬本等：《从压力型体制向民主合作体制的转变》，北京，中央编译出版社，1998。

和党的十四大确立了社会主义市场经济的正确方向，从此，中国没有争论地走向市场经济。宪法的修改记录了我国走向市场经济的前进历程。

1988 年《中华人民共和国宪法修正案》（简称宪法修正案），基本上确立了私营企业的合法地位，规定“国家允许私营经济在法律规定的范围内存在和发展。私营经济是社会主义公有制经济的补充。国家保护私营经济的合法的权利和利益，对私营经济实行引导、监督和管理”。还规定，土地使用权可以有偿出租、转让，第一次承认了私有财产。1988 年宪法修正案基本上反映了当时的实际情况，私营经济只是社会主义公有制经济的补充。

1993 年宪法修正案标志着经济体制的根本变革，明确提出“国家实行社会主义市场经济”，“国家加强经济立法，完善宏观调控”。以“农村中的家庭联产承包为主的责任制”取代了“农村人民公社、农业生产合作社”，确立了农村的基本经济制度。

1999 年宪法修正案第一次把非公有制经济作为合法的经济主体，与公有制经济平等地列在一起。不仅规定“国家在社会主义初级阶段，坚持公有制为主体、多种所有制经济共同发展的基本经济制度”，“在法律规定范围内的个体经济、私营经济等非公有制经济，是社会主义市场经济的重要组成部分”，并规定“国家保护个体经济、私营经济的合法的权利和利益”，这是一个相当重大的突破。

除了在宪法上就私营经济的法律地位进行规定外，国家还于 1999 年颁布了《中华人民共和国个人独资企业法》，赋予了个人独资企业与其他企业同等的市场主体地位，对于保护个人独资企业和投资人的合法权益意义重大。

第四，在国家与社会关系方面，从 20 世纪 80 年代的紧张与冲突转变为 90 年代的相对缓和与和谐。在 80 年代，由于国家刚刚开始改变中央集权制的经济体制，行政控制仍然是管理各行各业的习惯性做法。在农业领域，农民要求自主耕作，而地方政府就可能不容许；在商业领域，业主要求自由流通，政府也可能不容许；为保护群体利益而要求组织起来，也可能受到政府的限制；在意识形态领域，由于一些人坚持把马克思主义教条化和推行不切实际的教育方法和政策，就可能引起年轻学生的反感，同时一些人以民主、自由、人权为由，反对共产党的领导和否定马克思列宁主义、毛泽东思想。

1989 年是国家与社会关系的转折点，加上 1991 年苏联共产党垮台以后的可怕后果，国内的大多数人形成了一个基本的共识，即中国不能没有共产党的领导，共产党的命运不仅在于一党之得失，还关系到民族国家建设的得失。

有了这样一个共识，再加上共产党推行社会主义市场经济体制建设，也就大大缓解了政府与很多渴求经济机会的个人和群体的关系。有产阶级是最渴望政治稳定的，只要他们有机会去进一步发展。由于历史上的动荡不安，东方社会的有产阶级对社会稳定的愿望总体上非常强烈。

由于推行市场经济就意味着推行温和的、理性的和现实性的思想，知识分子尤其是青年学生也不再像 20 世纪 80 年代那样排斥主流意识形态。

总之，市场经济让企业精英、知识精英都得到了益处，从而获得了他们对政府的支持。

第五，在意识形态方面，朝更加理性和合理化的方向推进。如前所述，在 20 世纪 80

年代，意识形态不时以极端的方式表现出来，既有极左也有极右，“改革要问姓什么”就是极左的典型，而要求“全盘西化”则是极右的典型。这样，意识形态就成了关于对与错、好与坏的争论。这种争论反映在政治生活中，就是经济政策的钟摆。

经历了十几年的争论以后，邓小平 1992 年南方谈话终于终止了这种有碍经济发展的争论。意识形态与经济发展密切相关。先进的和落后的意识形态对经济发展的作用在历史上有很多案例可循，而意识形态冲突则更是制约经济发展的重大因素。“文化大革命”时期关于经济发展的意识形态把中国的经济推向崩溃的边缘；20 世纪 80 年代的意识形态上的争论使中国的经济政策出现钟摆；台湾经济长期陷入低迷状态，与李登辉、陈水扁挑起的本土与外来族群之争、“统独之争”不无密切关系。

但是，在进入新世纪的最初十年，中国的观念之争又重新燃起，不仅有不能沟通的左—右之争，还有传统文化的进场。这意味着，当中国经济崛起以后，立国价值已经是一个回避不了的大问题。在此大背景下，执政党提出“社会主义核心价值体系”，可谓正当其时。作为一种立国价值，必须包容自由、社会主义和中国传统思想中的精髓如民本思想等。

总之，邓小平 1992 年南方谈话以来的政治模式是，在政治上加强了中央政府的权威和共产党的领导，在经济上正在倾向社会主义市场经济。

四、优势与问题

与其他发展中国家或后发达国家和地区相比较，中国现行的政治模式具有明显的优势，同时也存在着难以回避的问题。优势如下：

第一，能够集中精力发展经济。党管干部原则能够保证全党和政府官员把行动统一到中共中央。自中共十四大到十六大，中共中央的战略就是经济发展优先。从比较政治学而言，这一战略选择是正确的。对后发达国家而言，在政治经济关系上，确实有一个选择优先性问题。是政治优先还是经济优先，对很多发展中国家而言是一个两难的选择，其中的人民面临情感与理性的剧烈的、痛苦的冲突。苏联选择了一条政治优先改革之路，其结果不但是苏联共产党的不幸，也是民族国家建设的不幸。以韩国为代表的一些后发达国家和地区，选择的是经济发展优先、政治民主滞后的战略，结果走向了发达国家和地区的行列。中国在经济改革的同时也在推动政治改革，这对保证中国的经济发展起到了不可忽视的作用。对现实的中国而言，民生毕竟是首先需要解决的问题，而现行的政治模式正是这种战略选择的必然反映。

第二，技术专家型政治家能够保证中国的战略选择的实施。对后发达国家而言，治国者一般要经历革命家向技术专家的转变。中国的第一代领导人都是革命家，以邓小平同志为核心的党中央领导集体是由革命家向技术专家过渡的一代，以江泽民同志为核心的党中央领导集体和以胡锦涛同志为总书记的党中央是人类政治历史上最为典型的技术专家，几乎所有的政治局常委都有工程师或高级工程师背景。如此多的政治家具有如此划一的专业背景，堪称人类政治发展史上的奇迹。我们知道，作为革命家的政治家具有强烈的意识形态情结，革命的动因是意识形态，建设的目标自然也是革命时期的诉求。技术专家则以解决问题为擅长，他们对经济发展就如同对设计工程图纸一样有兴趣，因此，他们把主要精力都集中在经济发展问题上。

存在的问题有：

第一，腐败问题。“权力有腐败的倾向，绝对的权力导致绝对的腐败”，这一政治学上的至理名言在任何时候、任何地方都是适用的，因为权力是由活生生的个人拥有和行使的，而对拥有权力的个人不能在道德上期望他彻底忘掉个人利益和谋取私利的欲望，对他的制约方式只能是制度和法律。中共十六大报告指出：需要建立结构合理、配置科学、程序严密、制约有效的权力运行机制，从决策和执行等环节加强对权力的监督，保证把人民赋予的权力真正用来为人民谋利益。如果官员只对上负责而无视其辖区内民众的要求，就必然会滥用权力。因此，建立完善的对官员和权力的制约制度，不仅要有党、政府和人大的渠道，还应该有权力的主人，即民众的渠道，否则，滥用权力和无视民众利益的腐败就不可能得到治理。

第二，农民与基层政府的矛盾。由于前述的压力型体制和过多的干部编制要拿工资，基层政府盘剥农民的现象并不是个别案例。2000 年 2 月 10 日，湖北省监利县棋盘乡党委书记李昌平写给国务院领导的《一个乡党委书记的心里话》，揭开了长江中游一个多年的“全国产粮冠军县”——监利县的真相，指出“现在农民真苦、农村真穷、农业真危险”。陕西一位县委组织部领导干部的《向农民道歉》一书，更是真实地反映了地方干部如何滥用权力向贫困的农民敛钱的现象。

农民问题直接影响到中国的政治稳定。根据发展中国家的经验教训，如果农村不稳定，将会导致全局性的不稳定。如何解决这一根本性的问题？应该建立让农民参与的政治机制，建立起民主合作的体制①，即让农民有机会影响地方干部的任免，让农民有机会影响关系到他们自身利益的决策。

第三，社会公正问题。在 1992—2012 年的 20 年间，中国的政治结构、经济体制、社会体制都发生了巨大的，甚至是革命性的变化。在走向社会主义市场经济的过程中，权力体制与市场的适应性越来越强，结果形成了一定程度的利益同盟，这一点在地方政治中尤其突出。这样，国家垄断的资源越来越多，比如大型国有企业和矿产、地产企业的垄断利益越来越显著。与此同时，由于市场经济和互联网带来的社会结构的多元化以及社会的自主性，表达利益的愿望更加自主和强烈，对社会不公正现象的感知更为突出。因此，一方面是发展越来越快，得到好处的人越来越多，而另一方面对社会现状不满的人也更有意愿去表达利益诉求，让人更强烈地感知到经济发展带来的副产品，即社会不公正。

应该说，所有这些问题都是共产党要致力解决的，近年来党的工作报告都涉及这些问题。这些问题的解决将使中国的政治发展更加平稳、更加合理。

如果说 20 世纪 80 年代的改革以开放为主、90 年代的改革以建设社会主义市场经济为主，那么 2013 年中共十八届三中全会通过的《中共中央关于全面深化改革若干重大问题的决定》则是中国政治发展中的新阶段和新走向，其目标是推进国家治理体系和治理能力现代化。这一问题将在本书最后一部分讨论。

---

① 参见荣敬本等：《从压力型体制向民主合作体制的转变》，82～109 页。

第一部分

党和国家领导体制

当代中国政治制度的基本性质与原则

重点问题

- 如何认识中国政治制度中党章与宪法的关系？
- 党章关于中国政治运行机制的规定有哪些？
- 如何认识中国政治制度中的人民主权原则？
- 如何认识中国政治中的依法治国原则？

在理解我国政治制度的基本问题之前，有必要先弄清楚我国政治制度的基本性质以及指导具体制度建制的基本原则。不同于其他国家的政治，我国政治制度的基本性质和基本原则不仅由宪法规定，而且也体现在中国共产党章程之中。也就是说，当代中国政治的制度规范是由宪法和党章共同决定的，它们规定了中国政治的基本性质与制度框架。

第一节　中国政治制度的法律性渊源：宪法与党章

一、《中华人民共和国宪法》

除了1949年中国人民政治协商会议通过的宪法性文件《中国人民政治协商会议共同纲领》以外，我国共颁布过4部宪法，即1954年宪法、1975年宪法、1978年宪法和1982年宪法，其中对1982年宪法又有一系列的修改。作为国家的根本性法律，宪法的历史最典型地体现了一个国家的制度变迁历史。这里所讨论的宪法是现行宪法，即1982年宪法。

通常认为，宪法是国家的根本大法，具有最高法律效力。但这只是说明了作为法律的宪法在整个法律体系中的地位与作用。要想说明宪法与政治制度之间的关系，特别是宪法对中国政治制度的规范性影响，必须要明确宪法所调整的基本对象。宪法是分配法权并规范其运用行为的根本法。此处的“法权”是指权利权力统一体或法定之权，“根本法”一词用来说明宪法的外在特征，“法权”说明宪法的实质特征，即规范和调整国家权力与社会/公民权利之间的关系。宪法主要在以下几方面体现了它是中国政治制度的法律性渊源之一。

1. 宪法规定了中国政治制度的宏观架构

宪法作为一个国家的根本法，它的首要任务就是组织国家政权。中国现行宪法首先以最高法、根本法的形式确定了中国的国体和政体。一国的国体和政体是整个政治制度系统的基础和根本所在。国体是指社会各阶级在国家中的地位，即哪个阶级处于统治地位，哪个阶级处于被统治地位。而统治阶级在国家中的地位直接决定着国家的阶级属性，体现国家的阶级本质和阶级利益内容。政体是国家政权的组织形式，即特定社会的统治阶级采取何种原则和方式，组成并代表国家系统地行使权力，以实现阶级统治任务的政权机关体系。它表现为最高国家权力机关的组成，及其与其他国家机关、公民的关系。关于中国的国体，《宪法》序言明确指出：宪法以法律的形式“规定了国家的根本制度”，即《宪法》第一条中所说的社会主义制度。《宪法》第一条还具体规定：“中华人民共和国是工人阶级领导的、以工农联盟为基础的人民民主专政的社会主义国家。”这是中华人民共和国的国体。对于中国的政体，《宪法》第二条规定：“中华人民共和国的一切权力属于人民[①]。人民行使国家权力的机关是全国人民代表大会和地方各级人民代表大会。”《宪法》第三条规定：“中华人民共和国的国家机构实行民主集中制的原则。全国人民代表大会和地方各级人民代表大会都由民主选举产生，对人民负责，受人民监督。国家行政机关、审判机关、检察机关都由人民代表大会产生，对它负责，受它监督。”

其次，宪法规定了中国政治制度的基本机构设置及其基本职权、组成、运行规则。

宪法规定中国政治制度的中央机构由最高权力机关（全国人民代表大会）、国家元首（中华人民共和国主席）、最高国家行政机关（国务院）、国家武装力量领导机关（中央军事委员会）、最高检察机关（最高人民检察院）、最高审判机关（最高人民法院）组成；地方机构由地方各级人民代表大会和地方各级人民政府、各级检察院、法院组成；并对中央和地方权力机关、行政机关、司法机关的基本职权责任、组成与运行规则作出了规定（详见《宪法》第三章国家机构）。

2. 宪法规定了中国政治制度中的宏观法权关系

宪法的实质在于其以国家最高法、根本法的形式，来规范和调整法权及其运行，所以，宪法在规定政治制度基本设置的同时，必须对它们之间的权力责任关系作出基本规定，从宏观上保证政治制度运行的基本稳定。

---

① “人民”概念继承了传统的“民”的概念中作为国家构成的基本要素、作为广大社会公众以及作为国家之“本”的内涵，通过引入西方民主理论对“民”的概念进行改造，在当代政治话语体系中，人民便被提升为国家的本体、国家的主人，或者说，人民就是国家。作为一个抽象的整体，它被赋予国家最高权力。不过，在当代主流政治意识形态中，这种赋予即使在理论上也是不彻底的。在有的场合，人民仍处于附属的地位。[参见丛日云：《当代中国政治语境中的“群众”概念分析》，载《中国政法大学学报》，2005 (2)] 在很长的一个历史时期里，人民概念还经历了阶级性的改造。(参见任剑涛：《中国现代思想脉络中的自由主义》，225～227 页，北京，北京大学出版社，2004)

宪法明确规定的政治制度中的宏观法权关系主要有：第一，国家行政机关、审判机关、检察机关都由人民代表大会产生，对它负责，受它监督（第三条、第一百二十八条、第一百三十三条）。第二，司法审判独立是现代政治制度的主要原则。萨托利认为，司法审判必须真正独立，宪法不仅意味着一个国家偶然具有什么结构，而且还意味着一种明确的保障，即对权力行使者真正加以约束和限制的结构。① 《宪法》规定，人民法院依照法律规定独立行使审判权，不受行政机关、社会团体和个人的干涉（第一百二十六条）。司法系统内部实行垂直领导，即最高人民法院监督地方各级人民法院和专门人民法院的审判工作，上级人民法院监督下级人民法院的审判工作（第一百二十七条）；最高人民检察院领导地方各级人民检察院和专门人民检察院的工作，上级人民检察院领导下级人民检察院的工作（第一百三十二条）。第三，中央统一领导地方，同时充分发挥地方的主动性、积极性的原则（第三条）。这样，宪法以最高法、根本法的形式规定了政治制度内部的权责（委托—代理）关系，确立了不同政治机构之间的基本关系规则，使整个政治制度系统的运行有了可遵循的宏观规则。

从现代国家的现实与发展趋势看来，作为国家的根本大法的宪法所要调整的核心法权关系是社会/公民权利与国家权力之间的关系。美国宪法学家特雷索里尼曾说："宪法有双重功能，即授予权力并限制权力。"② 除此之外，我国宪法还规定了公民的基本权利与义务，并从某种程度上体现了公民基本权利对国家权力的限制。《宪法》第二章规定，国家尊重和保障人权；公民在法律面前一律平等，享有言论、出版、集会、结社、游行、示威的自由，宗教信仰自由，人身自由，通信自由，创作自由，选举权和被选举权，人格权，居住权，休息权，保障权等。国家机关不得以非法的形式剥夺公民的权利与自由。一旦发生对公民权利自由的侵犯，公民有权利进行申诉、控告、检举，造成损失的，有索赔的权利。这些规定从根本大法的高度明确了政治制度运行必须以不损害、不侵犯、不剥夺公民的这些权利与自由为前提。同时，任何权利和自由都不是没有限度的，否则，整个社会最终只能陷入霍布斯式的战争状态，所以，宪法也规定公民在行使自由和权利的时候，不得损害国家的、社会的、集体的利益和其他公民的合法的自由和权利。宪法对公民权利与自由的授予与限制，表明它在寻求公民权利与国家权力之间的适度平衡，这也是中国政治制度所要面对和解决的基本问题。但是，客观地讲，宪法的功能并不在于偏向张扬公民权利与自由，或者过度支持国家权力，而在于明确公正地界定二者之间的关系，为二者提供公平博弈的根本法则。

此外，宪法确定"一切权力属于人民"，并规定民主选举产生人民代表大会，其他国家机关由人民代表大会选举产生并对它负责，接受它的监督，这些原则都体现了中国政治制度中公民权利对国家权力制约的理念。现在的问题是如何把人民主权这一抽象原则通过公民具体权利体现到政治实践中来。

3. 宪法确立了中国政治制度的基本价值取向与原则

宪法不仅规定了中国政治制度的基本机构设置、法权关系，还确立了政治制度的基本

---

① 参见［美］乔·萨托利：《民主新论》，444 页，北京，东方出版社，1998。

② Rocco J. Tresolini，*American Constitutional Law*，p. 9，New York，The Macmillian Company，1959.

价值取向与原则。

坚持中国共产党的领导和党的指导思想。宪法叙述了坚持中国共产党领导的合法性的历史资源。《宪法》序言中指出："中国新民主主义革命的胜利和社会主义事业的成就，是中国共产党领导中国各族人民，在马克思列宁主义、毛泽东思想的指引下，坚持真理，修正错误，战胜许多艰难险阻而取得的。"宪法宣示中国共产党是建设中国特色社会主义的领导力量，并坚持以党的指导思想为价值取向。"中国各族人民将继续在中国共产党领导下，在马克思列宁主义、毛泽东思想、邓小平理论和'三个代表'重要思想指引下，坚持人民民主专政，坚持社会主义道路，坚持改革开放，不断完善社会主义的各项制度，发展社会主义市场经济，发展社会主义民主，健全社会主义法制，自力更生，艰苦奋斗，逐步实现工业、农业、国防和科学技术的现代化，推动物质文明、政治文明和精神文明协调发展，把我国建设成为富强、民主、文明的社会主义国家。"这确立了中国政治制度在意识形态方面的规定性和价值取向。

人民主权。人民主权是现代宪法与政治制度公认的价值理念。我国《宪法》第二条规定："中华人民共和国的一切权力属于人民。"如前所述，宪法对人民代表大会及其产生、运作与其他国家机构的关系的规定，以及对公民基本权利与自由的规定都体现了人民主权的价值理念，从而也就规定了中国政治制度必须坚持人民主权这一基本价值理念。在具体政治行为上，《宪法》第二十七条要求"一切国家机关和国家工作人员必须依靠人民的支持，经常保持同人民的密切联系，倾听人民的意见和建议，接受人民的监督，努力为人民服务"。

依法治国。《宪法》第一百二十六条规定，人民法院依照法律规定独立行使审判权，不受行政机关、社会团体和个人的干涉。这体现了中国政治制度中司法独立的原则和"法治"（rule of law）精神，但1999年以前提倡的是"法制"（rule by law）、"依法行政"，"法治"并没有作为治国的总体理念。1999年宪法修正案第十三条，在原第五条增加一款，作为第一款，规定："中华人民共和国实行依法治国，建设社会主义法治国家。"标志着中国国家治理理念从法律工具主义的法制观到法律至上的法治观的转变，同时也是中国政治制度运行的基本原则与具体政治行为价值指导上的重大转变。

此外，宪法还规定，中华人民共和国的国家机构实行民主集中制的原则。

如上所述，我国宪法明确规定了政治制度的宏观架构、法权关系、基本价值取向与原则。这样，宪法在法律体系中作为国家最高法、根本法的权威性，就从文本意义上转化为基本政治制度、规则、价值的权威性与合法性。但这种文本意义上的转化能否真正具有实践意义上的政治制度的权威性与合法性，取决于宪法本身的权威性能否在实践中得到制度支持等诸多因素。实际上，宪法与政治制度运行处于一个政治系统中，二者是互动的，政治制度实际如何运行对文本宪法能否变成实践宪法有重要影响。如果政治制度的主体有违宪行为，却没有制裁违宪行为的制度，不仅会有损政治制度本身的权威性与合法性，而且会销蚀宪法的权威性。正如有的学者指出的："虽然法律和政治之间常常相互作用，但基本方面是政治决定法律，政治控制法律。"① "宪法拥有权威的关键不

① ［美］莱斯利·里普森：《政治学的重大问题——政治学导论》，201页，北京，华夏出版社，2001。

在于公民是否服从它，恰恰在于政府自身是否服从它。”“宪法有没有权威，即有没有最高效力，不取决于法律上的文字游戏，也不取决于各不相同甚至是各自对立的道德观念，而是取决于各自力量的对比。”① 在我国几部宪法的制定和现行宪法的修订过程中，政治对宪法的影响，而不是宪法对政治的影响表现得更为明显。

二、《中国共产党章程》

和宪法一样，党章也经历了多次修改。在我国，党章的修订不仅反映着我国政治制度的变化，也反映着共产党自身的结构、组织以及指导思想的发展与完善。这里所讨论的党章是2002年中国共产党十六大所修订并通过的党章。

《中国共产党章程》是中国共产党的最高行为规范，是党内政治生活和党内关系的基本准则。② 中国共产党是中国的唯一执政党的现实决定了《中国共产党章程》成为当代中国政治制度的重要法律性渊源之一。

首先，党章阐述了中国共产党在中国政治制度中的领导地位。

党章在总纲中明确指出中国共产党是“中国特色社会主义事业的领导核心”，“坚持社会主义道路、坚持人民民主专政、坚持中国共产党的领导、坚持马克思列宁主义毛泽东思想这四项基本原则，是我们的立国之本”。而社会主义制度则是“国家的根本制度”。党对社会主义的领导是全方位的，工农兵学商，党是领导一切的③。更具体一点讲，包括发展经济和社会主义民主政治，建设社会主义政治文明和精神文明，坚持对人民解放军和其他人民武装力量的领导，维护各民族的团结和国家统一等。

党章总纲简明而宏观地论述了党的指导思想及其形成过程，以及党在各阶段取得的巨大成就，这实际上可以看作是对党在政治制度中居于领导地位进行的历史论证。党章规定：“中国共产党是中国工人阶级的先锋队，同时是中国人民和中华民族的先锋队，是中国特色社会主义事业的领导核心，代表中国先进生产力的发展要求，代表中国先进文化的前进方向，代表中国最广大人民的根本利益。”它指明了党的性质，是党在政治制度中居于领导地位的根本所在。

党章还明确了党的中央和地方组织在国家政治制度中的基本权力划分原则。党章第十五条规定：“有关全国性的重大政策问题，只有党中央有权作出决定。”党按行政区划建立党的地方组织，并在军队中建立各级党的组织（由中国人民解放军总政治部负责管理），这实际上是对政治的最强有力的控制与领导。

其次，党章对中国政治制度的直接规定与影响。

作为党的最高行为规范和行动准则，党章把四项基本原则作为“立国之本”，这与宪法是一致的。党章把“始终做到‘三个代表’”确立为党的“立党之本、执政之基、力量之源”，把依法治国和以德治国结合起来，作为执政党的治国方略。这实际上是对党以什

---

① 龚祥瑞：《论宪法的权威性》，见王焱等编：《市场逻辑与国家观念》，190、194页，北京，生活·读书·新知三联书店，1995。

② 多数论者把党章比作党的“根本大法”、党内“宪法”。这是不恰当的，因为法律的实施是以强制力乃至暴力为基础的，但党章规定对违犯党的纪律的最高处罚是开除党籍，并不以暴力为基础。

③ 江泽民：《论党的建设》，359页，北京，中央文献出版社，2001。

么样的姿态出现在政治制度中，通过什么样的途径使政治制度得以顺利运行，作出了规定。

我们对照党章规定的党运作的基本原则和宪法规定的中国政治制度运行的基本原则，可以看出，前者与后者有许多相同之处。如民主集中制、为人民服务、依法治国等。这实际上是作为唯一执政党的中国共产党的领导原则转化为政治制度的结果。

最后，党章是中国共产党党员的基本行为规范。

中国的主要政治精英是从共产党员中选拔出来的，中国政治制度的机构与中国共产党的组织设置又并列重叠，所以作为共产党员基本行为规范的党章必然对中国政治制度的性质、政治主体的行为产生重要影响。这主要表现在，在国家政体中，执政党组织和党员的身份具有两重性：一是执政党的成员，《中国共产党章程》是其身份的依据和行为圭臬；二是国家公权力的主体，《中华人民共和国宪法》和其他法律是其身份合法性的依据和公权力行为的规范。党章对党员及党组织的规范，必然会对它们的第二种政治角色产生影响。为了解决双重角色之间可能出现的冲突，党章规定：党的干部要“正确行使人民赋予的权力，依法办事”，“党内严格禁止用违反党章和国家法律的手段对待党员，严格禁止打击报复和诬告陷害。违反这些规定的组织或个人必须受到党的纪律和国家法律的追究”。党也历来强调宪法和法律是党的主张和人民意志相统一的体现，任何组织和个人都不允许有超越宪法和法律的特权。① 同时，党章毕竟是一个政党内部的行为准则，而执政是一种行使公权力性质的法律行为，所以，党章并不能规范党员在党以外的全部政治行为，执政党的成员只有严格遵守国家政权的各种政治制度与法律法规，才能取得行使公权力的合法资格，进而根据宪法和法律的授权具体行使执掌政权的各项公权力。一句话，“执政党应该通过符合民主政治要求的、法定的、制度化的渠道，进入到国家政权内部，然后严格按照国家制定的法律去行使对国家和社会的领导”。

另外，党章还对中国共产党的最高理想与目标、基本路线、如何吸纳党员、党员的权利与义务、党的组织制度、党的中央地方及基层组织、党的干部、党的纪律检查机关、党组、党与共产主义青年团的关系诸问题作了详细的规定。这对作为中国政治制度核心的中国共产党建设的制度化起着至关重要的作用。

既然宪法和党章都是中国政治制度的重要法律性渊源，人们自然就会想到这样一个问题，即宪法与党章是何种关系？这种关系对中国政治的实质具有何种影响？

在中国政治过程中，党的政策和执政理念（如四项基本原则、“三个代表”重要思想）通过合法程序先写入党章，后写入宪法。修宪活动的实际程序是经中共中央讨论到召开党的代表大会再经人民代表大会表决通过，党在立宪和修宪活动中的作用是关键性的。在时间顺序上，也表现为党章修改在先，而修宪在后。从实践和逻辑上看，这是出于政治稳定（如四项基本原则入宪）或扩大和补充执政党执政的合法性和正当性的需要（如“三个代表”重要思想入宪）；从法理上看，无论是从效力还是从规范的对象范围上来说，都是宪法大于党章。李林认为，通过宪法和法律把执政党的政策具体化、规范化

---

① 参见《江泽民文选》，第3卷，528～575页，北京，人民出版社，2006。

和法律化，“实际上是确认执政党的领导权威、执政地位及其政策的至上性，是用法治的方式维护执政党的权威，坚持执政党的领导，推行执政党的政策，实现执政党的领导方式和执政方式的法治化转变，从制度上、法治上保证‘党在宪法和法律范围内活动’原则的进一步落实”。现在的主要问题是，只有真正把党章与宪法所规定的“党在宪法和法律范围内活动”的原则与精神落实到政治实践过程中去，才能保证宪法和党章各自的权威性。

第二节　中国政治制度的基本性质与原则

由上节的论述可知，宪法和党章规定的中国政治制度的基本性质和原则包括：人民主权、民主集中制、四项基本原则、依法治国原则和公民权利与义务原则。为了明确这些原则，接下来我们一一对它们进行介绍。

一、人民主权原则

从字面意义上讲，人民主权就是一切权力属于人民，人民拥有国家主权。国家主权分为对内主权和对外主权。前者是指在国家所属领土内的权力，后者是指在现代民族国家构成的国际框架中，每个国家有独立处理对内对外关系、不受外来力量干涉的权力。在当代，世界各国几乎都通过宪法把人民主权确立为其政治制度普遍和首要的原则。

我国现行宪法也把人民主权作为政治制度的首要原则。《宪法》第二条规定：中华人民共和国的一切权力属于人民。这是社会主义国家人民主权的宪法原则。人民不能只从法理上拥有权力，还要通过具体的政治制度来行使宪法赋予的权力，否则人民主权原则只是一句空话。在现代大规模的政治系统中，人民主权并不意味着人民都可以去直接执掌和行使国家权力，行使主权的途径只能是选举自己的代表组成国家权力机关或立法机关，通过立法来实现自己的意志。我国宪法不但规定人民行使国家权力的机关是全国人民代表大会和地方各级人民代表大会，而且对各级人民代表大会及其常务委员会的职能作出了较为详细的说明。作为人民行使权力的机关的权力必须来自人民，这样才能保证它执行人民的权力意志。全国人民代表大会和地方各级人民代表大会都由民主选举产生，对人民负责，受人民监督。人民代表大会代表应当同原选举单位和人民保持密切的联系，听取和反映人民的意见和要求，努力为人民服务。《中华人民共和国全国人民代表大会组织法》对国家权力机关的运行作了更为详细的规定，以确保其对人民负责，体现人民的权力意志。

由于主权具有对内对外的最高权威性，所以宪法还规定人民行使国家权力的机构也是国家的最高权力机关，国家行政机关、审判机关、检察机关都由人民代表大会产生，对它负责，受它监督。在对外主权方面，全国人民代表大会有权决定战争与和平的问题。在全国人民代表大会闭会期间，如果遇到国家遭受武装侵犯或者必须履行国际间共同防止侵略的条约的情况，将由全国人民代表大会常务委员会决定战争状态的宣布。中华人民共和国主席代表中华人民共和国，根据全国人民代表大会常务委员会的决定，派遣和召回驻外全权代表，批准和废除同外国缔结的条约和重要协定。这是人民主权原则在国家对外主权方面的体现。

人民主权原则不仅体现在人民代表大会制度上，而且也体现在其他国家机关的日常运作中。宪法规定一切国家机关和国家工作人员必须依靠人民的支持，经常保持同人民的密切联系，倾听人民的意见和建议，接受人民的监督，努力为人民服务。

在现代代议制政治中，人民主权除了在选举和议会召开期间得到较为直接的体现外，作为政治理论概念的“人民”在政治过程中就是“公民”、“民众”，是被管理者，必须服从国家机关的管理。通过各种制度形式，人民把主权让渡给了代表机关，代表机关又委托给具体的国家机构。我们可以认为全体公民所让渡出来的只是治权，而不是主权。但主权往往体现为国家对社会的治理权力。而国家治权可能会发生变异，不执行它所代理的权力意志，侵犯公民权利，所以在以代议制体现人民主权原则的同时，以法律保护每个公民的个人权利成为人民主权的重要基础和现代政治运行的重要原则。现行宪法通过保护我国公民的权利和自由，明确“国家尊重和保障人权”来体现人民主权。其他相关法律也对公民的权利作出了具体的保障。

此外，在中国政治中，人民主权原则体现在国体上是人民民主专政。《宪法》第一条规定：中华人民共和国是工人阶级领导的、以工农联盟为基础的人民民主专政的社会主义国家。显然，这里的“人民民主”和人民主权原则是一致的，其本质是人民当家作主，但同时它又是一个具有明显阶级性的政治概念。人民民主的本质就是劳动人民的统治。因此，“其表现形式必然是民主和专政的有机统一。也就是说，要实现‘人民民主’，除了要实现对人民内部实行最广泛的民主外，还要同时实现对敌对阶级和敌对势力的专政，只有这样，对人民内部的最广泛民主才有保证”①。

总之，人民主权原则是中国政治制度的重要原则，是中国政治合法性的重要理论来源，与之相应的人民代表大会制度则为中国政治合法性提供了制度来源与保证。正如美国政治学者萨托利所说，“权力属于人民建立了一条有关权力来源和权力合法性的原则。它意味着只有真正自下而上授予的权力，只有表达人民意志的权力，只有以某种得以表达的基本共识为基础的权力，才是合法的权力。……只有当受治者同治者的关系遵循国家服务于公民而不是公民服务于国家，政治为人民而存在而不是相反这样的原则时，才有民主制度存在”②。同时，尽管当代中国政治制度直接或间接体现了人民主权原则，以满足对政治合法化的诉求和关于权力来源的终极性追问，但人民主权原则具有高度的抽象性，而其制度化又非常具体，所以人民主权及其制度化本身就是一个充满争论的过程。③ 如何使具体化的人民代表大会制度更加完善，更充分体现人民主权原则，如何处理中国共产党的“三个代表”重要思想及制度化、党的领导和人民代表大会制度之间的权力关系，成为研究人民主权与中国政治之间关系的题中应有之义，也是我国政治改革需要完善的问题。

---

① 林尚立：《当代中国政治形态研究》，225页，天津，天津人民出版社，2000。

② ［美］乔·萨托利：《民主新论》，37～38页。

③ 关于对人民主权理论的争论，参见肖君拥：《人民主权论》，济南，山东人民出版社，2005。

二、民主集中制原则

民主集中制的基本含义是民主基础上的集中和集中指导下的民主相结合。民主集中制为列宁首创，后来在实行共产党体制的国家内普遍推行，中国共产党成立后即以此制度为组织原则，夺得国家政权之后又将之推广到国家权力体系，把这种制度运用于政权建设，在国家机构中实行民主集中制的原则。民主集中制在我国被写进了党章，载入了宪法，具有党纪国法的崇高地位。邓小平指出，“民主集中制是党和国家的最根本的制度”，坚持和完善这一制度，“是关系我们党和国家命运的事情”①。事实上，我国的政体就是民主集中制。作为政体的民主集中制最好地体现了中国政治中的党的领导。

作为中国政体的民主集中制，在实践中有三个层面的表现。

第一，它是中国共产党的根本组织制度。《中国共产党章程》明确规定党是按照民主集中制组织起来的统一整体，党的民主集中制的基本原则是：（1）党员个人服从党的组织，少数服从多数，下级组织服从上级组织，全党各个组织和全体党员服从党的全国代表大会和中央委员会。（2）党的各级领导机关，除它们派出的代表机关和在非党组织中的党组外，都由选举产生。（3）党的最高领导机关，是党的全国代表大会和它所产生的中央委员会。党的地方各级领导机关，是党的地方各级代表大会和它们所产生的委员会。党的各级委员会向同级的代表大会负责并报告工作。（4）党的上级组织要经常听取下级组织和党员群众的意见，及时解决他们提出的问题。党的下级组织既要向上级组织请示和报告工作，又要独立负责地解决自己职责范围内的问题。上下级组织之间要互通情报、互相支持和互相监督。党的各级组织要使党员对党内事务有更多的了解和参与。（5）党的各级委员会实行集体领导和个人分工负责相结合的制度。凡属重大问题都要按照集体领导、民主集中、个别酝酿、会议决定的原则，由党的委员会集体讨论，作出决定；委员会成员要根据集体的决定和分工，切实履行自己的职责。（6）党禁止任何形式的个人崇拜。要保证党的领导人的活动处于党和人民的监督之下，同时维护一切代表党和人民利益的领导人的威信。在党内，这六条民主集中制原则的实质是少数服从多数，核心是全党服从中央。

第二，它是中国政治制度运作的基本原则。民主集中制作为国家政治运作的基本原则，是由现行宪法规定的。我国现行《宪法》第三条规定：中华人民共和国的国家机构实行民主集中制的原则。民主集中制的宪法内涵是：由人民通过民主的程序选举人民代表大会的代表，人民代表集中人民意志，议决国家大事，组织行政机关，行政机关集中执行人民代表大会所通过的决议和制定的法律。

从人民与代表机关的关系上看，全国人民代表大会和地方各级人民代表大会都由民主选举产生，对人民负责、受人民监督。这表明国家权力机关的权力来源于人民，它是在民主基础上产生的，它要服从人民的意志。人民有权监督、罢免各级人民代表机关中不称职的代表，把委托出去的权力收回来。同时，人民代表大会受人民的委托，集中行使人民赋予的权力。这体现了在民主基础上的集中和在集中指导下的民主。从代表机关与其他国家

① 《邓小平文选》，2版，第1卷，312页，北京，人民出版社，1994。

机关的关系看，宪法规定国家行政机关、审判机关、检察机关都由人大产生，对它负责，受它监督。这表明，在国家机关内部的组织结构中，人民代表机关掌握国家一切权力，其他国家执行机关集中行使人民代表机关赋予的权力，并服从人民代表机关的意志。这在组织结构上贯穿了民主集中制。从中央与地方的关系上看，遵循在中央统一领导下，充分发挥地方的主动性、积极性原则。这表明最高国家权力机关统一行使国家立法权，从而保证了我国法制的统一和尊严。民主集中制的组织结构对国家权力配置的规律是：它承认国家有最高的统一权力，属于人民但又不同于封建的君主制个人行使权力；它承认权力的分开行使，但又不同于资本主义的“三权分立”，互相制衡。

第三，它是一种具体的决策机制。上述宪法对民主集中制的规定概括了我国政治机构之间的基本关系。在各国家机关内部进行决策时也要遵循民主集中制的原则。单从条文上看，宪法规定国务院实行总理负责制，各部、各委员会实行部长、主任负责制。中央军事委员会实行主席负责制。有的学者以此为据，认为这些机构内部不是实行民主集中制。① 这是由于混淆了民主集中制在组织原则和决策机制两个层面上的含义。其实，在这些机构进行重大决策时，一般都要按照集体领导、民主集中、个别酝酿、会议决定的原则进行。如各级人大及其常委会实行少数服从多数的集体领导制度，体现了民主的方面；而行政机关等则实行首长个人负责制，体现了集中的方面。《中华人民共和国国务院组织法》第四条规定：国务院工作中的重大问题，必须经国务院常务会议或者国务院全体会议讨论决定。

在中国政治实际运作过程中，民主集中制的原则、要求和实际运用之间经常存在距离，出现偏差，主要表现为用集中取代民主，结果导致个人专断。其中一个重要的原因是民主集中制的执行没有法律依据和制裁措施。尽管邓小平早在20世纪70年代末80年代初就已经认识到由于过度集中而损害民主的问题，并表现出坚定的“制度化和法律化取向”，但迄今为止，民主集中制并没有很好地制度化。② 一个很有说服力的事实就是，在我们党内还从来没有哪一个党员或领导干部，仅仅因为违反民主集中制而受到过纪律处分。此外，从现代政治学理论的角度讲，把民主集中制的实质只归结为简单的“少数服从多数”，不能解决如何保护少数人权利的难题。③ 如何处理民主集中制中少数与多数的关系，并为之提供制度化保障，是完善中国政治制度这一基本原则需要解决的问题。

三、四项基本原则

四项基本原则是指在中国要坚持社会主义道路，坚持人民民主专政，坚持中国共产党的领导，坚持马克思列宁主义、毛泽东思想。四项基本原则是邓小平于1979年3月在党的理论务虚会上代表党中央提出来的。四项基本原则极其明确地回答了我国走什么道路、实行何种国体、由哪个政党领导、以什么思想为指导的重大问题，是我们的立

---

① 参见程乃胜：《论民主集中制原则在宪法中的地位》，载《法制与社会发展》，2003（6）。

② 参见林尚立：《党内民主——中国共产党的理论与实践》，83～84页，上海，上海社会科学院出版社，2002。

③ 有的学者较详细地讨论了民主集中制存在的这个问题。[参见韩光宇：《正确理解和把握民主集中制的“集中”问题》，载《理论前沿》，2001（9）]

国、治国之本。江泽民同志在党的十四大报告中指出："这四项基本原则是立国之本，是改革开放和现代化建设健康发展的保证，又从改革开放和现代化建设获得新的时代内容。"①

坚持社会主义道路是中国共产党总结长期历史经验得出的基本结论，也是中国共产党领导全国人民，在全球化国际环境中，探索建设现代民族国家道路的经验总结。近现代历史特别是原来各社会主义国家的历史表明，照抄照搬别国模式、别国经验，而不是把马克思主义关于社会主义建设的理论创造性地运用于本国实际，开辟自己独具特色的社会主义建设道路，是不可能取得成功的。所以，"建设社会主义必须根据本国国情，走自己的路"，共产党一贯倡导马克思主义普遍原理与本国具体实际相结合，并使之成为我们建设社会主义的指导思想，从而找到了一条建设中国特色社会主义的道路，开辟了社会主义现代化建设的新阶段。

人民民主专政是人民主权原则在中国政治中的具体形式，是在绝大多数人民充分享有民主的基础上对极少数敌对势力实行专政的国家政权形式。过去只强调国家政权的专政功能（即统治功能），不提国家政权的民主功能（即社会管理或治理功能），导致国家政权功能发生偏向，功能失调。现在国家政权的职能真正转移到以经济建设为中心，组织管理改革开放和现代化建设，维护国家安全和社会稳定上来；转移到以和平的法律手段来解决社会内部矛盾，保障公民的合法权利上来。改革开放 30 多年来，人民民主专政制度随着时代的变化和要求，不断调整和自我完善，主要是更加注重人民民主专政的制度化建设，如在坚持和完善人民代表大会制度、中国共产党领导的多党合作和政治协商制度，发展党内民主和人民民主，健全社会主义法治等方面都采取了一系列措施，取得了较为显著的成绩。这表明在新时代环境中，坚持人民民主专政主要是调整和完善国家政权的统治功能和社会管理职能的关系，防止二者失衡，既不像一些前社会主义国家那样过度强调所谓"全盘西化式民主"，放弃国家政权，也不是回到过去"以阶级斗争为纲"的那种在和平建设时期过度强调国家的专政职能，而妨碍了国家的正常建设。

中国共产党在中国国家建设各方面的领导地位是基于先有共产党及其军队，后掌握国家政权这一基本历史事实。坚持中国共产党的领导是四项基本原则的核心，不可动摇。这除了基于没有中国共产党，就没有社会主义新中国这一历史事实外，还是由党的基本性质及其能力、功绩所决定的。根据比较政治发展的基本经验，任何一个国家的现代化都需要一个主导力量，西方国家的现代化是由自下而上形成的资产阶级主导的，而中国的现代化历程表明其他政党和阶级都不是现代化的主导力量，历史选择了中国共产党。在探索建设中国特色的民族国家的道路上，党领导全国各族人民取得了辉煌的成就。当然，这个探索过程不会没有错误，但每次都是依靠党而不是离开党纠正了自己的错误，这说明中国共产党本身具有较强的自我更新和调适能力。现在党提出要实现从革命党向执政党的转变，践行"三个代表"重要思想，提出"以人为本"的执政理念和建设国家中的科学发展观，建设社会主义和谐社会，都表明在新的环境变迁中，共产党在增强执政合法性、探求更完善的发展道路等方面所做出的努力。只有继续坚持和完善党的领导，才能更好地发挥党在社

① 中共中央文献研究室编：《十四大以来重要文献选编》，上册，12 页，北京，人民出版社，1996。

会主义国家建设中的核心作用。

马克思列宁主义、毛泽东思想是中国共产党和建设社会主义的指导思想。党章规定中国共产党以马克思列宁主义、毛泽东思想、邓小平理论、“三个代表”重要思想和科学发展观作为自己的行动指南。放弃了马克思列宁主义、毛泽东思想就等于放弃了党的精神核心。所以，中国共产党必须坚持自己的指导思想才具有自己的特色。同时，马克思列宁主义、毛泽东思想还是我国的主流意识形态。“意识形态是具有符号意义的信仰观点的表达形式，它以表现、解释和评价现实世界的方法来形成、动员、指导、组织和证明一定行为模式和方式，并否定其他的一些行为模式和方式。”① 作为主流意识形态，马克思列宁主义、毛泽东思想以及它们的新发展——邓小平理论、“三个代表”重要思想和科学发展观在党和国家的建设中发挥着重要的维护政治合法性、批判整合其他错误思潮、引导社会信仰等功能。它们对于凝聚党领导下的各种力量，共同建设中国特色社会主义具有重要作用。没有马克思列宁主义、毛泽东思想、邓小平理论、“三个代表”重要思想和科学发展观，我党的共产主义事业和建设中国特色社会主义的历史任务就不能顺利地完成。

历史实践特别是一些共产党失去社会主义国家政权的事实表明，坚持四项基本原则是作为发展中国家的社会主义大国的中国，能够经得起风险和考验，保持社会政治的平稳转型，社会主义事业取得空前伟大的成就，显示出强大生命力的根本原因之一。

四、依法治国原则

1997 年 9 月，江泽民同志在党的十五大报告中阐述了依法治国的思想。1999 年 3 月 15 日，第九届全国人民代表大会第二次会议通过的《中华人民共和国宪法修正案》第十三条规定：“宪法第五条增加一款，作为第一款，规定：‘中华人民共和国实行依法治国，建设社会主义法治国家。’”从此，依法治国被正式载入国家的根本大法，成为中国政治的重要原则之一，这标志着中国开始从“法制时代”转向一个崭新的“法治时代”。“法制”与“法治”有着截然不同的词语解释。“法制”与“法治”的内涵与外延是有区别的。“法制”静态意义上指法律和制度，动态意义上指立法、执法、司法、守法、对法律实施的监督等各个环节构成的一个系统。“法治”强调的是通过法律对国家和社会事务的管理，代表理性、效率、文明、民主和秩序。在英文中，“法制”的意思是用法律来统治，而“法治”是指法律的统治。作为党和国家执政方略与原则的依法治国原则要从以下几个方面得以体现和实行：

第一，依法治国的核心是“良法之治、宪法至上”。良法之治实际上提出的是一个法律本身的正义性的问题。西方国家用自然法衡量法律的良与恶，自然法被融入了人的生命、自由、平等、幸福等与生俱来的、不可或缺的权利。当人定法确认和保障自然权利时，人定法被认为是善法，否则就是恶法。缺乏这个标准，依法治国就可能变成“纯粹的法律统治”。一种纯形式的法制，不受限制的立法者可能变成绝对权力的掌握者。一旦这

① ［英］戴维·米勒、韦农·波格丹诺主编：《布莱克维尔政治学百科全书》，345 页，北京，中国政法大学出版社，1992。

样，"'统治'也就腾出一只相对于法治来说是不受限制的手。这意味着宪法法制的合法镇压乃是很容易做到的事情"①。在中国政治中，法律本身的合法性或者说良法之治是以人民主权原则及其制度化的人民代表大会制度作为基本保障的。从法律的制定和修改程序来看，可以分为根本法与普通法。宪法在一国法律体系中的位阶最高，它为一切权力的行使发放许可证，为一切法律、法规的制定提供依据，为一切组织和个人的行为确立准则。依法治国意味着：包括最高国家权力机关人民代表大会在内的一切国家机关和武装力量、各政党和各社会团体、各企业事业组织都必须遵守宪法和法律。一切违反宪法和法律的行为，必须予以追究。任何组织或者个人都不得有超越宪法和法律的特权。一切法律、行政法规和地方性法规都不得同宪法相抵触。正因为宪法法律是良法，所以它才能被执行遵守，才能使权力具有超越人格的效力，才能用于治国，才能用来构筑以公民为主体的政治制度。

第二，依法治国在当代中国政治中应侧重于限制与规范国家和政府的权力和保障人权。"中华人民共和国的一切权力属于人民"，为了保证人民赋予国家机关的权力不致被滥用，不致腐败，不致反过来成为统治人民的权力，人民群众必须掌握监控国家的权力和权利，以保护自己"免受自己国家的侵犯"（列宁语）。这是因为"公民与国家之间的力量对比是不平等的；相对于国家来说，公民的权力更容易遭到破坏……"② 在中国政治中，公民处于弱势地位的情况较为严重，要实现依法治国，就必须保护每个公民的权利与自由，并以是否侵犯公民的合法权利与自由作为国家权力者行动的边界与底线。为此既要有国家权力内部的相互制约，又要以公民权利约束和监督国家权力，更要运用社会权利来监督和约束国家（主要指政府）权力。在我国人民代表大会制度下，进一步完善立法、行政、司法、检察、军事等权力的划分，进一步完善权力机关对其他国家机关的权力监督和宪法监督，进一步完善各种权力的行使程序，进一步加强对公民权利和自由的保护，是依法治国的本质所在。诚如前全国人大常委会副委员长田纪云在九届全国人大二次会议上作宪法修改草案说明时指出的，实行"治民"还是实行"民治"，是法治国家与非法治国家的根本区别。

第三，依法治国还要求司法独立，以保障法律所体现的正义与公正得以实施。司法机关是适用法律的机关，在实行法治的国家，所有法律问题都通过法律的途径来解决。司法机关能否独立、公正地执法，就成为把静态法条转化成为公正法律实践的关键，司法独立也就成为依法治国的保障。为此，《宪法》第一百二十六条规定，人民法院依照法律规定独立行使审判权，不受行政机关、社会团体和个人的干涉。由于行政权和立法权是积极的权力，是主动对公民和社会进行干预的权力，所以最容易突破宪法和法律为它们设置的规范的权力。特别是行政机关，随着行政机关管理范围的不断扩大，其权力也不断膨胀。相对来说，司法权是被动的，实行不告不理的原则，它的主要职责是以事实为根据，以法律为准绳，进行公正裁判。它不仅要裁判公民和法人等的纠纷，还要在诉讼中对行政行为是否合法和合理进行审查裁判。

---

① ［美］乔·萨托利：《民主新论》，368页。

② 同上书，343页。

此外，在从法制到法治的转变过程中，体现依法治国原则的宪法和法律，能否真正得到执行还与法律政治文化有关。托克维尔在以美国联邦宪法为例谈及文化对制度运行的作用时说，“美国的联邦宪法，好像能工巧匠创造的一件只能使发明人成名发财，而落到他人之手就变成一无用处的美丽艺术品”①。如果没有相应的法律政治文化，而只有复杂多样的法律条文，法律就很难得到切实的执行，法律的权威性、严肃性和合法性就会受到损害，依法治国也就很难得以实现。所以，培养与法律相应的文化，也是依法治国的题中应有之义。

五、公民权利与义务原则

任何政权并不能仅以暴力作为长期的正当性支持。正如卢梭所言，“最强者也决不会强大得足以永远作主人，除非他能把自己的强力转化为权利，把服从转化为义务”②。在现代政治国家，对公民权利的保护和不断扩展，构成了政治权力存在和运行的首要正当性基础。对于中国政治来说，公民的权利与义务③是一个重要的原则。公民的权利是法律所规定的公民所应该享受的权利，也是国家政府及其法律应该保障的权利。公民的义务是法律所规定的公民必须履行的义务。

中国公民的权利是人民主权这一政治原则的具体表现。公民的基本权利由宪法来规定，并以此作为政府权力的界限，政府必须保护公民的自由权利、民主权利与社会经济权利，公民的权利不得被各种形式的法律和政府权力所剥夺。如《宪法》规定：非经合法程序，任何人和组织不得剥夺、侵犯公民的权利和自由。“国家尊重和保障人权”，因国家机关和国家工作人员侵犯公民权利而受到损失的人，有依照法律规定取得赔偿的权利。一切国家机关和武装力量、各政党和各社会团体、各企业事业组织都必须遵守宪法和法律对公民权利的规定，如有违反予以追究。2000 年中国颁布实施了《中华人民共和国立法法》，从立法的角度确立了对公民政治权利与人身自由的宪法保护原则。中国政府先后于 1997 年 10 月和 1998 年 10 月签署了《经济、社会及文化权利国际公约》和《公民权利和政治权利国际公约》。2001 年 2 月 28 日，九届全国人大常委会第二十次会议审议批准了《经济、社会及文化权利国际公约》。对公民权利的这些规定和保护性原则，实际上划定了国家权力与公民权利的大体界限，也说明国家权力和公民权利并非水火不容，而是可以相互促进的。国家权力具有公共性，可以用来为公民权利提供强制性保护；公民一旦真正享有了权利，也能为国家权力的合法性提供不竭的源泉。

我国公民享有宪法和法律规定的权利，同时也必须履行宪法和法律规定的义务。这是因为权利和义务是紧密联系在一起的，双方是互为条件而存在的。它们各以对方的存在作为自己存在的前提。马克思认为，“没有无义务的权利，也没有无权利的义务”④。这个一般原理为现代人权观念所公认。正如《世界人权宣言》所强调的，人人对社会负有义务，

---

① ［法］托克维尔：《论美国的民主》，186 页，北京，商务印书馆，1992。

② ［法］卢梭：《社会契约论》，12 页，北京，商务印书馆，1980。

③ 严格说来，公民的权利义务有基本权利义务与法律权利义务之分（参见莫纪宏主编：《宪法学》，北京，社会科学文献出版社，2004）。为了论述方便这里不作这种区分。

④ 《马克思恩格斯全集》，中文 1 版，第 16 卷，16 页，北京，人民出版社，1972。

因为只有在社会中他的个性才可能得到自由和充分的发展。处于社会中的公民的利益并不是完全一致的，如果每个人都只想享受权利，而不尽义务，那么任何公民的权利都无法得到保障，结果只能是每个人对每个人的战争状态。所以，用法律规定每个公民享有权利的同时，也要规定每个公民必须承担一定的义务，这既是政治系统正常运行所必需，也是公民享有相应权利的要求。因此，我国宪法为公民的权利与自由设定了法律界限。《宪法》第五十一条规定：中华人民共和国公民在行使自由和权利的时候，不得损害国家的、社会的、集体的利益和其他公民的合法的自由和权利。公民在享有宗教信仰自由的同时，不得利用宗教进行破坏社会秩序、损害公民身体健康、妨碍国家教育制度的活动。公民也不能以享有权利为理由而拥有超越宪法和法律的特权。

需要指出的是，“没有义务不会有权利，没有权利也不会有义务”只说明了二者相互依存的抽象关系，但在现实中，二者又是可以相对分离的。特别是对于特定的个人来说，他或她享有的权利和所尽的义务并不是完全对等的。从以上的论述中我们知道，公民的权利与义务都是由法律规定的，法律不仅保护公民的权利，而且也强制公民履行所要承担的法律义务。也就是说，公民权利和义务的分界是由体现权力意志的法律来划定的。正是由于公民权利和义务是依据国家权力来界分的，所以，公民权利与义务之间对等与否不可避免地受到国家权力的影响。在我国，一个公认的事实是，国家实际拥有的权力太大，而其承担的责任又有待加强，特别是在保护公民权利方面所体现的国家权力的公共性不足。与这种状况相对应，在实践中“义务优先”的做法，导致了公民权利与义务的不对称。宪法规定的公民权利需要更具体的法律给予保障，当公民权利受到政府行政权力的侵犯时，应该得到及时有效的救济。

基于上述公民权利与义务的原则规定与现实之间的差距，中国政治改革的一个着力点应该是防止权力的公共性过多地被部门化和扭曲，使国家权力的公正性、正义性得到更多的张扬，切实体现所有公民在法律面前一律平等地享有权利和承担义务的宪法和政治原则。

以上中国政治制度的各项原则之间是相互联系和相互支持的，它们共同维护着中国政治的正常运行。

党的中央组织与领导体制

重点问题

- 党和国家领导体制的含义是什么？
- 党和国家领导体制的基本构成有哪些？
- 我国的归口管理制度是什么？
- 改革开放以来党和国家的领导体制有哪些变化？
- 党的核心领导机关有哪些？
- 党管干部体制有哪些变化？
- 如何认识党的纪检部门的重要性？
- 为什么需要“党对军队的绝对领导”？

党和国家的领导体制是从社会主义政治体制改革实践中衍生出来的一个概念，实际上就是指政治体制。政治体制是社会主义基本政治制度的实现形式，是为实现社会主义政治制度而建构的各种具体的政治形式、制度和运行机制的总和。而政治制度首先是指一个国家的政权的性质，我国政权的性质是共产党领导的人民民主专政，共产党是国家的领导核心；其次是指作为人民民主专政的组织形式的人民代表大会制度。政治体制包括权力组织的方方面面，既包括政党的组织系统，又包括行政、立法和司法等国家组织系统及政党系统与国家系统的关系，还包括本来不应该属于政治组织的企事业单位和社会团体。

狭义上的“党的领导体制”是指党组织自身的组织制度，包括体现中央、地方和基层各级党组织权限和地位的中央集权制的领导体制，以及体现党组织实施决策的集体领导制度。广义上的“党的领导体制”除了指党组织自身的领导体制以外，还包括党对国家权力机关的统领关系的体制。

“国家的领导体制”总体上是指国家权力机关内部之间的权力划分和相互关系的体制①，事实上就是“党政关系”中的广义上的“政”。中国共产党对国家的领导地位，具

① 参见王贵秀等：《政治体制改革和民主法制建设》，93页，北京，经济科学出版社，1998。

体表现为它对国家各个方面的政治领导、组织领导和思想领导。在领导的实现形式上，党的组织存在于广泛的政治生活中，不论是构成政治权力中枢的中央政治机关，还是基层的乡村管理机构、街道办事处和企事业单位及群众团体，都有党的组织。在这一背景下，形成了当代中国政治关系中最根本的“党政关系”，也就是我们习惯上所说的“党和国家的领导体制”中的“国家”，包括“政权”、“政府”、“行政”、“政法”和担负一定“政治任务”的人民团体等多种含义。① 因此，在中国，很多政治关系和重要的政治现象，都在一定程度上包含着“党政关系”的内容。即使那些不直接关系到“党”或“政”的政治活动，最后也会或多或少地反映出“党政关系”的内容。因此，“党政关系”或曰“党和国家的领导体制”是分析中国政治制度的出发点。

因此，党和国家的领导体制实际上是在总体上考察和描述我国作为社会主义政治制度表现形式的政治体制。进一步说，党和国家的领导体制在邓小平 1980 年题为《党和国家领导制度的改革》的讲话中实际上是指党对国家的领导体制，在实践中人们也习惯性地接受了这一点。因此，党和国家的领导体制实际上是讲党的领导体制。

鉴于党在中国政治中的实际地位，本章第一节首先从总体上考察党和国家领导体制的形成、改革与现状；第二节考察我国政治生活中最为核心的部分，即党的中央组织及其运作方式；第三节考察党对国家实现领导的具体方式，即归口管理体制，以使我们更加详细地理解党和国家的领导体制。

第一节　党和国家领导体制的形成与发展

党的领导是一个人所共知的说法和概念，但是党到底是如何领导的？这需要考察党在国家权力配置中的地位和角色。在中国，当讲到国家权力和政治制度或政府体制时，不可能不涉及党的领导体制。否则就不可能触及中国政治的核心和真正问题。

一、党和国家领导体制的形成

党在国家生活中的核心地位是对战争时期状况的一种自然延续。1942 年中共中央根据抗日根据地在党政军各方面工作不协调的状况，提出了党的一元化领导原则，其基本特点是：在党政军群组织间，以党的中央局和地方党委为最高领导机关，它们作出的决议、决定和指示，军队的军政委员会及政府、民众团体的党员均须无条件执行。党的一元化领导对于夺取全国军事斗争的胜利具有重要意义。新中国成立之初，由于政府机关处于创立阶段，出于恢复经济和应对复杂的国内外局势的需要，共产党自然将战争年代的党的一元化领导的方式应用于国家社会政治事务的领导和管理。然而，这样的原则一旦建立起来，便对我国的政治体制产生了深远的影响。

党的一元化领导在实际政治生活中体现为党委制和党组制、党管干部制度、归口管理制度、党委领导下的集体负责制以及有关案件的党内审批制度。② 在党管干部和归口管理

① 参见邹谠：《二十世纪中国政治（中文版）》，71～72 页，香港，牛津大学出版社，1994。

② 参见庞松、韩刚：《党和国家领导体制的历史考察和改革展望》，载《中国社会科学》，1987（6）。

制度下，党委领导下的集体负责制只是党委会的集体负责甚至是书记个人负责，而不是行政领导的集体负责。归口管理制度自然包括党的政法口的审批案件制度。因此，这里主要考察党委制和党组制、党管干部制度、归口管理制度和双重领导制度的形成和特征。

1. 党委制和党组制

党委制和党组制是共产党在正式的权力结构上领导政府的体制。

党委制是为了管理政府机构内的党员和直接控制对应政府事务。新中国成立之初，在按行政区划建立各级党委的基础上，中央人民政府和一切国家机关均成立了党的委员会。1949年11月，中共中央政治局通过了《中央关于在中央人民政府内组织中国共产党党委会的决定》。决定指出：（1）中央人民政府业已成立，特决定组织中央人民政府机关内的党委会，凡参加中央人民政府工作的党员，除中央允许者外，必须一律参加支部组织，过党的组织生活。（2）在中央人民政府党委之下，按照党员人数及工作部门的性质，设立6个分党委，即政法委员会分党委、财经委员会分党委、文教委员会分党委、中央人民政府委员会直属机关最高人民法院及最高人民检察署分党委、政务院直属机关及人民监察委员会分党委、中国人民大学分党委；并在各委、部、会、院、署、厅、司、局、处等组织总支和支部。（3）中央指定党委会及分党委会。

党组制是中共中央为了加强对中央人民政府的领导而设立的。新中国成立后，根据《中国人民政治协商会议共同纲领》建立了中央政府和政务院，有不少党外人士参加了中央政府和政务院。为了加强党的领导，1949年11月，中共中央发出了《关于在中央人民政府内建立中国共产党党组的决定》。该决定指出：

（1）为了实现和加强中国共产党中央对中央人民政府的领导，以便统一并贯彻党中央的政治路线和政策的执行，特依据党章规定由中央人民政府中担任负责工作的共产党员组成党组。

（2）在中央人民政府委员会、人民革命军事委员会及中国人民政协全国委员会担任负责工作的党员中间不设党组，而由中央政治局直接领导。政务院成立党组。最高人民法院及最高人民检察署成立联合党组。党组设书记一人，必要时设副书记1～2人，党员人数超过10人以上的党组需设干事会，负责经常工作。在干事会以下，按人数及工作性质划分小组。

（3）关于政务院及其所属的委、部、会、院、署、行等机关合组党组。为领导及工作之便利，特作如下规定：第一，设党组干事会，统一领导全党组的经常工作。第二，依政法委员会、财经委员会、文教委员会及人民监察委员会4个系统，划分4个分党组。第三，在分党组内可设分干事会，并依所属各部、会、院、署、行及直属的重要的局划分小组。第四，政务院直属的部、会、署、厅、局需设分小组。

（4）上述政务院党组，与最高人民法院及最高人民检察署联合党组之间无领导关系，均分别直属于中央政治局领导。凡党中央有关政府工作的决定，必须保证执行，不得违反。

党组的任务是讨论和决定本单位的重大问题，尤其是本单位人事任免的管理。

1949年11月关于成立党委会和党组的两个决定，其作用如同党对军队改造的“三湾改编”。“三湾改编”确立了党对军队的绝对领导权，两个决定确立了党对政府的绝对主导权。

2. 党管干部制度

新中国成立不久，共产党即努力建立决定什么人可以进入国家权力体系的制度。1951年3月，刘少奇在第一次全国党的组织工作会议上指出了建立该权力制度的原则："从原则上说，担负最重要职务的干部，应集中由中央管理，地方组织加以协助。担负次要职务的干部，由各中央局、分局和省委、区党委分别管理，下级组织加以协助。担负初级组织职务的干部（乡村和基层组织的干部），则由县委和市委管理。总之，从最初级到最高级的每一个干部，都要有一定的机关来管理，不应有任何一个干部而没有地方管理他的。"① 这个机关就是各级党的组织部门。刘少奇的讲话基本上确立了党管干部原则下的干部委任制。实践中政府人事部门是党管干部的一种组织形式，受同级党委组织部门的指导。

随着国家机构职能部门的增加、干部队伍的扩大，中共中央决定建立分部分级管理干部的队伍，在原有的组织部、宣传部和统战部的基础上，设立工业交通、财政贸易、文化教育等新的党委工作部门，在中央和各级党委的统一领导下分工管理各部门的干部；各类干部按职务级别由中央或地方分别管理。1953年11月，中共中央作出《关于加强干部管理工作的决定》，决定逐步建立在中央及各级党委统一领导和在中央及各级党委的组织部统一管理下的分部分级管理干部的制度。

根据工作需要，《关于加强干部管理工作的决定》将干部划分为九类，由中央及各级党委的各部门分别进行管理：

第一类，军队干部，由军委的总干部部、总政治部和军队中的各级干部部、政治部负责管理；

第二类，文教工作干部，由党委的宣传部负责管理；

第三类，计划、工业工作干部，由党委的计划、工业部负责管理；

第四类，财政、贸易工作干部，由党委的财政、贸易工作部负责管理；

第五类，交通、运输工作干部，由党委的交通、运输部负责管理；

第六类，农、林、水利工作干部，由党委的农村工作部负责管理；

第七类，少数民族的党外上层代表人物、宗教界的党外上层代表人物、政协机关、民主党派机关、工商联、佛教协会、伊斯兰教协会和回民文化协会的机关干部，由党委的统战工作部负责管理；

第八类，政法工作干部，由党委的政法工作部负责管理；

第九类，党群工作干部和上述各类没有包括的其他各类干部，由党委的组织部负责管理。

中央及各级党委的各部除各自原有的业务外，都要承担相应的考察干部和选任干部的任务，并检查党的政策、决议的执行情况。与此同时，《关于加强干部管理工作的决定》还明确规定了在中央及各地党委之间建立分工管理各级干部的制度。凡属担负全国各个方面重要职务的干部，均由中央加以管理。

在实践中，中央组织部门管到司局级干部，即司局级以上的干部由中央有关部门负责

---

① 《建国以来重要文献选编》，第2册，166页，北京，中央文献出版社，1992。

考察和任免。

党对政府主导权的形成和干部委任制原则的建立，使得权力体系中的任何个体都形成了与党和政府的特殊关系，既要服从同级政府和党委的领导，又要对上级党委负责。而对于由若干政治个体组成的一级政府来说，其与党的关系也大致相同，既要对同级党委也对上级党委负责。

3. 归口管理制度和双重领导制度

首先应该明白“口”的含义。“口”是中国特有的政治术语，虽然不甚明确但又经常使用，是指政府工作的某些领域，与“系统”和“条块关系”中的“条”有相似之处。在中国，政府工作是指广义上的“政府”，不但包括狭义政府所指的国务院及地方各级人民政府，还包括中国共产党组织、各级人民代表大会、司法及担负政治任务的人民群众团体。因此，“口”是指广义政府工作中的“系统”或“条”。

中共中央在建立分级分类管理干部制度的同时，作为配套措施，建立了对政府部门的归口管理制度。为在全国范围内反对分散主义和地方主义，1953 年中共中央把政府工作按性质划分为工交口、财贸口、文教口、政法口等，由同级党委的常委（后来是分管书记）分口负责，以加强对政府行政工作的领导。不久便在各级党委下设计划工作部、财政贸易工作部、交通运输部、农村工作部等。各工作部与政府行政机关的业务部门相对应，进行对口管理，以管理干部为主，而不直接管理行政事务。

对于中央国家机关分设在地方的下属机关、企事业单位，在领导关系上采取了双重领导方式：在业务上受中央主管部门的领导，在党务及行政事务上接受地方党委及人民政府的领导。根据这些下设机关单位的不同特点，有的以中央管理为主、地方负责监督（如铁路和邮电系统），有的以地方管理为主、中央负责监督（如政法系统）。

与政府机构对应设立党的工作机构，是参照苏联模式的做法。苏共在领导社会主义的实践中，认为党的中央及各级党委的工作机构，必须与党的政策的主要方面及社会生活的主要领域相适应，党的领导活动必须与国家的、政府的、经济和文化建设的职能组织相适应，因而设立了一系列党的工作部门，在中央和地方各级以政治领导者的身份来处理工业、农业、宣传、文教、科学、教育、对外联系、国防和干部等方面的重要问题。① 中国共产党基本上采用了苏共的组织机构模式。

虽然党组制、党委制、党管干部制决定了党是权力的核心，但在苏联式的计划经济管理中，却自然而然地增加了国务院系统各部委的计划权，政治管理的技术化时代来临。

在发动“大跃进”和“大跃进”的过程中，各种强化党的权力和各种相应的党政不分的规定相继出台。因为“大跃进”实际上是一场军事斗争式的政治动员运动，为了推进这场运动和保证这场运动的成功，就自然要回到战争时期的领导方式，加强党的绝对权威并明确提出党的一元化领导和党政不分。在 1958 年 1 月发动“大跃进”动员的南宁会议上，毛泽东严厉批评国务院和其部委搞分散主义，不让中央参加对经济工作的“设计”。为此，中共中央成立了财经、政法、外事、科学、文教各小组，具体领导相应的政府职能部门。

---

① 参见苏共中央马克思列宁主义研究院集体编写：《社会主义国家党的建设》，305～306 页，北京，中国人民大学出版社，1985。

1958年6月，中共中央制定的《中共中央关于成立财经、政法、外事、科学、文教各小组的通知》中规定：这些小组是党中央的，直隶政治局和书记处，向它们直接报告。对大政方针和具体部署，政府机构及其党组有建议之权，但决定权在党中央。

由于党中央各小组直接领导国家各大口的业务工作，因而党中央各工作部门的职能也随之扩展，由主要管理各大口的干部变为主要管理各大口的业务。中央工交部管理工业、交通运输和基本建设；中央财贸部管理财政、金融和税务；中央农村工作部管理农业、林业、水利和气象；中央宣传部管理文化、科学、教育、卫生、新闻和出版。至此，党中央形成了一套几乎与国务院完全对应的行政性管理机构：党中央财经小组与国务院财贸办公室和工交办公室相对应；党中央政法小组与国务院政法办公室相对应；党中央外事小组与国务院外事办公室相对应；党中央文教小组与国务院文教办公室相对应。同样，党中央各工作部门也与国务院所属职能部门形成了对应关系。

不仅如此，由于“对大政方针和具体部署，政府机构及其党组有建议之权，但决定权在党中央”，使得党与政府的关系复杂起来，改变了新中国成立初期党政基本分开的格局。一方面，党中央直接处理应属于国务院工作范围的许多事务；另一方面，党中央又通过党的系统（党中央各小组、党中央各职能部门、国务院所属各部委党组）直接指挥国务院各职能部门的工作。①

在地方，各级党委虽然没有建立党中央那样的小组，但是党委内分管政府各大口业务工作的书记（或常委），其作用也类似于党中央各小组，区别只在于人数的多寡。随着党中央各工作部门职能的扩大，地方各级党委工作部门的职能也由主要管理干部转变为管理干部和政府部门的业务。地方党委管理政府工作部门更加细化，有的甚至设大学工作部。

1958年党政关系的变动使国家权力机关职能发生转移，共产党组织国家化了。具体地说，其一，把宪法规定向国家权力机关负责的政府（国务院）变成了党中央的执行机关，因而党中央取代了国家权力机关；其二，把本来属于政府的“具体部署”权收归党中央，因而党包办了政府的一部分事务。②

至此，以党的一元化领导为原则的国家领导体制彻底建立起来了。这一党和国家的领导体制可以表示为如图2—1的结构。

对于这样一个领导体制需要作如下说明：

第一，尽管国务院是一个“执行机构”，但事实上国务院的主要成员又是党的重要领导人。例如过去和今天的国务院总理、副总理同时都是政治局常委、政治局委员，他们往往也是党的有关领导小组的主要成员。因此，作为政府的国务院，事实上与政治局、书记处一并构成或领导着党的领导小组。

第二，罗列的6个领导小组并非完全是根据1958年《中共中央关于成立财经、政法、外事、科学、文教各小组的通知》成立的。该通知所指的“科学”小组事实上在文教小组之中。在实际政治过程中，有的系统可能不是以小组名义出现的，如政法小组演变成今天

① 参见郑谦、庞松等：《当代中国政治体制发展概要》，90页，北京，中共中央党史资料出版社，1988。
② 参见庞松、韩刚：《党和国家领导体制的历史考察和改革展望》，载《中国社会科学》，1987（6）。

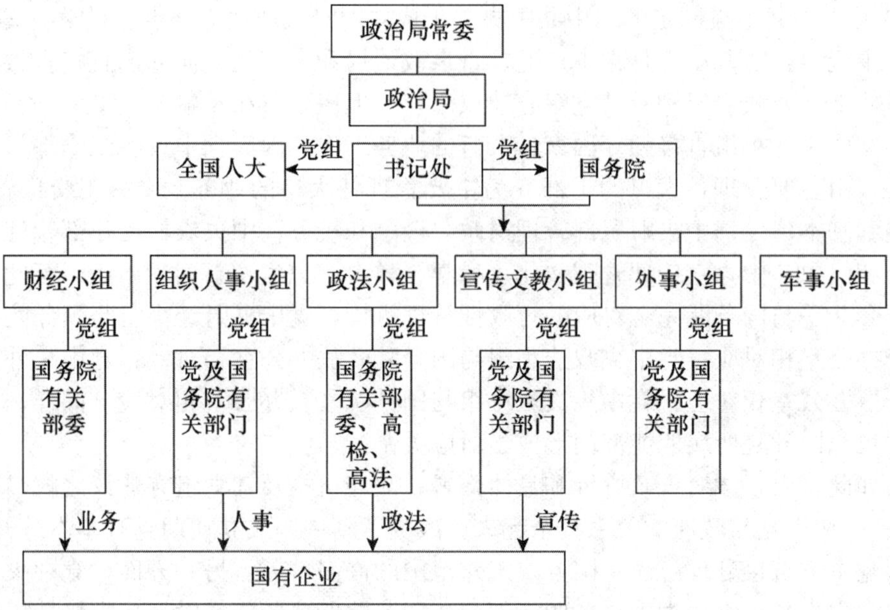

图 2—1　中国国家权力的组织结构

的中央政法委员会，军事小组就是中共中央军事委员会。没有字面上的所谓“组织人事小组”和“宣传文教小组”，但事实上均有党的重要领导人专管。因此，为了研究上的方便并真实地反映现实，我们也以“小组”之名称组织人事系统和宣传文教系统。

第三，在现实政治中，人们习惯以“口”指称相关的领域和系统，如计划口、交通口、外事口、农业口、林业口、组织口、人事口、宣传口、文教口……系统和口非常之多，但最重要的方面可以归纳在图 2—1 中 6 个领导小组之下，如财经小组之下就包含农业、工业、商业等各经济部门。因此，同样为了研究的方便并真实地反映现实，本书罗列了 6 个领导小组。

第四，6 个领导小组反映了党的领导体制的稳定性。无论是在毛泽东时期还是在邓小平、江泽民时期，党的一元化领导或者说党对国家权力的主导权主要是通过 6 个领导小组来实现的。毛泽东说“权力集中在常委和书记处”，政治局常委的权力通过其党的领导小组来实现。例如，党的第十五次全国代表大会产生的 7 名政治局常委中，江泽民同志作为总管，有权力干预任何一个系统并同时具体领导军事口（军委）和外事口，朱镕基总理领导财经小组，胡锦涛同志领导组织人事口，尉健行同志负责政法口，李岚清同志负责宣传文教口，李鹏同志负责人大口，李瑞环同志负责政协口。在每个政治局常委之下，又配备若干名政治局委员或书记处书记和国务委员进行协助。因此，在上述组织结构中，虽然各领导小组置于书记处和国务院之下，并不意味着领导小组的负责人的级别比书记处书记或国务委员低，但是领导小组作为一种政治机制，则是通过国务院和书记处来运作的。

第五，与中央一级的权力结构相对应，省市级的权力结构也基本如此。省委、市委的常委专门分管所谓的财经、政法、组织人事、宣传文教，即形成了所谓的财经书记、政法书记、组织书记、宣传文教书记等，在这些书记之下，配备了若干副书记、副省长和副市长进行协助。[1] 在省委和市委中，虽然没有像中共中央一样的领导小组，但是党委中有由党的书记负责的对口部门的工作委员会，其职能和领导小组一样。

归口管理所体现出来的权力精英之间的关系反映出政治体制中的制度化与人格化并存的特征。

制度化表现为归口管理中中共中央上层民主集中制所体现的集体领导和个人分工原则，这一原则及党委制度是规范多“口”领导人行为的根本原则。无论党的领导人的地位多高，在我国的政治制度中，他们总是处于党委的领导之下，即使政治局常委也不例外，因此，他们都必须服从集体领导并且分工负责各自的领域。权力精英可以借助党委制这一领导形式，充分进行决策集中，决策后可以统一地执行。这在根本上规范了上层领导人的行为，同时也是归口管理制度能够在中国政治制度中发挥作用的保证。在我国的政治实践中，政治局的会议往往可以决定国家的大政方针，原因也在于此。

人格化则表现在没有正式的规则来规定这种分工，没有规则限制或约束他们如何进行本口的管理，唯一有效的制约是其他领导人的地位、态度和亲疏关系，这就形成了权力精英之间的一种人格化倾向。[2] 尽管权力结构的人格化倾向在我国政治中随处可见，但归口管理则影响到政府行为的各个领域，领域之间的相互关系划分不清对政府行为的负面影响可想而知。此外，各口之间的界限有时是变动的，因为领导人权力的变化可能导致相关系统的范围的扩大或缩小，在“文化大革命”中，军队和宣传教育口权力的扩大与党委系统权力的缩小就是例证。

归口管理体制中存在权力的人格化倾向，使个人的权力不受约束。正是这种不受约束的权力，使党的领导往往变成个人领导。正如邓小平所言：“权力过分集中的现象，就是在加强党的一元化领导的口号下，不适当地、不加分析地把一切权力集中于党委，党委的权力又往往集中于几个书记，特别是集中于第一书记，什么事都要第一书记挂帅、拍板。党的一元化领导，往往因此而变成了个人领导。全国各级都不同程度地存在这个问题。”[3] 这种权力的极度的人格化特征导致党的领导集体没有能力纠正个人的错误。

另外，归口管理与我国传统的“条块关系”体制纠缠在一起，大大制约了行政机关的权威，使得一个行政部门不仅要受上级“口”或“系统”的领导，还要受到同级党委和政府的领导。这种多重领导、政出多门的体制在实践上必然会分散公共权力的公共权威。因此，对党和国家的领导体制的改革势在必行。

二、党和国家领导体制的改革

一个国家的政治体制应该是什么样的？1987 年邓小平在《怎样评价一个国家的政治体制》一文中指出：“我们评价一个国家的政治体制、政治结构和政策是否正确，关键看三条：第一是看国家的政局是否稳定；第二是看能否增进人民的团结，改善人民的生活；

---

① 这一体制正在调整之中，从 2005 年开始，省委及省委以下的党的委员会开始了健全常委会制度的建设。

② 有关权力人格化的研究，参见谢庆奎等：《中国政府体制分析》，92～93 页，北京，中国广播电视出版社，1995；胡伟：《政府过程》，163～170 页，杭州，浙江人民出版社，1998；Kenneth G. Lieberthal，*Governing China：From Revolution through Reform*，New York，Norton，1995。

③ 《邓小平文选》，2 版，第 2 卷，328～329 页，北京，人民出版社，1994。

第三是看生产力能否得到持续发展。”① 其实，标准就是一个，即看是否有利于经济发展并提高人民的生活水平，从新制度主义的角度说，就是看能否减少制度成本和提高制度的竞争力。为了这样一个目标，实行经济体制改革30多年以来，中共中央为完善党和国家的领导制度作出了巨大的努力，主要体现在建立行政首长负责制、努力使党的行为法治化、撤销党的对口部门、党管干部制度的变革等。

1. 责任制在企事业单位的确立

1980年以前，在事业单位和企业中的集体领导习惯性地被认为是党委的领导，行政首长负责制往往被认为是摆脱党的领导而受到否定，同时将集体领导解释为只能是党委的集体领导，而把行政系统的集体决策排除在外，否定了行政管理系统和行政首长（往往是专家、学者和业务骨干）的决策作用，造成权责分离，即党委有权无责，行政首长有责无权。

经过长期的改革，行政首长负责制在企事业单位普遍建立起来并得到了很好的实行。1980年邓小平提出有准备、有步骤地改变党委领导下的厂长负责制，改革试点，实行厂长负责制。1984年《中共中央关于经济体制改革的决定》对企业内部的党政关系作了重大调整，明确规定在企业实行厂长负责制，而不是“党委领导下的厂长负责制”。经过30多年的改革使得所有国有企业全面实行厂长负责制。十八大以来，习近平提出坚持党对国有企业的领导是重大政治原则，必须一以贯之；建立现代企业制度是国有企业改革的方向，也必须一以贯之。

2. 党的行为法治化取向

鉴于过去的宪法和党章没有明确党与宪法、党与法律的关系，党的十二大第一次提出党应该在宪法和法律的范围内活动，十五大提出“依法治国”，十六大又提出了“政治文明”。在中国，治国的政治主体首先是中国共产党，“依法治国”首先应该依法治党，使党在宪法和法律的范围内活动，而“政治文明”说到底就是法治。

法治化是一种政治取向。但由于客观现实的原因，理顺党与法的关系尚需时日。在习惯和实践中，重大问题都是由党决定并作为政策发布在全国加以执行；在司法中，如何处理党的纪律检查部门与执行国家公诉权力的检察院的关系也是问题。从理论上说，党指示的对象是其党员而不是全国民众，政府是经过宪法授权的有权向全国发布政令的行政机关。但是在体制上和实践中党都是事实上的政令颁布者，地方各级机关和干部对于党的指示的重视程度甚至高于政府的政令。所以，如果党在宪法和法律范围内活动，使党的意志和建议通过其领导的人民代表大会的立法以法律的形式表现出来，将是对法治化建设的一种重要贡献。

应该说，这种进步已经表现出来。在“文化大革命”中，以中共中央的名义颁布和实施的“公安六条”成为当时最大的法律，凌驾于宪法之上。在邓小平1980年做的题为《党和国家领导制度的改革》讲话后，中共中央决定，凡是宪法和法律规定须由人大或人大常委会审议、决定的事项，必须提请人大或人大常委会审议、决定；各级党委审查通过需要履行法律手续的干部人选时，必须尊重人大代表和人大常委会成员的意见；国家领导人的任免必须严格按照宪法和法律规定的程序办理等。

---

① 《邓小平文选》，1版，第3卷，213页。

2013年中共十八届三中全会通过的《中共中央关于全面深化改革若干重大问题的决定》，指出要建设一个“法治中国”。

3. 党与行政部门关系的改革

1982年党的十二大就提出党的工作和政府工作必须适当分开，党不是向政府发号施令的权力组织，也不是行政组织和生产组织，党的领导主要是思想政治和方针政策的领导，是关于干部的选拔、调配、考核和监督，党不应该直接干预政府和企业的行政工作和生产指挥。

1982年通过的宪法和党章更加明确了党政关系。新宪法明确规定了各级政府实行首长负责制以及各级行政首长和行政部门的职权。

从1980年到1987年，在党与行政部门的关系上，省、市、自治区以下的党政机关都作了如下调整：(1) 党委第一书记或正职书记一般不再兼任政府职务，改变了书记、常委都兼政府职务的情况。(2) 精简党委工作部门，改变了党委工作部门直接对应领导政府部门和书记分兵把口的领导方法。这样，党的书记由10名左右减少到5名左右；党的工作部门由十几个减少到5个左右，党政合署办公的状况基本改变。(3) 精简党委办事机构，撤销与政府机构重叠的党的职能部门，减少决策层次，使行政首长负责制真正建立起来。

之后，中共中央对党政关系又有进一步的调整。被邓小平称为集体思想结晶的党的十三大报告决定，第一，各级党委不再设立不在政府任职但又分管政府工作的专职书记、常委，以免政出多门，影响效率；第二，精简党委办事机构，撤销与政府机构重叠的党的职能部门，减少决策层次，使行政首长负责制真正建立起来；第三，逐步撤销政府各部门的党组、纪检组；第四，党的纪律检查委员会不再处理法纪和政纪案件，集中力量管好党风和党纪；第五，撤销各级政法委员会。

此后，党委中的经济管理部门被撤销。但是，理顺党政关系不是一日之功。现在，一些对口部门没有了，但是新型的类似于对口部门的层次更高、权威更大的党的部门却在不断增设，如中共中央大型企业工作委员会。另外，根据实际需要，党组和政法委员会保留，纪律检查委员会在反腐败的斗争中仍然大显身手。

4. 干部制度的变化

改革开放以来，党管干部制度的某些方面发生了变化。第一，下放管理权限。在1984年以前，省部级和司局级干部均由中央任免，尽管在实践中司局级干部主要由地方和部委自己提名，中央任命，因为中央组织部不可能考察上万名干部。1984年8月，中共中央书记处决定，中央管理干部的范围，由原来下管二级改为只下管一级主要领导干部，中央只负责省部级干部的考察和任命，司局级干部的任免权留给地方和部委。这样，中央管理的干部减少到3 000人左右，其余人下放到地方组织部门，初步改变了过去僵化的局面，使得中央有更多的时间和以更为严肃的方式考察最为重要的干部群体。在部委中，党组负责司局级干部的任免。

第二，党管干部的类别的调整。中共中央1953年的决定将干部划分为九类，由各类中的党的有关部门负责干部的任免。随着经济改革的进行，政府经济职能部门发生重大变化，党的对应部门也作了相应调整。目前，除了军队干部、政法干部、文教干部和统战干部仍然由本系统的党委管理外，所有经济类的干部都由党的组织部门负责考察和任命。这样，干部由过去的九大类变为五大类。

第三，党管干部方式的变化。针对一些干部的腐败行为，如何制约党政领导干部的权力，成为改革开放以来党管干部的重心。首先，党政领导干部的管理趋于专门化和法制化，如 1993 年国家公务员制度的正式出台。其次，对党政领导干部的评价趋于科学化，竞争上岗已成大势所趋。北京市 1997 年从 1 600 多名竞争者中，选拔出 56 名副局级干部。同年，广东省从 3 256 名竞争者中招聘 37 名副厅级干部，平均每个岗位有 88 人竞争。

第四，任期制和退休年龄制度的建立。除了个别例外，已经在党和政府的最高职位上确立了任期限制。每个领导都不能在同一职位上超过两届任期，每届任期 5 年。党章没有说明这些期限是否适用于党的最高领导职位，但是任期制度已经在政府的最高职位，包括国家主席、政府总理和全国人民代表大会委员长，得到有效的贯彻。在省级和省级以下的党政领导职位中，任期制得到更为严格的执行。军区的最高军事长官（司令员和政委）也遵循这一规定。部长和省长的年龄应在 65 岁以下，国务院各部部长、省长以及军区最高军事首长都不应在年满 65 岁以后还继续任职，副手超过 63 岁就不应再继续任职。

第五，差额选举制度的形成。这一办法在党的十三大后开始采用，但是直到近几年才日益有效，党的代表大会和全国人民代表大会的代表越来越有效地利用他们手中的选票。尤其是在省、市、县的选举中，差额选举得到日益普遍的执行。

为了完善党管干部制度，共产党已经作了大量的探索。党管干部的目的之一是保证党的干部全心全意为人民服务。

总之，随着改革开放的发展，党对国家的领导体制也发生了不少变化，党对国家的领导方式越来越以制度化的形式表现出来。不仅如此，改革 30 多年来，伴随经济制度的创新，由于专业化的需要，政府系统的权力加大了，宏观调控能力加强了，并且部分权力由政府部门转向了大型国有企业。人大和司法系统也越来越以特有的制度程序运作。所有这些，都是在党的领导下发生的自上而下的一种变革，同时也是经济变革过程中的必然要求。

在变革中，党在政治生活中的核心地位不应该被削弱，事实上也没有被削弱。图 2—1 所示的国家权力的组织结构保持不变，即共产党仍然是国家权力的核心。

目前的状况是，经济改革不断深化，制度创新能力不断增强，党与政府和经济的关系发生了变化，但是权力的基本组织结构保持不变。如果说有什么变化，那也只是管理方式的变化。在市场化取向中，企业的政法安全、宣传教育功能逐渐淡化，而中央对其业务、人事安排则不敢有丝毫的懈怠。同时，由于机构改革中全国性行业公司的产生，中共中央成立了专门管理这些企业的中共中央大型企业工作委员会和中共中央金融工作委员会。这样，中共中央财经领导小组由过去的直接主管国务院有关财政经济的部委，变成了财经小组通过国务院管理财经部委，并通过中央大型企业工作委员会和中央金融工作委员会管理由经济主管部门而衍生的行业性控股公司和金融企业。与改革前的国家权力结构比较，党对企业的宣传教育功能和政法功能弱化，而业务指导功能和人事安排功能不变。

不变的权力结构面临的是变化着的经济环境和经济制度，那就是大量的非国家所有的企业的存在。不仅如此，根据2000年以来的统计，非国有企业对国民经济增长的贡献率远远大于国有企业。结果产生的问题是，一方面，党和国家不能从权力组织上控制和进入非国有企业；另一方面，非国有经济又是党和国家鼓励的产物。如何解决这些问题以使上层建筑和变化了的经济环境相适应？“三个代表”重要思想将是根本的解决之道，因为它鼓励新生的企业精英加入共产党，这样将在组织链条上连接党与非国有企业，使既定的上层建筑与经济基础更加和谐。

第二节 党的中央组织

根据《中国共产党章程》，党的中央组织包括党的全国代表大会和它所产生的中央委员会、中央政治局、中央政治局常委会、中央委员会总书记和中央书记处。要理解中国政治，就必须首先对党的中央组织的产生方式、职能和运作方式有一个轮廓性的认识。

一、党的全国代表大会和中央委员会

党的全国代表大会是党的最高领导机关。在全国代表大会闭会期间，由党的全国代表大会选举产生的中央委员会执行全国代表大会的决议，领导党的全部工作，对外代表中国共产党。

1. 党的全国代表大会

党的全国代表大会每5年举行一次，其职权是：听取和审查中央委员会和中央纪律检查委员会的报告；讨论并决定党的重大问题尤其是党的人事安排问题；修改党的章程；选举中央委员会和中央纪律检查委员会。

党的全国代表大会大致分为三个阶段。第一阶段是听取和审查中央委员会和中央纪律检查委员会的报告；第二阶段是讨论党的重大问题，如各代表团分别讨论党章的修改和大会主席团提供的新一届中央委员会和中央纪律检查委员会候选人，大会主席团根据各代表团的初选名单决定出中央委员会和中央纪律检查委员会人选；第三阶段，大会以举手表决的方式选举产生新一届中央委员会。

由于党的全国代表大会每5年召开一次，间隔时间长，所以当需要解决重大问题而中央委员会不能解决时，可以召开党的全国代表会议。党的全国代表会议的职权是：讨论和决定重大问题；调整和增选中央委员会和中央纪律检查委员会的部分成员。为了防止非程序事件的发生，党章规定，调整和增选中央委员及候补中央委员的数额，不得超过党的全国代表大会选出的中央委员及候补中央委员各自总数的1/5。

党的全国代表会议很少召开，除非发生改变中央委员会和中央纪律检查委员会结构的重大变动。1985年9月党的全国代表会议就是在这种情形下召开的。党的全国代表会议同意叶剑英、邓颖超等64人不再担任中央委员、候补中央委员；李井泉、肖劲光等36人不再担任中央顾问委员会委员；黄克诚等31人不再担任中央纪律检查委员会委员。会议增选了中央委员56人、候补中央委员35人、中央顾问委员会委员56人、中央纪律检查委

员会委员 31 人。这是中国共产党历史上第一次大规模的集体退休，标志着共产党退休制度的正式启动。

党的全国代表大会的代表即党代表是如何产生的？党代表是经过各单位初步选举，再汇总到各系统和各地区党委，由各系统和各地区的党委会和党的代表大会决定。和全国人民代表大会代表的产生办法一样，党代表也是间接选举产生的。

党代表的名额按条块办法分配，即在中央及其直属单位系统、军队系统（“条”）和地方（“块”）中分配。党的代表一般都是各系统和各单位的党政领导干部，当然也有少数民族代表和国有企业代表。根据“三个代表”重要思想的精神，浙江、广东、江苏等省选派了一些私营企业家作为十六大的党代表。

2. 中央委员会

中央委员会全体会议由中央政治局召集，每年至少举行一次。一次以一个议题为主，例如历史上“中共中央关于建国以来党的若干历史问题的决议”、“关于精神文明建设的决议”、“关于农村问题的决定”、“关于反腐败问题的决定”、“关于全面深化改革的决定”等，都是某届中央全会的一个议题。

中央委员会全体会议的时间一般较短，大概为三四天。可见，全会本身是程序性的，最为重要的是全会之前的中央工作会议。中央工作会议往往是中央全会的准备会议，会议时间长，参加者不但包括中央委员，而且还有其他有关问题的负责人。在会上，与会者畅所欲言，表达各自的利益要求和政策建议。应该说，中央工作会议是充分体现党内民主的大会。会议所形成的意见交中央全会决定。例如，党的十一届三中全会的 4 天会议的决定实际上是其之前的长达 45 天的中央工作会议热烈讨论的结果。参加这次中央工作会议的有各省、自治区、市和解放军各大军区的主要负责人，中央党政军各部门和群众团体的主要负责人，共 212 人。

中央委员会的组成基本上是按条块分配名额。十六届中央委员共 198 人，其中来自地方的有 62 人，占 31.3%；来自军队的有 44 人，占 22%；来自中央机关及其直属单位的有 95 人，占 48%。中央委员均是党政军和事业单位的领导人，例如来自中央的均是党中央直属机关和国务院职能部门的主要负责人，来自地方的中央委员主要是省委书记和省长①，来自军队的中央委员基本上是各大军区和各总部的党和军事一把手。应该说，中央委员会是中国最为重要的政治家集团。事实上，改革开放以后历届中央委员会的结构大致如此。

但是，中央委员会的产生却是一个很复杂的过程，十六届中央委员会的产生过程对我

① 由于省委书记和省长是各省的最为重要的领导人，而每一个省的地位都很重要，因此，一般而言，他们都有可能成为中央委员会的正式委员，但是这种理想的局面也只有在新的一届中央形成之时才可能实现，其后的人事变动则主要是委派中央委员会候补委员或非中央委员的官员出任省委书记或省长。在 1982 年至 2001 年的近 20 年间，仅有 4 年（1987 年、1988 年、1998 年和 1999 年）出现了全部省委书记同为中央委员的情形，而在其余的年份里，拥有中央委员身份的省委书记的比例在 66%～97%。这一比例的最低点是 1984 年，当时有 10 名（34%）省委书记甚至不是中央候补委员。2002 年的省委书记中，21 人为中央正式委员，9 人为候补委员，仅有 1 人未能当上中央候补委员。与省委书记相比，省长们更加难以被安排为中央委员会委员。在 1982—2001 年，只有略过半数的省长拥有中央委员资格。到 2002 年，全国省长中有 12 名中央正式委员，12 名候补委员，7 名无中央委员资格。[参见薄智跃：《治理中国：21 世纪初的省级领导》，载《中国社会科学评论》（香港），2002，1(2)]

们了解这一程序大有帮助。根据新华社北京 2002 年 11 月 14 日电《肩负起继往开来的庄严使命：党的新一届中央委员会诞生记》，第十六届中共中央委员会是在政治局常委会的直接领导下产生的。

早在 2001 年 3 月，时任总书记的江泽民同志先后主持召开了中央政治局常委会议和政治局会议，讨论研究有关十六大的人事准备工作，决定成立专门班子，在中央政治局常委会的直接领导下，负责中央委员会、中央纪律检查委员会人选的推荐、考察、提名工作，部署指导各选举单位做好十六大代表的选举工作。

在中央政治局常委会的直接领导下，十六大“两委”人选考察工作从 2001 年 5 月起正式开始。中央政治局常委会先后派出 46 个考察组，分赴 98 个中央、国家机关部门，11 个中央金融机构，23 个国有重要骨干企业，31 个省、自治区和直辖市进行考察。中央军委同时派出 5 个考察组，分赴全军和武警部队大军区单位进行考察。

“两委”人选考察程序和步骤按如下环节进行：

（1）组织考察组，进行出发前的培训；

（2）向考察单位说明来意，商定考察工作方案；

（3）召开省级党委常委或部委党组会议，传达中央精神，介绍工作安排；

（4）召开全委扩大会议或领导干部会议，民主推荐十六大“两委”人选考察对象，向与会人员发出考察预告，公布考察组人员名单、住址、电话、考察任务及时间等；

（5）谈话推荐、考察；

（6）确定十六大“两委”人选考察对象；

（7）对考察对象进行深入考察，广泛听取意见；

（8）提出遴选对象建议名单。

十六大“两委”人选推荐、考察的一个显著特点是发扬党内民主，坚持走群众路线。具体方式是，中央、国家机关正部级单位召开党员领导干部会议进行民主推荐；省、自治区、直辖市召开全委扩大会议进行民主推荐。中央、国家机关副部级单位、中央金融机构和在北京的国有重要骨干企业，先分别召开各单位主要负责人会议民主推荐考察单位，在此基础上，再到有关单位民主推荐考察对象。据统计，全国参加民主推荐的党员干部有 30 200 人，比十五大时增加了近一倍。省区市参加推荐的一般在 450 人左右，最多的近 700 人。各考察组一共与 19 200 人进行了个别谈话，平均每个省谈话在 350 人左右，每个部门或单位谈话在 60 人左右。

经过 10 个月的推荐、考察，考察组共确定 514 人作为中央委员会委员人选考察对象，199 人作为中央纪律检查委员会委员人选考察对象。最后，考察组向中央提出了 462 名中央委员会委员人选遴选对象、179 名中央纪律检查委员会委员人选遴选对象。

十六大“两委”人选的推荐、考察、酝酿、提名是一个最为重大和典型的政治过程，自始至终在中央政治局常委会的直接领导下进行。从 2001 年下半年到 2002 年上半年，江泽民同志先后主持召开了 12 次中央政治局常委会，专题听取考察汇报，并提出了一系列重要要求。

2002 年 10 月 31 日，中央政治局常委会根据结构要求和工作需要，从遴选对象中提出了十六大“两委”候选人预备人选建议名单。2002 年 11 月 1 日，中央政治局全体会议通过了这个建议名单，并决定提交党的第十六次全国代表大会审议。

对于“两委”在代表大会上的选举程序是，由代表大会的各代表团以差额选举方式对“两委”人选进行预选。各代表团选出的中央委员会委员名单经大会主席团汇总到代表大会上，以举手表决的方式通过。十六大最终确定中央委员会委员 356 人，中央纪律检查委员会委员 121 人。十六届中央委员预选候选人 208 名，实选 198 名，差额 10 名，差额比例为 5.1%；中央候补委员候选人 167 名，实选 158 名，差额 9 名，差额比例为 5.7%；中央纪委委员预选候选人 128 名，实选 121 名，差额 7 名，差额比例为 5.8%。

应该说，“两委”的产生是一个自上而下的选拔和自下而上的选举相结合的过程，生动地体现了党的民主集中制原则。

二、党的核心决策机关

根据组织学的一般原理，组织越大，权力越分散；组织越小，权力越集中。因此，在理论和实际中，总书记、政治局常委会、政治局、书记处是共产党的最核心的决策机关。根据我国的党和国家领导体制，当我们涉及中国的行政领导制度时，首先应该想到的是中央政治局和中央政治局常委会领导下的政府系统。

1. 历史变迁

政治局、政治局常委会、书记处和总书记制度经历过历史演变。在新中国成立初期，政治局不设常务委员会，党的领导核心是中央政治局，政治局下设中央书记处处理中央日常工作，但是中央书记处的人员构成和性质相当于中央政治局常委会。例如，在新中国成立初期，书记处的五位书记分别担任中央人民政府委员会主席、副主席和政务院总理职务。

新中国成立初期的体制基本上沿袭了延安时期的制度。1943 年 3 月在延安通过的《中央关于中央机构调整及精简的决定》规定：

> 在中央两次全会之间，中央政治局担负领导整个党工作的责任，有权决定一切重大问题。政治局推定毛泽东同志为主席。政治局每月应举行例会两次，必要时可召开临时会议。凡重大的思想、政治、军事、政策和组织问题，必须在政治局会议上讨论通过。
>
> 书记处是根据政治局所决定的方针处理日常工作的办事机关，它在组织上服从政治局，但在政治局方针下有权处理和决定一切日常性质的问题。它的经常业务是：准备政治局会议的日程所应讨论问题的材料（或通知各部委准备）；负责组织政治局会议之执行并检查执行的程度；在政治局的方针之下办理和决定日常工作问题。中央各部委局厅社的工作，由书记处直接管理，或经过宣委组委管理之。书记处必须将自己的工作向政治局报告。
>
> 书记处重新决定由毛泽东、刘少奇、任弼时三同志组成之，毛泽东同志为主席。会期不固定，随时由主席召集之，会议中所讨论的问题，主席有最后决定之权。

1954 年“高饶事件”以后，为了分担书记处的工作，建立了中央秘书长会议制度，即在书记处下设立一个由秘书长和副秘书长组成的经常性的秘书长工作会议，负责协助政治局和书记处研究和处理党群关系，同时负责研究和处理政治局和书记处交议或交办的其他事项，实际上是代办中央日常工作，以减轻书记处的负担。党的八大决定设立政治局常委会和中央书记处，新成立的中央书记处取代了中央秘书长会议，在政治局和政治局常委会领导下处理中央日常工作。当时的书记处总书记是邓小平。但是，在党的十一大之前，政治局常委会之上还有中央委员会主席与副主席。应该说，中央委员会主席和副主席是党的最重要的决策者。在党的九大上，党的副主席只有林彪一人，可见党的集体领导制度在“文化大革命”期间荡然无存。

“文化大革命”爆发后，新成立的中央文化革命小组“隶属于中央政治局常委会之下”，撇开了中央政治局和中央书记处，中央书记处实际上不复存在。党的十一届五中全会恢复了中央书记处制度，总书记是胡耀邦。这样，在一段时间里，党的主席制和总书记制并存。

党的十二大取消了党的中央委员会主席、副主席制度，只设党的总书记，并规定总书记是政治局常委会的成员之一，负责召集中央政治局和政治局常委会会议，重大决策均由集体讨论做出。总书记还主持书记处工作。顾名思义，“召集”和“主持”的作用与党的主席的决定权是大不一样的。这样，“文化大革命”式的个人过分集权和个人专断现象不可能再次发生。表 2—1 反映了八大到十六大党的核心决策机关的变迁情况。

表 2—1　八大以来党的核心决策机关的基本情况

	党主席	总书记	书记处运作状况	政治局常委（人）	政治局委员（人）
八大	毛泽东	邓小平	存在	6（中央委员会主席副主席 5 人）	23
九大	毛泽东		不存在	5（中央委员会副主席 1 人）	25
十大	毛泽东		不存在	9（中央委员会主席副主席 6 人）	25
十一大	华国锋	胡耀邦	十一届五中全会恢复	5（中央委员会主席副主席与政治局常委重叠）	26
十二大		胡耀邦	正常	6	28
十三大		赵紫阳	正常	5	18
十四大		江泽民	正常	7	22
十五大		江泽民	正常	7	24
十六大		胡锦涛	正常	9	25

2. 产生与运作方式

根据党章，政治局委员和总书记由中央委员会全体会议选举产生。政治局和政治局常委会的职能是在中央委员会全体会议闭会期间，行使中央委员会的职权。由于中央委员会全体会议一年之中仅召开 1～2 次会议，因此，中央委员会的职权主要体现在政治局和政治局常委会的运转中。而政治局及其常委会的工作又是其办事机构书记处安排的。根据党章，书记处是政治局和政治局常委会的办事机构；成员由政治局常委会提名，中央委员会全体会议通过。

中国的权力核心是政治局和政治局常委会。那么，政治局委员和政治局常委是如何产生的呢？

根据党章，政治局委员和政治局常委是由中央委员会全体会议选举产生的，但是候选人则是由党考察和选拔产生的。确定候选人的标准是什么呢？作为党和国家最重要的决策机关，进入者一般都是在各自的岗位上或主管的单位中有突出成就者。当然，不同的时代对成就的标准也不一样。

新中国成立初期，政治家均来自革命家，因而政治局委员和常委基本都有军人背景。到了“文化大革命”时期，选拔人才的标准是“造反的成就”，因而“四人帮”得以当道。

在社会主义改革开放时期，能够进入核心决策机关者一般都有长期的地方工作经验和非凡的经济成就。例如，十六届一中全会选举产生的 9 名政治局常委中，6 人曾任省市的党政一把手，2 人曾任省市副书记，有地方省市工作经历的比重达 89%。在不包括政治局常委的 18 名政治局委员中，除 3 名来自军队的成员外，有 11 名曾任地方省市党政一把手，只有 4 人长期在中央直属系统工作。不计算来自军队的政治局委员，有地方工作经验的政治局委员的比重是 63%。

上述政治局常委和政治局委员的经历说明，在社会主义市场经济建设时期，地方工作经验和成就是遴选政治家的一个非常重要的标准。尤其明显的是，新当选的来自地方的政治局委员基本上是地方治理成效突出者或其所在地区居于特别重要的地位。例如，十六届一中全会产生的新当选的政治局委员中，有四个直辖市（北京、上海、天津和重庆）的书记，有经济大省浙江、江苏、四川、湖北的书记和政治上特别重要的新疆维吾尔自治区的书记，而原本就是政治局委员的我国经济重镇的北京、上海、广东和山东的书记则进入政治局常委会。

那么，我国最为重要的权力机关是如何进行分工并运转的呢？虽然名称不一样，但事实上总书记、中央政治局、中央政治局常委会和书记处是四位一体的有机整体，离开任何一个都无法正常运转。因此，要了解这些机关的职权，只能综合地考察。

根据党章规定，总书记负责召集中央政治局和政治局常委会会议，并主持中央书记处工作。总书记的职权是“召集”和“主持”会议，表明总书记是领导集体的一员。从上面可以知道，自十二大以后，政治局常委会成为最重要的决策机构，因此，领导集体主要是指政治局常委会的集体领导。

尽管如此，作为党的总书记，自然要负责全局性的工作。根据前述的党和国家领导体制，归口领导是党对国家的核心领导方式。这一点可以从党和国家的日常活动中知道，党的总书记既可以在党的各种性质的会议上做重要报告，又可以对国务院系统的各种性质的工作作出批示。

作为政治局常委的国务院总理虽然主要管理财经工作，但因为国务院实行行政首长负责制，所以总理又有权对国务院系统的各口工作做出指示。例如，在原政治局常委会分工中主要负责财经工作的朱镕基总理，又任中央科技领导小组组长，主管宣传文教科技工作的李岚清副总理任副组长。

国务院总理的责任是双重性的。一方面，总理首先是中央政治局常委，是领导集体中的一员，要服从集体的决策和决定，对中央集体负责；另一方面，国务院总理又是宪法上规定的行政首长负责制下的最高行政长官，个人要对国务院系统的工作负全面的责任。

除党的总书记和国务院总理以外，其他政治局常委只能对本人负责的系统或口的工作做出安排。

既然是归口管理，是不是某口的工作就是单兵作战？不是的，归口管理是集体领导下的归口管理，而集体领导的主要形式是中央政治局常委会的会议制度。① 如前所述，仅就

① Doak A. Barnett, *The Making of Foreign Policy in China: Structure and Process*, Boulder, Western Press, 1985. 书中有关政治局和政治局常委会的运作方式的介绍是基于作者对党的领导人的访谈。

十六届中央委员会的产生问题，政治局常委会就召开了12次会议。因此，归口领导绝不是个人领导。例如，对刑事犯罪的严打斗争，虽然属政法系统的工作，但一开始（1983年）关于严打的决定就是政治局常委会做出的，政法系统只是执行政治局常委会的决定。但是，在一般情况下，对于本口中的一般性问题，例如政法系统如何保证公正执法的有关问题，则由本口的几位负责人做出决定即可。

政治局委员如何工作？协助政治局常委的工作。每一个口由一名政治局常委负责，同时若干政治局委员或书记处书记辅助。每一个口的领导人的多少取决于该口的规模和工作的复杂性，不仅仅是根据重要性而定。

一人负责、多人协助的归口管理方式一般通过党的领导小组或委员会制度来实现。领导小组的编制类似于办事机构，有的是按中共中央的规定设置，例如，1958年6月中共中央决定设置的中央财经领导小组、中央政法领导小组、中央外事领导小组、中央文教领导小组和中央科学领导小组，以及有领导小组性质的办公室，如中共中央台湾工作办公室。其中有的领导小组演变为委员会，如中央政法委员会，而委员会制度则有明确的编制，例如中共中央军事委员会。口的负责人通过领导小组和委员会进行全面的工作。例如，中央政法委员会的职权是管理公检法和安全部门，中央文教领导小组的职权是管理宣传部、教育部、文化部、新闻出版广电总局等党和政府的职能部门以及全国文联和社会科学联合会之类的党群团体。

在领导小组之下，通常有若干相关的中共中央办公室和国务院办公室负责联系和协调领导小组下属的有关党政部门。这些办公室没有行政处置权，只负责上情下达和下情上达。例如，外事领导小组的办公室实际上是中共中央外事办公室（与国务院外事办公室合署办公）；由该办公室负责和协调有关的外事部门，如外交部、中共中央对外联络部、商务部、新华社、安全部、解放军总参等有关涉外机构。图2—2更清晰地描述了归口管理下的领导小组制度。

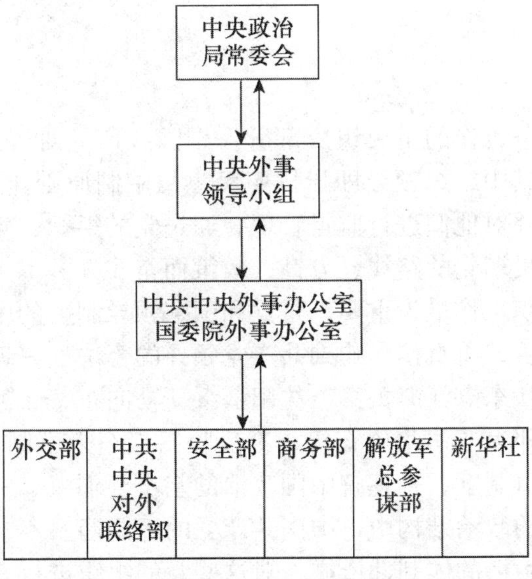

图2—2　领导小组制度中的党政关系

作为中央政治局和中央政治局常委会的办事机关的中央书记处在政治生活中的作用重大，这一点从1943年通过的《中央关于中央机构调整及精简的决定》中可以知道。首先，既然是办事机关，那么，政治局和政治局常委会所有会议的准备工作都要由书记处安排，比如会议的议题和为会议提供的材料。其次，书记处是连接中共中央和国务院的桥梁机构，在重大问题上，书记处和国务院一道联署办公。例如，在开放经济特区这一重大问题上，就是在邓小平指示下国务院和书记处联署办公和论证的结果。最后，书记处既然是政治局和政治局常委会的办事机构，实际上也就是中央委员会的办事机构。党对政府的领导是通过党组制度履行的，而批准设立党组的上级机关就是中央委员会，党组要对批准机关负责。中央委员会的常设机关是政治局和政治局常委会，而政治局和政治局常委会的具体工作安排是由书记处完成的。因此，书记处事实上是党对国家和政府领导的一个具体的事务机关。这一点在前述的中共中央的决定中很明确：大政方针在政治局，具体部署在书记处。

至此，我们已经大体上明白了中国政治中最核心的权力机关的职权和运作方式。一句话，最核心机关的运作方式是归口管理下的集体负责制。

第三节　党的归口管理体制

本章的第一节和第二节，我们考察了归口管理的基本含义、归口管理的基本特征、党的中央组织与归口管理的关系及归口管理在政治权力体系中的枢纽地位。传统上，主导中国政治生活的六大“口”或六大系统是组织人事、宣传教育、政治法律、财政经济、外事和军事。通过对六大口的具体考察，我们或许能更加清楚地了解党和国家的领导体制。因为内容较多，军事口专列一节介绍。需要指出的是，既然是党的系统，其活动就不是独立的，而是执行中共中央的最高决策，虽然本系统在执行中可以发明和创造新形式、新方法和新途径。

一、组织人事口

组织人事工作是党务工作的重要组成部分。中国共产党对国家的领导包括政治领导、思想领导和组织领导。其中组织领导即指按照民主集中制原则建立和健全各级党的组织，培养、选拔党员干部，并对他们进行监督管理，通过党的组织、党的干部和广大党员去团结和带领人民群众，为贯彻党的路线、方针、政策而奋斗。

在某种意义上，组织工作最为重要，是党和国家领导制度的中枢。如果组织工作出问题或组织人事制度不完善，将直接影响到共产党领导的合法性。近年来查处的广西成克杰案、福建远华走私案、广东湛江海关案、沈阳慕绥新马向东案、河北国税局长案、光大银行行长朱小华案、江苏邓斌非法集资案等，都反映出组织人事制度中存在的问题。因此，梳理中国基本的组织人事制度，是理解中国政治的基本要求。

如前所述，在中国的政治结构中，中国共产党的组织遍及不同层次、不同部门的政治实体，成为党领导政治生活的体制性依靠。对这些党的组织进行有效的管理，决定了党的政策和方针是否能够有效地在社会各个层次得以实现。因此，组织工作构成了政府（广义的）工作的一大领域。这一工作领域自上而下亦形成了垂直系统，因此成为归口管理中的重要一环。

在当代中国政治生活中，组织管理很大程度上依赖于对各级组织的领导和干部①的人事管理。由于各部门、各级别的行政机构中都有党的组织，而且党的组织一般对本机构事务拥有很大决策权，各机构的行政负责人即使不由党组织的领导兼任，也一般是党组织的核心领导成员之一。因此，通过对党组织中领导和干部的人事任免进行控制和管理，实际也就对各部门机构的具体事务实现了控制。这也是党领导政治生活的一个重要渠道。

归口管理中的组织人事口，其具体职能主要涉及中国政府各部门机构（也包括与政府有关的社会团体）中工作人员的管理。由于在中国的政府体制中，这些人被统称为干部，所以组织人事口的工作就是干部管理。

1. 组织人事部门

根据组织人事系统中“党管干部”的领导原则，中共中央委员会是组织人事系统的领导机构，而各地区、各部门的党委和党组则是各自责任范围内组织人事工作的领导机构。

组织人事系统的职能部门是各级党委的组织部门、各级政府的人事部门和编制委员会。

具体来说，中共中央组织部和各级地方党委组织部以及各基层党委组织部，构成了对全党组织工作进行管理的职能系统。国家人事部和各级地方人事厅局以及基层的专业人事干部构成了行政部门的干部管理部门系统。此外，中央及国家机关各部、委、办、局以及企事业单位内部设有干部管理部门，负责管理本系统、本部门干部管理工作方面的具体事宜，并按照干部管理权限，在党委领导下，分管一部分干部。

无疑，在实际工作中，干部特别是行政部门的工作人员绝不仅仅是党员。因此，在组织人事系统中存在着党的组织系统与行政部门的人事系统的分工，而且由行政人事部门负责干部管理的大部分具体工作，如考试录用、考核奖惩、培训调动、福利保障、离退休等。但与归口管理的其他系统一样，党的领导居于主导地位。在组织人事系统中，人事部门要执行党的干部政策，受同级党委的领导，其本身的干部也受党的组织部门的监督和宏观控制。而且由于绝大多数部门的重要领导和干部都是党员，党的组织部门在这些人的人事管理上拥有决定权，所以，党的组织系统基本上控制着全国上下政治体系中的人事权，人事部门可以被视为一个具体政策的执行部门。当然，党的组织部门与人事部门之间也存在着某些张力，而且随着国家公务员制度的推进，人事部门在用人权上地位有所提升，如何协调二者的关系也是党政关系的一个方面。

2. 组织人事系统领导制度

依照“党管干部”的原则，党的各级委员会是相应层次的组织人事工作的领导机构。其中，党的中央委员会制定党的干部路线、方针、政策，通过国家政权机关的法律程序转化为国家意志。党的其他各级委员会按照中央的干部路线、方针、政策，结合本地区、本部门、本单位的具体情况，提出相应的贯彻措施，各级党委管理属本级所辖范围内的党务

---

① 干部是中国政治中一个重要但含义不清的概念。一般来说，干部指依法列入中国干部编制、享受干部待遇的人员。

系统的干部；各级党委向各自所属管理范围内的政权机关、群众团体以及部分企事业单位推荐重要干部。对干部的任免、提拔、调动、审查和干部问题的处理，由党委集体讨论决定，并按干部权限，由主管党组织批准。

组织部门的职权。首先应该明确的是上下级组织部门的关系。上级党委组织部门对下级党委组织部门在业务上有指导关系，但不是领导与被领导的关系。各级党委的组织部门，同党委的其他部门一样，在同级党委的直接领导下进行工作。由于工作需要，上级党委组织部门应当对下级党委组织部门进行业务上的指导，经同级党委授权，在有关方针、政策问题上，可以对下级党委组织部门提出决定性和指导性的意见。① 上级党委组织部门有责任对下级党委组织部门进行业务上的帮助和指导，下级党委组织部门也应主动地向上级党委组织部门反映情况，报告工作。

那么，组织部门的具体职权是什么？前面已经考察了党管干部的分类分级管理原则。作为各级党委一个职能部门的组织部，是专门管理党的干部的机构，其主要职责是：(1) 根据党的路线、方针、政策和党委的指示、决议，调查研究有关党的组织工作方面的政策，提出实施党的组织路线的具体措施，经党委审查批准后加以贯彻执行；(2) 检查督促下级党委执行民主集中制、坚持集体领导和过组织生活的情况，向同级党委作出报告；(3) 执行党的干部政策，负责干部的培训、考察和调配；(4) 负责干部和党员管理，并配合党的纪律检查部门加强党的建设。

各级党委组织部门是党的组织工作的办事机构，其职责是执行党的干部政策，提出并实施党的组织路线的具体措施，管理下级党组织的组织生活情况和党务工作，管理党员等，并对有关人事部门的干部进行宏观控制和监督。

各级人事部门是政府人事管理工作的办事机构，其职责是按党的干部政策选拔、录用、合理调配和使用干部；按照条件，培养、选拔优秀中青年干部担任各级领导；负责人事的考核、调动、晋升、奖惩、福利、退休等工作；协助党的组织部门进行干部的宏观管理等。

由以上可以看出，党的组织系统和行政部门的人事部门在党委的领导下，对组织人事工作进行分工协作。党委在组织人事系统中处于支配地位，由于组织人事系统分布于政府体系中的方方面面，因此党通过对组织人事系统的领导可以有效地干预和控制各个政府工作领域的活动，这是党对国家政治生活领导的一大特征。

3. 党管干部制度的改革

2002 年 7 月中共中央印发的《党政领导干部选拔任用工作条例》是多年探索的成果。条例规定了民主推荐制度、民主考察制度、任职前的公示制度、公开选拔和竞争上岗制度，以及很好的免职、辞职和降职制度。在实践中，党政干部人事制度改革的成就表现在以下几个方面：

第一，逐步扩大厅局级以下的领导干部公开选拔比例，当然各省市公开选拔的比重和公开程度有所不同。

第二，推行竞争上岗制度，把竞争上岗作为选拔任用干部的重要方式。

---

① 参见中共中央组织部：《党的组织工作问答》，8 页，北京，人民出版社，1983。

第三，提高干部选拔任用中的民主和公开程度，主要体现在扩大党内民主，推行党委常委会讨论决定任免干部无记名投票表决制，推行领导干部考察考核预告制和领导干部任前公示制。

第四，建立能上能下的干部制度，表现在建立领导干部任期制、新提拔领导干部试用期制，调整不称职和不胜任干部。

第五，扩大干部交流范围，规范干部交流方式。

第六，加强监督管理制度建设。①

为了减少吏治的腐败，中共中央的对策是扩大干部工作中的民主，“落实群众对干部选拔任用的知情权、参与权、选择权和监督权”。说到底，应该建立起干部对民众负责而不只是对上负责的干部管理体制。在理论上，“四权”是社会主义民主的本质要求；在实践中，“四权”的落实将会强化共产党领导的合法性。

知情权是群众了解和知悉干部人事工作中的基本程序、重大事件和重要情况的权利。主要包括：（1）党政人事工作的重大方针，如《党政领导干部选拔任用工作条例》、《公务员法》和本地的干部人才政策；（2）重大人事安排部署，如公开选拔领导干部、公开招考公务员、公推直选基层领导班子等；（3）干部人事工作的基本程序，如干部培养程序、干部选拔程序、干部管理办法等；（4）主要人事干部变动和重要干部奖惩情况。

参与权是指群众直接参与干部人事有关工作的权利。主要包括：（1）参与干部考察，向组织人事部门提供被考察人的情况；（2）参与党内外干部选举会议，行使选举权；（3）参与干部的民主推荐、测评和评议；（4）参与对干部工作、干部管理部门以及干部的多种形式、多种途径的监督；（5）参加干部人事工作的有关会议。

选择权是群众按自己的意愿选择干部的权利。主要包括：（1）选举干部，即在党内外干部选举会议上行使选举权；（2）推荐干部，即通过多种形式向组织部门推荐干部；（3）干部表决，即在非选举会议上对干部人选进行表决；（4）罢免干部，即根据有关法律法规对不称职、不胜任的干部进行罢免。

监督权是指群众对干部是否遵守有关法律法规、是否认真履行职责、干部人事部门是否按章办事等进行监督检查的权利。主要监督方式有：（1）质询和批评，即对干部或干部人事工作的疑惑或不满提出质询，要求有关部门或有关干部作出负责的答复，也能够对干部人事工作或干部的不足提出批评；（2）检举揭发，即对干部人事工作中违反有关规定的人和事进行负责任的检举揭发；（3）控告，即对干部人事工作中不合理、不公平、不公正的人和事进行控告；（4）申诉、申辩，即对干部人事工作中受到的不公正待遇或错误处置进行申诉、申辩。②

上述“四权”的落实和干部对民众负责的干部制度的建立，将会最大限度地减少吏治腐败，民众将会对中国共产党更加认同。

---

① 参见中共四川省委组织部课题组：《党政领导干部制度改革研究》，21～32 页，北京，中共中央党校出版社，2002。

② 参见中共四川省委组织部课题组：《党政领导干部制度改革研究》，126～174 页。

二、宣传教育口

中国共产党一贯重视在思想上对广大党员和人民群众的领导和教育，党的宣传教育工作被认为是实现党的领导的重要手段。凭借宣传教育工作可以将党的方针政策和思想理念贯彻到社会各个层次中去，为政策的施行减少阻力，创造条件。所以说，宣传教育工作本质上属于党务工作的组成部分。由于党对政治生活的领导，宣传教育工作可以借助国家行政机构的力量来加以推行。实际上，宣传教育口的工作正是通过党的宣传教育机构对国家行政机构中相应部门的领导和指导来实现的。

宣传教育工作是一个比较宽泛的概念。从狭义上说，它是指对于人的思维意识和精神状态加以影响的工作，涉及各种媒体、出版物和教育系统。从广义上说，它往往与人们社会生活的各个部门相关联，涉及教科文卫各个方面。因此，宣传教育口存在着核心部门和相关部门的区分，当然这种区分也是符合归口管理中各口具体职能部门彼此交叉的一贯特征的。

1. 宣传教育部门

党的宣传教育工作涉及的范围很广，包括理论、新闻、出版、广播、电视、电影、文化、艺术、对外宣传等，其中心环节是思想政治工作。这样，我们可以知道，中共中央领导下的宣传部门有：宣传部、文化部、国家新闻出版广电总局、电视台和党报等。

党对宣传教育工作的领导部门是中共中央宣传部以及各级党委的宣传部门。党的系统具有从上到下的完整的宣传教育领导部门体系。中央宣传部是中共中央设置的主管宣传和思想工作的职能部门。它的主要任务和职责是，组织和检查关于马克思列宁主义、毛泽东思想、邓小平理论、“三个代表”重要思想和科学发展观的宣传和群众性的理论学习，组织新闻、广播、电视、文化、艺术、出版等单位，及时、正确地宣传党的路线、方针、政策，并对宣传情况进行检查，协助中央审查须经中央审批的重要社论、文章、消息和文化艺术作品等；了解各阶层的思想动向，制定一个时期或某一重大事件的宣传意见、提纲或计划；组织和检查对群众的时事政治教育；组织和检查对党员的日常教育工作；组织和检查党的对外宣传工作；研究和提出中央各宣传、文化、出版单位的具体方针、政策和各项事业的发展规划，并检查执行情况等。

各级党委（组）的宣传部门负责执行党的宣传路线，管理相应级别或部门范围内的宣传工作和宣传部门，受到中宣部和各级党委（党组）的双重领导。

除了党的宣传部门外，从中央到地方的党政部门还有若干专门的机构，管理和领导宣传教育工作中的专门问题，如中共中央精神文明建设领导小组、中央外事宣传办公室等，它们一般仍通过中宣部系统来进行领导和发挥自己的专门管理职能。

国务院下属的若干部门是宣传教育口的职能部门，一般来说，文化部、教育部、国家新闻出版广电总局，因其职能与宣传、教育联系紧密而成为宣传教育口的核心部门。其他如科技部、卫生部等部门也经常参与由中宣部发起的宣传教育活动，它们可以算是宣传教育口的相关部门。核心部门管辖有大量的宣传媒体、文艺团体、社会团体。这些组织同社会联系密切，通过对这些组织或机构的领导或管理，宣传教育口的核心机构可以将党的方针政策和精神要求传递到社会的各个基层角落，从而完成宣传教育工作。

2. 宣传教育领导体制

宣传教育工作由党领导，为党的路线方针服务。当党的中央机构作出重大决策时，都要运用宣传教育口的力量进行传播和社会力量动员，以利于决策的执行。因此，当党召开重要会议或做出重要决定后，一般会由中宣部向党的宣传系统和国务院的宣传教育核心部门发出通知，就传达党的政策精神进行部署，然后由各级党委宣传系统和国务院下属的宣传机构贯彻执行。

平时，宣传教育部门定期召开全国宣传工作会议或全国宣传部长会议，作为总结工作、协调行动、部署方案的途径。

宣传教育口针对某项长期的宣传教育内容往往通过中共中央的名义连续发布通知，以强调该项工作的重要性，并力求在一定时间内掀起一个专项宣传教育的高潮。当然这无疑要借助党组织的动员力量和对国家生活的领导地位来推动工作。例如，1994 年 8 月 23 日，中共中央向各地印发了中宣部拟定的《爱国主义教育实施纲要》，提出了爱国主义教育的基本原则和一系列具体措施。8 月 31 日，又颁布了《中共中央关于进一步加强和改进学校德育工作的若干意见》，要求各级各类学校都要深入持久地进行爱国主义教育。

针对专项的宣传教育工作，中宣部经常联合宣传教育口的各部门联合发布通知或发起活动，以加大工作的力度，动员更广泛的社会力量进行宣传教育工作。1993 年 10 月，中宣部、国家教委、广电部、文化部联合发出《关于运用优秀影视片在全国中小学开展爱国主义教育的通知》。各地相继为中小学生放映四部委推荐的百部优秀影视片，受到社会各界的好评。1995 年 5 月，中宣部、国家教委、文化部、新闻出版署和共青团中央又联合发出《关于向全国中小学推荐百种爱国主义教育图书的通知》①，等等。

在实际的政治生活中，宣传教育口的部门经常可以凭借其在政府体制中的独特地位，开展跨部门的大型政府活动。由于宣传教育系统综合性强，与政策联系紧密，往往可以比某些固定的归口管理部门发挥更大的作用，这是当代中国政治实践中的一个新特点。近年来进行的“三下乡”活动是一个典型的例证。

1996 年底以来，中宣部、国家科委、农业部、文化部、广电部、卫生部、国家计生委、新闻出版署、团中央、中国科协十部门，为了贯彻党的十四届六中全会精神，推动农村两个文明建设，联合组织开展了文化科技卫生“三下乡”活动。“三下乡”活动开展以来取得了巨大成果，对农村经济文化发展起到了推动作用。在这一过程中，很多地方除中央对口的部门外，还有计划、财政、民政、体育等政府部门，以及妇联、工会、广协等群众性组织和社会团体，积极参与、组织了丰富多彩的活动。各地还重视抓好活动的机制建设，使这一活动走上了经常化、制度化、规范化的轨道。1998 年初，中宣部召开了有关部和省市的座谈汇报会，并在此基础上联合发出了《关于深入开展文化科技卫生“三下乡”活动的通知》，对下一步的“三下乡”活动进行了再次动员和新的部署。②

由以上可以看出，在整个活动中涉及宣传教育、政治法律、财政经济各口的部门，几

---

① 参见曾长秋、柳礼宗：《大潮——中国改革开放 20 年》，388 页，长沙，中南工业大学出版社，1998。

② 参见《重视机制建设“三下乡”经常化——全国文化科技卫生“三下乡”活动综述》，载《瞭望》，1998 (4)。

乎动员了政府国内事务的各个部门参与，而以中宣部为首的宣传教育机构起了领导和协调作用。这一方面说明宣传系统在国内生活中作用的扩大；另一方面也反映出党的组织通过对中宣部等直属机关部门职能的拓展，进一步改善和加强了自己对国家生活的领导，这是值得我们重视的现象。

三、财政经济口

经济工作是当代政府工作的主要内容。在归口管理所涉及的六大领域中，财经口是范围最广的，很难对其所辖部门作具体划分，我们只要认为它负责广义的经济工作就可以了，这并不影响对中国政府体制的分析。在中国的政治生活中，经济工作主要是由行政部门——国务院主管的，国务院及其下属部门对此有极为具体的分工。改革开放以来，经济工作成为国家工作的中心环节，也是党的工作重心。但是同归口管理的其他系统相比，党似乎缺乏专门的制度化机构对经济工作进行专门领导。在高层，党对经济的领导是通过中共中央与国务院的共同工作，尤其是通过国务院来实现的。在基层各级组织中，党委中有分管经济的成员，如农口书记、工口书记等，但是 1988 年以后没有专门的机构来管理经济，而是通过与行政部门（这些部门领导一般也是党委成员）共同工作来处理经济问题。但是，由于经济发展关系到党和国家的前途与命运，在经济改革中，中共中央设立了亲自管理经济命脉的金融工作和企业工作的党的机构，即中央金融工作委员会和中央大型企业工作委员会。

1. 财政经济领导部门

中共中央政治局常委会。由于经济工作关系到国计民生，所以一切重大的经济问题都是由中共中央决策的，例如，1984 年启动中国城市改革的《中共中央关于经济体制改革的决定》。中共中央特别是中央政治局与国务院历来存在着密切的工作关系，如前所述，在归口管理的体制下，政治局委员和国务院副总理或国务委员往往一道协助政治局常委的工作，重要的经济决策往往由国务院制定政策，上报政治局审批，政治局通过后再以中共中央和国务院的名义公布。长期以来，一直存在着以中央政治局和国务院、中共中央办公厅和国务院办公厅的名义，党政两家合署重要文件或重要通知的情况。

中央财经领导小组。由中共中央委员会委员中主管经济的人员组成，由党的领导人任组长，负责经济工作最重大的决策。1989 年党的十三届四中全会召开前，由中央财经领导小组牵头（组长江泽民同志），对全国经济工作进行仔细调研，正式提出在中国建立社会主义市场经济的目标。中央财经领导小组是党对经济工作直接的也应该是最高的领导协调部门，但在日常的经济工作中很少提到这一组织。

国务院。国务院是国家最高行政机关，担负着领导和管理全国范围内一切重大行政事务的职责。国务院的经济工作部门可以分为两大类：综合经济部门和专业经济部门。专业经济部门分别管理国民经济中的各个领域，并且大多在全国范围内形成垂直领导的部门结构，构成了国民经济管理的主体力量。

中央金融工作委员会。主要是管理中国金融部门的人事工作和大政方针，管辖的部门包括银行、证券和保险。

中央大型企业工作委员会。主要监管中国 150 家左右的大型国有企业的人事和国有资产的保值增值状况。

2. 领导制度

党对财经口的领导，除了中央财经领导小组外，主要是通过中共中央与国务院的关系来实现的。党中央同国务院发生联系的方式主要有以下几种：(1) 通过全国人民代表大会及其常委会这个中介，将党的主张变为法律和具有法律约束力的决定，再由国务院具体执行和承办。(2) 在法律所允许的范围内，中共中央和国务院就某些较为具体的政策或经济社会问题共同做出指导性意见或决定。(3) 国务院在每年编写《政府工作报告》时要征求中共中央政治局的意见并参照意见进行修正。(4) 国务院组成人选由中共中央推荐，并由人大表决产生，国务院副部长级干部人选也要由中央组织部审查。可见，党中央在重大决策上较国务院拥有更大的决定权。在财经工作中，由于国务院承担具体的组织、实施决策的工作，国务院拥有相当大的自主权，党的领导是通过国务院的二次部署和执行来实现的。这从国家的日常经济会议中就可以看出。

党中央和国务院每年都要召开一些不同级别的财经口工作会议，这些会议恰好反映了经济工作的领导体制。按照惯例，每年年底中共中央都要召开中央经济工作会议。这是正常情况下最高级别的财经口会议。会议目的在于结合国内外形势，总结一年来经济工作的成绩和不足，就下一年经济工作的重点进行部署。中央经济工作会议是党对经济工作领导的直接体现，中央政治局常委一般都要出席，党的总书记要作重要讲话，为会议定下基调。各省、自治区、直辖市的党政负责人都要参加这样的会议。

中央经济工作会议以后，财经口各部门便纷纷召开本部门的年度会议，贯彻中央经济工作会议精神，总结一年来的工作，就本部门本领域的工作重点，提出下一年的工作思路和政策走向。以 1997 年底为例，12 月 13 日至 16 日，全国计划工作会议召开，17 日全国财经工作会议召开，13 日至 17 日全国经贸会议召开。这些会议由国务院所属的财经口各部门召开，解决本系统问题。

按照惯例，每年年初，中央和国务院联合召开中央农村工作会议，部署一年的农村工作，这类会议比中央经济工作会议级别略低，中央政治局常委中与经济工作无关的领导人不出席，各省、自治区、直辖市的党政主要负责人和党中央国务院的有关部门负责人出席。这类会议体现了中央与国务院联合办公的方式，由党中央牵头，国务院负责具体的工作落实。1998 年的中央农村工作会议于 1 月 7 日至 9 日召开，1998 年 5 月 14 日还召开过同一级别的下岗职工生活保障和再就业工作会议，由中央与国务院联合主持，中共中央 5 位政治局常委出席，其他人员同中央农村工作会议级别相同。这类专门性的会议是为了解决经济工作中的专项问题而召开，由党中央和国务院共同主持以表明工作的重要性，并且动员党和行政部门的共同力量以更好地开展工作。其规格同定期的中央农村工作会议相同，都是解决全局性的经济问题，只是不定期举行而已，其重要性仅次于中央经济工作会议。

1998 年 4 月 27 日至 29 日召开了全国粮食流通体制改革工作会议。会议由国务院召开，国务院总理、副总理和国务委员出席，各地方有关部门和国务院有关部门的负责人参加。这种会议是国务院解决经济工作中特定问题的例行会议，由国务院自己负责决策，落实执行，其级别明显低于以上两级会议。

1998 年 7 月 20 日，国务院还召开了全国财经工作会议，级别更低。仅由主管副总理发函以示指导。这类会议由国务院财经系统具体部门自行召开，解决本部门的工作。

以上四级会议显示了党中央（通过国务院）对财经工作的层层领导，这是日常的领导方式。有时党会召开重大会议，专门讨论经济问题，并做出重大决策，比如 1998 年 10 月 12 日至 14 日，中共中央委员会召开十五届三次会议，专门讨论农村工作，并作出《中共中央关于农业和农村工作若干重大问题的决定》。这类会议对经济工作当然具有重大影响作用，会议决定往往会指导今后很长一段时间内国家的经济工作方针和政策。国务院和相关部门也必须围绕其展开工作。

四、政法口

政法口事实上包括两个党的系统，一个是党的纪律检查委员，一个是党的政法委。政法委将在本书的“司法制度”部分介绍，这里只扼要介绍党的纪律检查委员。

随着市场经济中权力与商业关系的密切化以及由此而产生的吏治问题，为惩治腐败和净化社会空气，党的纪检部门正发挥空前重要的作用。

党的纪律，包括政治纪律、组织纪律和各项工作纪律（如群众纪律、外事纪律和保密纪律）。党章明确规定，党员必须自觉地接受党纪约束，若违反党纪，就必须受到追究。为了加强党的纪律性，保持党的执政地位和领导作用，必须有专门的机构来检查、督促和维护党纪党规等的实施，这就是党的各级纪律检查委员会。

纪律检查委员会的监督职责主要是：

（1）围绕党的中心任务，根据不同阶段监督工作的需要，制定党的纪律规范、政治生活准则和监督办法，并以有效的党纪党规作依据，对检举、控告、揭露和暴露出来的党员或党组织的违纪问题，经初步核实确有违纪事实并需追究党纪责任的，进行立案调查和处理。

对于已经立案的违纪案件，由纪检机关组成调查组按规定程序开展全面、详细的调查。调查清楚后，由纪检机关向有关部门提出处理意见。一般地讲，对一般违纪行为尚未构成追究党纪责任的，纪检机关可提出改正建议；调查对象确实犯有严重错误且不适宜担任现职，或阻挠、妨碍案件调查时，纪检机关可提出停职检查的建议；调查中发现的触犯刑律的行为，纪检机关应移交并建议司法机关处理；发现同级党委及其成员有违反党纪的问题时，若同级党委不予解决或不能正确解决，各级纪委可向上级纪委提出协助处理的申请。

按照党纪处分的有关规定，各级纪委对党员的处分批准权限有区别。中央纪委有权批准对中央委员、候补委员的警告、严重警告处分，有权批准对列入《中央管理干部职务名称表》的副部级以下干部的党纪处分和列入该表的副部级以上干部的警告、严重警告处分，有权批准对各省级人大常委会、人民政府、政协的领导及高级人民法院院长、人民检察院检察长的警告、严重警告处分。据此，地方各级纪检机关的处分权限也有严格的区分。

（2）通过列席会议、参与评议等途径来实施对党委领导班子成员的监督。各级纪律检查委员会委员可以列席同级党的委员会全体会议，纪律检查委员会书记可以列席同级党委常务委员会会议，了解情况，参与讨论，提出建议、意见和批评，开展决策方面的监督。各级纪律检查委员会书记或副书记可以参加同级党委常委民主生活会和同级政府部门党组民主生活会。相应的，上级纪委派负责干部参加下级党委常委民主生活会和同级政府各部门党员领导干部的民主生活会。对民主生活会中反映出来的违纪违法问题，纪检机关应按照干部管理权限，予以调查处理。对下级党委报送的有关民主生活会的会议情况和会议记录，要认真审阅研究，若发现重要问题，必须向同级党委报告。此外，各级纪委还可派人参加同级和下级党组织开展的民主评议党员领导干部的活动。

（3）检查、督促党的各级组织特别是领导机关、领导干部执行党的路线、方针、政策的情况，协助党委抓好党风建设。为了履行这方面的职责，中央纪委根据工作需要，可以向中央一级党和国家机关派驻党的纪律检查组和纪律检查员。纪检组组长或纪检员可以列席入驻机关党的领导组织的有关会议，以便对党内的议事、表决、任用和民主生活会等进行督促，切实保障党的政治领导的落实，防止“上有政策，下有对策”的现象发生。各级纪委协助同级党委定期开展党风党纪方面的检查工作，教育党员“保持党的先进性”、遵纪守法和牢记“三个代表”重要思想。在检查或视察活动中，纪委还可以邀请人大、政协、民主党派人士和基层群众代表等参加。

在纪检督察过程中，纪检部门对同级党委的督促既是一个关键点又是一个难题。中央以下各级纪委在实施对同级党委的监督中，要善于处理好与同级党委的关系。从领导关系上讲，党委和纪委同样既是监督者，又是被监督者。在这种情况下，纪委既要敢于监督，又要善于监督，党的纪检机关是维护党规党纪，保证党的路线、方针、政策得以贯彻执行的重要部门，是各级党委的重要助手。党的纪律检查委员会遇到涉及党委成员的案件时，或者发现同级党委及其成员有违反党的纪律的错误时，要积极求得同级党委的支持和帮助，在同级党委不予支持或不予积极解决时，必须忠实地向上级纪委报告情况。

2004年初出台的《中国共产党党内监督条例（试行）》在纪委与党委的关系上有所突破。条例规定加强纪检系统内的垂直领导。双重领导体制，即党的地方各级纪律检查委员会和基层纪律检查委员会在同级党的委员会和上级纪律检查委员会的双重领导下进行工作，是党的十六大通过的《中国共产党章程》的重要原则和规定。条例在坚持这一重要原则和规定的同时，又在第八条中作出具体规定，即党的地方和部门纪委、党组纪检组可以直接向上级纪委报告本地区、本系统、本单位发生的重大问题。这就使纪检系统在遇到“重大问题”时可以不再经过同级党委，直接向中央纪委报告，明显提升了纪检系统的监督权力。

监督制度的设计有新的突破。例如，对巡视组的巡视程序作出了明确规定：巡视组可以根据巡视工作需要列席所巡视地方党组织的有关会议，查阅有关文件、资料，召开座谈会，与有关人员谈话，了解和研究群众来信来访中反映的有关领导干部的重要问题。这就为巡视组及时了解“下级党组织领导班子及其成员”的真实情况提供了保障。再如，条例首次明确规定党的各级代表大会代表也是监督主体，从而使代表大会作为党内最高权力机关的监督作用得到体现，也为一些地方正在试点的党代表常任制的普遍实施创造了条件。

条例首次就监督保障作出制度性规定。监督保障不足，一直是监督者面临监督风险大，有心理顾虑，不敢行使有关法律法规包括宪法赋予他们的监督权的重要原因；另一方面，监督保障不足，监督者不敢行使监督权，就意味着监督信息缺乏，监督机构的作用也因此被极大地削弱。

党的十八届三中全会通过的《中共中央关于全面深化改革若干重大问题的决定》也涉及纪检部门，要求上级纪检部门提名下级纪检部门的主要负责人，这事实上朝垂直管理方向迈进。这是一个符合该机构性质的正确方向，否则纪检部门难以发挥其规定性作用。

五、外事口

处理涉外事务、履行对外职能是政府工作的一项重要内容。外事口是归口管理中的一个重要组成部分，这一领域同军事口一样具有较为浓厚的制度化和专业化色彩，其组织相对独立，牵涉面比较有限。

1. 外事部门

政府的涉外工作可分为外交工作和外事管理工作，二者既紧密联系又有所区别。外交工作主要是以国家、中央政府的名义进行的；而外事管理工作则是以国务院各部门、地方各级人民政府及其各部门所属范围内的外事活动为对象进行管理的一种行政活动。

政府外交工作部门包括外交政策决策部门和职能部门。外交政策决策部门有中共中央外事领导小组、国务院外事办公室、外交部等。外交职能部门则包括全国人民代表大会外事委员会、全国政协外事委员会、中华人民共和国国家主席、国务院、外交部及其驻外使领馆、中共中央对外联络部以及军队外事部门等。

其中，国家主席是国家的代表，在对外关系上是形式上的最高机关。根据宪法规定，国家主席的对外职能包括根据全国人民代表大会的决定批准或废除同外国缔结的条约和重要协定，并接受外国使节，派遣和召回驻外全权代表。

外交部是执行国家对外政策、处理外交事务的主要政府机构。其主要任务是协助国家统一管理外交事务，制定并贯彻执行我国的对外政策。国务院各部门和各级人民政府各部门的外事工作机构则主要负责本单位对外交往事宜和活动的管理。

2. 外事领导体制

同归口管理中的各口一样，外事口的最高决策权和管理权绝对掌握在中共中央手中。由于外事工作的重要性，中央对外事口的领导相当集中。从理论上说，中共中央政治局常委会是决定外交政策的最高机构，但事实上只有总书记、总理和专门掌管外交事务的常委经常性地介入外交事务中。中共中央外交工作的决策与管理机构是中央外事领导小组。它通常由政治局常委、外交部长、中联部长、外经贸负责人、安全部门领导、新华社领导等涉外部门的领导人物组成，其功能是在政治局常委和党、政外事部门之间进行外交政策、情况的协调、沟通、决策、部署，并监督执行。外事领导小组沟通党政部门，是共产党对外事口进行领导的具体体现。

外事领导小组对下面的外交系统的各机构传达政策决定，对中央政治局一级领导机构传达关键性的信息和建议。它还协调和监督党政有关外交机构在外交政策上的执行情况。

国务院是外交政策的主要执行机构，它担负着将外交大政方针转化为具体措施并分转给各具体职能部门执行的责任。国务院是外事管理系统中一个重要的桥梁环节，在名义上大多数涉外部门都受国务院管辖。但在实际运作中，国务院只对一些涉外经济部门如商务部有较强的管辖能力。国务院对地方各级外事管理机构和各部委办的外事机构则有直接的管辖权。

由于管理权限上的交叉，中共中央一级需要有较强的协调能力，来处理来自不同部门的信息与事务反馈。中共中央办公厅就是这样一个重要机构。它既为中央政治局常委也为中央最重要的领导小组（包括外事领导小组）服务。中共中央办公厅在高层领导人之间、在领导小组和各执行机构之间起着关键性的联络和沟通作用。同时，它也对日常决定和决策过程起着真正的影响作用。在外交政策的执行中，还可以动用人大常委会、政协的外事委员会以及一些社会或半官方的团体。由此可以看出，外事口领导体制中，上端的领导集中，下端的执行部门众多，执行部门层次环节不多，信息反馈途径多但同时又集中，并有协调机构辅助，这些特点保证了外事口领导的有力和集中，适应了外事工作的特点。

归口管理体制反映出党和国家领导体制的一些特征。第一，权力的高度集中性和党政结构的同一性，使得权力主要集中在中共中央。第二，权力结构的人格化，这一点在前面已经得到论证。第三，政治体制的动员性特征，归口管理下的对系统的垂直领导，使得整个政治体制很容易被统一地组织起来。这种体制的最大优势是能够集中政治力量，但是如何实现党的十六大要求的对权力的监督和制约，在实践中尚需探讨。

六、军事口

1. 党和军队关系的核心原则："党对军队的绝对领导"

军队是武装力量的主要组成部分，是军事活动与军事制度的主体。一个国家军事制度的核心原则主要体现在国家领导集团与军队的关系上。当代中国军事制度的核心原则就是"党对军队的绝对领导"。

《中华人民共和国国防法》和《中国共产党章程》都对"党对军队的绝对领导"原则作了明确规定。《中华人民共和国国防法》规定，中华人民共和国的武装力量受中国共产党的领导。中国国防领导体制的突出特点就是国防领导权集中在中共中央，国防建设和国防斗争的大政方针由中共中央制定，武装力量的最高领导权属于中共中央。《中国共产党章程》规定，中国共产党坚持对人民解放军和其他人民武装力量的领导，加强人民解放军的建设，充分发挥人民解放军在巩固国防、保卫祖国和参加社会主义现代化建设中的作用。未经中共中央、中共中央军委的授权，任何组织或个人不得插手、过问或处理军队问题，更不允许擅自调动和指挥军队。中国共产党中央军事委员会是中国共产党领导下的最高军事领导机构，其主要职能是直接领导全国武装力量。与此相适应，《中国人民解放军政治工作条例》规定：中国人民解放军必须置于中国共产党的绝对领导之下，其最高领导权和指挥权属于中国共产党中央委员会和中央军事委员会。党章还规定，党的中央委员会有权向全国人大推荐国家中央军事委员会的领导人。《中华人民共和国宪法》第九十三条规定：中华人民共和国中央军事委员会领导全国武装力量。这和国防法的有关规定一起从法理上确认了"党对军队的绝对领导"原则也适用于国家武装力量与军事制度。同时这与中国政治系统中中国共产党的领导地位是一致的。此外，中华人民共和国国家军事委员会和中国共产党中央军事委员会在人员组织和职能上实际上是合二为一的，是一个机构两块牌子。在这种情况下，党章规定的“党对军队的绝对领导”原则实际上也就成为中国军事制度的核心原则。

“党对军队的绝对领导”原则不仅体现在中国武装力量的最高领导体制方面，还体现在党对军队的全方位制度化领导与控制方面。中国共产党对中国人民解放军的绝对领导主要是政治领导、思想领导、组织领导。

（1）政治上的领导。中国共产党规定人民解放军的性质、宗旨、任务和建军原则，使军队保持坚定正确的政治方向；领导全军贯彻执行党的纲领、路线、方针和政策，实现党在各个历史时期赋予军队的基本任务和当时的具体任务。在社会主义现代化建设新时期，要求人民解放军始终不渝地保持人民军队的性质，忠于共产党，忠于人民，忠于国家，忠于社会主义，坚定不移地贯彻执行党的以经济建设为中心，坚持四项基本原则、坚持改革开放的基本路线，政治上同党中央保持高度一致。

（2）思想上的领导。用马克思列宁主义、毛泽东思想、邓小平理论、“三个代表”重要思想和科学发展观武装全军官兵，塑造军队特有的组织文化，把官兵培养成为有理想、有道德、有文化、有纪律的革命军人。

（3）组织上的领导。中国共产党中央委员会和中央军事委员会直接领导中国人民解放军，制定军事战略，掌管军事建设，指挥武装斗争。党章规定，党的中央军事委员会组成人员由中央委员会决定，中国人民解放军的党组织，根据中央委员会的指示进行工作。中央军事委员会的政治工作机关是中国人民解放军总政治部。在各级军队组织中设立党的机构。在中国人民解放军团以上部队和相当于团以上部队的单位设立党的委员会，在营和相当于营的单位设立党的基层委员会，在连和相当于连的单位设立党支部，作为各该单位统一领导和团结的核心。“‘一长制’只在最低战术环节——排和班实行。”① 对省军区（卫戍区、警备区）、军分区（警备区）、县（市、区）人民武装部和预备役部队实行军事系统与地方党的委员会双重领导制度。中国人民解放军团级以上单位设立政治委员和政治机关，负责管理军队党的工作和组织政治工作。军队中的党委是军队的统一领导和团结的核心：党委对所属部队的一切组织、一切部门、一切人员、一切工作实行统一领导，部队的一切重大问题，除紧急情况下可以由首长临机处置外，其他都必须先由党委作出决定。军队的党组织，根据中共中央的指示进行工作。党禁止除共青团之外的其他任何党派、政治团体、政治组织在军队中建立组织和发展成员；其他组织和团体的成员如果参加军队，必须与原来的组织脱离关系；军队中，未经党组织的批准，不允许建立任何性质和形式的小团体、小组织；只有中国共产党的组织才能委派军队中的各级领导干部，其他任何组织和个人都不允许向军队委派干部。这些规定明确体现了“党对军队的绝对领导”原则。

“党对军队的绝对领导”原则是在中国共产党领导中国革命和国家建设过程中形成的，在历史上发挥了重大作用。从某种意义上说，它使军队由附属于一定个人或派别转向了服从组织机构严密、具有统一意识形态、纪律严格的政党，拥有了一个恒久性忠诚对象和组织控制核心。随着共产党掌权和党政合一体制的形成，军队对党的忠诚也就在一定程度上

---

① ［俄］安·阿·科科申：《战略领导论》，265页，北京，军事科学出版社，2005。

转换为对民族国家的忠诚。共产党对军队意识形态的输入和组织控制，使其具有了军官团精神，军队也从20世纪前期的干政角色转变到参政角色，成为革命职业化军队，具备了正常政治体系中军队的基本特征。它是应对自20世纪前半期中国国家面临的总体性危机的一个战略性选择。在当代中国政治体系中，中国共产党是执政党，宪法确立了共产党在国家的领导地位，党领导军队与国家领导军队是一致的。在社会主义初级阶段，坚持党对军队的绝对领导，对于贯彻党的基本路线，实现国家长治久安，发挥对外威慑作用，防止外来侵略，仍然是极其重要的政治保证。

2. 领导体制：中央军事委员会

从政治体制设置形式上讲，中国的武装力量接受国家政府和共产党的双重领导。现行宪法明确规定，中华人民共和国设立中央军事委员会领导全国武装力量。中华人民共和国中央军事委员会简称国家中央军委，是中华人民共和国的最高军事决策和指挥机关。国家中央军委由主席、副主席、委员组成。主席由全国人民代表大会选举产生，对全国人民代表大会及其常务委员会负责。根据中央军事委员会主席的提名，全国人民代表大会决定中央军事委员会其他组成人员的人选；中央军委每届任期与全国人民代表大会每届任期相同。中央军事委员会主席、副主席、委员可连选连任。全国人民代表大会有权罢免中央军事委员会主席和中央军事委员会其他组成人员。这从国家根本大法的高度明确了国家武装力量在国家体制中的法律地位，从形式上确认了武装力量纳入国家政治设置的原则。由此我们可以看出，中华人民共和国中央军事委员会是与国务院、最高人民法院、最高人民检察院相并列的最高国家机构之一。

同时，《中国共产党章程》规定，中共中央设立中央军事委员会，中国共产党中央军事委员会（简称中共中央军委）是中国共产党领导下的最高军事领导机构。其主要职能是：直接领导全国武装力量。其组成人员由中国共产党中央委员会决定。党的中央军委由主席、副主席、委员组成。军委主席有权对中央军委职责范围内的事项作出处理决定，并承担由此而产生的责任。中共中央军委每届任期5年，其组成人员可以连选连任。中共中央军委主席一般由中共中央最高领导人担任。《中国人民解放军政治工作条例》也规定：中国人民解放军必须置于中国共产党的绝对领导之下，其最高领导权和指挥权属于中国共产党中央委员会和中央军事委员会。

可见，中国武装力量领导体制具有双轨制的特征，但双轨设置中的中共中央军委和国家中央军委实际上是同一个机构，组成人员和对军队的领导职能完全一致，只是在党内和国家机构内同时占有地位。国家政府中的国防部长通常由中共中央军委中的一位副主席担任，所以在实际运行中，武装力量的领导体制是单轨制的。如前所述，中国的武装力量必须接受中国共产党的绝对领导。中共中央军委主席实际即为全国武装力量的统帅，通常由中国共产党的总书记担任。“中共中央军事委员会不仅是最高军事机构，同时也是整个国家的管理机构，在中国内政稳定受到威胁的非常时期更是如此。在各种危机形势下，在平时现行体制不能发挥作用时，中央军事委员会是国家最高权力的一种‘备用机构’。”① 中央军事委员会主席在委员会及国家管理体系中具有特殊重要性。关于武装力量的各方面的

---

① ［俄］安·阿·科科申：《战略领导论》，265页。

重大决定必须经中共中央军委主席同意，方能作出和实施。如宪法规定中华人民共和国全国人民代表大会有权决定战争与和平的问题，并由国家主席宣布，但实际上这必须经过中共中央军委主席的同意。

中国的这种武装力量领导体制与先有党军、后有国家这样一种历史实然逻辑相关，更与“一党执政”的政权模式相一致。具有中国特色的武装力量领导体制，不但能够保证党对军队的绝对领导，而且更有利于运用国家机器，加强军队和国防建设。当然，从整个国家政治制度设置的角度看，这一体制还存在一些需要完善的地方，如有的学者指出，党的军委与国家军委一致，“达到了军队向党负责与向人民负责的一致性，是一种比较妥善的机构模式。但是，在运作上，如何解决好中共中央军委组成人员与全国人大选举的国家中央军委组成人员的一致性问题，更加突出显示人民代表大会权力的至高性和人民民主性，避免人民代表大会只起橡皮图章的作用的印象，是一个值得研究的重要问题”①。

① 梁琴、钟德涛：《中外政党制度比较》，277页，北京，商务印书馆，2000。

第二部分

政府体制

立法体制

重点问题

- 我国人民代表大会制度的性质是什么？
- 如何认识党与人民代表大会的关系？
- 我国选举制度的基本原则是什么？
- 我国选举制度中存在哪些问题？
- 全国人民代表大会及其常委会的职权有哪些？
- 比较全国人大与地方人大的监督权执行情况。
- 如何认识完善人民代表大会制度与社会主义民主政治建设的关系？

在我国，立法体制就是指人民代表大会制度。现行《宪法》第二条规定："中华人民共和国的一切权力属于人民"，"人民行使国家权力的机关是全国人民代表大会和地方各级人民代表大会"。这些规定表明，人民代表大会制度是我国法律上的根本政治制度，是我国的政权组织形式。作为国家的权力机关，人民代表大会不仅享有立法权，还有决定权和监督权。然而，人民代表大会及其代表是如何产生的，在实践中如何行使其法定的权力，将是我们重点关注的对象。

第一节　人民代表大会制度的发展、性质与原则

一、人民代表大会制度的产生与发展

人民代表大会制度是在中国共产党的领导下，根据苏联模式，在革命根据地的政权建设中创造出来的。

在第二次国内革命战争时期，革命根据地建立了工农兵苏维埃代表大会。1931 年 11 月，在瑞金召开了第一次全国代表大会，通过了《中华苏维埃共和国宪法大纲》。1934 年中华苏维埃第二次全国代表大会通过的《中华苏维埃共和国宪法大纲》规定：中华苏维埃共和国之最高政权，为全国工农兵苏维埃代表大会。在大会闭会期间，全国苏维埃临时中

央执行委员会为最高政权机关，在中央执行委员会下组织人民委员会，处理日常政务，发布一切法令和决议案。

抗日战争时期，革命政权组织形式是类似于人民代表大会的参议会。1941 年制定的《陕甘宁边区各级参议会组织条例》规定："边区各参议会，为边区各级之人民代表机关。"同时制定的《陕甘宁边区各级参议会选举条例》规定，各级参议会采取普遍、直接、平等和无记名的投票选举制产生。

在解放战争时期，解放区在进行土改的过程中，农村建立了贫农会和农会，代行基层政权的职责，并在此基础上建立区、村（乡）两级人民代表会议，产生人民政府。

新中国成立初期，具有临时宪法性质的《中国人民政治协商会议共同纲领》规定：中华人民共和国的国家政权属于人民；人民行使国家政权的机关为各级人民代表大会和各级人民政府；各级人民代表大会由人民用普选方法产生；各级人民代表大会选举各级人民政府。

1953 年 2 月，中央人民政府委员会通过了《中华人民共和国全国人民代表大会及地方各级人民代表大会选举法》，决定在全国实行普选。在普选的基础上，1954 年召开了第一届全国人民代表大会第一次会议，制定了《中华人民共和国宪法》。1954 年宪法明确规定：国家的一切权力属于人民，人民行使国家权力的机关是全国人民代表大会和地方各级人民代表大会；人民代表大会和其他国家机关一律实行民主集中制原则。第一届全国人民代表大会还通过了《中华人民共和国全国人民代表大会组织法》、《中华人民共和国国务院组织法》、《中华人民共和国人民法院组织法》、《中华人民共和国人民检察院组织法》和《中华人民共和国地方各级人民代表大会和地方各级人民委员会组织法》。1954 年宪法和这些组织法的出台，标志着新中国走上了制度化轨道。

但是，从 1964 年到 1974 年，在长达 10 年的时间内没有举行过选举和召开过全国人民代表大会，我国的政治制度遭遇了曲折和衰退。

1978 年党的十一届三中全会以后，人民代表大会制度的发展步入正规化。1979 年全国人民代表大会第二次会议修正了 1978 年宪法，并修改了《中华人民共和国地方各级人民代表大会和地方各级人民委员会组织法》和《中华人民共和国全国人民代表大会及地方各级人民代表大会选举法》。这些修改表现在：

第一，县以上的地方各级人民代表大会设立常务委员会。根据 1954 年宪法，地方各级人民委员会既是地方各级人民代表大会的执行机关，又是常设机关，自己执行、自己监督。实践证明，这样的制度安排是失败的。

第二，扩大地方国家机构的职权，省一级的人民代表大会获得了制定地方性法规的权力。

第三，县级人民代表大会实行直接选举。根据 1953 年《中华人民共和国全国人民代表大会及地方各级人民代表大会选举法》的规定，只有基层，即乡、镇、市辖区和不设区的市人民代表大会代表由选民直接选举，新的选举法规定县级人民代表大会也实行直接选举。

经过 30 多年的改革开放和制度建设，人民代表大会制度建设的其他主要成就是扩大了全国人民代表大会常务委员会的职权，并在人大常委会下设立了若干专门委员会，以加强人大的监督职能。

在加强人大建设的同时，一些国家机关也得到了相应的恢复和发展，表现在：恢复国家主席的设立；规定国务院系统的行政首长负责制；设立中华人民共和国中央军事委员会，以明确军队在国家体制中的地位；改人民公社体制为乡建制；所有由全国人民代表大会产生的职务（包括国家主席和副主席、人大常委会委员长和副委员长、国务院总理及国务院组成人员、最高人民法院院长和最高人民检察院检察长）实行任期制，连续任职不得超过两届，这等于取消了领导职务的终身制。

二、人民代表大会制度的性质

人民代表大会制度作为我国的根本政治制度，主要表现在以下几个方面：

第一，人民代表大会制度是我国政权的组织形式。人民代表大会制度体现了人民主权原则，是人民当家作主的政权组织形式。在无产阶级革命胜利以后，必然要寻求一种能够体现革命主体利益的政权组织形式。这种政权组织形式在俄国就是苏维埃，在中国就是人民代表大会制度。因此，从根本上说，人民代表大会制度是保障革命主体利益的一种政治统治形式。众所周知，政治统治是经过政治斗争以后建立起来的有利于保护胜利者利益的一种政治格局。就政治本质而言，人民代表大会制度就是实现作为革命领导集团的共产党及其所代表的阶级、阶层利益的政治机制。在这种政治机制中，在共产党的领导下，包容了各团体的代表。各团体的利益和意志可以通过人民代表大会制度得以表达和实现。根据宪法，我国是工人阶级领导的、以工农联盟为基础的人民民主专政的社会主义国家。人民代表大会制度是保障这种国家性质和实现我国人民根本利益的一种政权组织形式。

第二，人民代表大会制度是我国的基本制度，在法理上具有全权性。在我国，有很多方面的制度，如行政管理制度、文化教育制度、司法制度和军事制度等，这些制度只能反映国家生活的某一个方面。只有人民代表大会制度才能代表国家生活的所有方面，能从政治、经济、法律、文化、外交、军事等各个方面反映和代表我国的生活，因而具有全权性，是我国基本的政治制度。

第三，作为我国基本的政治制度，人民代表大会制度在法理上具有至上性，高于行政权、审判权和检察权。根据宪法规定和现行实践，中华人民共和国国家主席、中华人民共和国中央军事委员会主席、最高人民法院院长和最高人民检察院检察长由全国人民代表大会选举产生；根据国家主席的提名，由全国人民代表大会决定国务院总理的人选；根据中央军事委员会主席的提名，由全国人民代表大会决定中央军事委员会副主席的人选；根据国务院总理的提名，由全国人民代表大会决定国务院副总理及其他人员的人选。可见，我国所有其他的权力都来自人民代表大会制度，因而使其具有了至上性。

第四，人民代表大会制度是建设社会主义法治的基础。政治文明说到底就是政治制度和政治行为的法治化，即所有的政治主体的权力都是有限的，都应该受到宪法和法律的约束。要实现法治化，首先要有法制。而人民代表大会制度是建设法制的根本制度和保障，全国人民代表大会通过的宪法和法律应该是一切政治行为的强制性规则。为此，在实践中应该做到：其一，维护国家立法的统一，维护宪法和法律的尊严；其二，司法机关依照法律规定独立行使职权；其三，一切组织和公民没有例外地遵守宪法和法律，任何在宪法上得不到适当解释的行为都是违法的。应该说，作为大陆法系的中国，实体法很发达，比如宪法充分地规定了公民的权利和义务，但是在程序上如何保障公民权利的实现，在程序法方面还存在很大的空缺。没有程序上的保障，实体法就是纸上的规定。因此，应该把我国社会主义法制建设的重点放在程序法的立法和执行上。

三、人民代表大会制度的基本原则

宪法明确规定人民代表大会制度的原则是民主集中制。

早在《中国人民政治协商会议共同纲领》中就有规定："各级政权机关一律实行民主集中制原则。"1954年《宪法》规定："全国人民代表大会，地方各级人民代表大会和其他国家机关，一律实行民主集中制。"现行《宪法》第三条规定："中华人民共和国的国家机构实行民主集中制的原则。"根据宪法和有关组织法及现行实践，民主集中制原则主要体现在以下几个方面：

第一，党的领导原则。民主集中制首先是共产党的组织原则，即少数服从多数、下级服从上级、全党服从中央。在共产党革命胜利以后，这一原则自然也就成为了国家生活的组织原则。在"党和国家的领导体制"部分我们已经知道，共产党是我国政治生活的核心。我国宪法也规定，所有的政治组织必须坚持共产党的领导。

从党与人大的渊源上说，人民代表大会制度是由共产党创建的，党的领导一直是一个天经地义、不容置疑的原则。但是，一方面宪法规定坚持共产党的领导，而另一方面党章又规定党应该在宪法和法律规定的范围内活动，这样就存在一个党如何领导的问题。经过多年的法制建设，党对人大的领导程序和制度是：其一，党提出人事安排和政策上的建议，经过人民代表大会的讨论变成制度和法律。例如，在2003年3月举行的全国人民代表大会十次一届大会上产生的国家主席、中央军事委员会主席、委员长及副委员长、国务院总理及国务院组成人员，都是由中共中央政治局常委会代表共产党向人大推荐人选，由人大选举或决定的。其二，党以党组制度直接领导各级人民代表大会的立法和监督工作。其三，在地方各级人民代表大会中，越来越多的地方党委书记兼任人大常委会主任。这些制度安排保障了人民代表大会能够坚定不移地执行党的意志。

至于党的领导原则如何更好地法治化，是中共十五大以来的一个重要目标。十五大提出了依法治国原则，而十六大提出了政治文明，所有这些，其实都是法治化问题。法治化即所有的政治组织都要受到宪法的约束。

第二，选举与监督原则，即全国人民代表大会和地方各级人民代表大会都由选举产生，对人民负责，受人民监督。选举制度是人民代表大会制度的重要组成部分，我们将在后面给予关注。

第三，国家行政机关、审判机关和检察机关都由人民代表大会产生，对它负责，受它监督，以便由人民代表大会统一行使国家权力。

第四，中央和地方国家机构职权的划分遵循在中央统一领导的原则下，充分发挥地方的主动性、积极性原则。这些原则体现在宪法的规定中。宪法规定，全国人民代表大会常务委员会有权撤销省、自治区、直辖市国家权力机关制定的同宪法、法律和行政法规相抵触的地方法规和决议；国务院统一领导全国地方各级国家行政机关的工作，规定中央和省、自治区、直辖市的国家行政机关职权的具体划分等。同时，我们将在“地方政府”部分看到，宪法扩大了地方国家机关的职权。

第二节　选举制度

一、我国选举制度的历史发展与选举原则

选举制度是现代国家重要的政治制度。由于“一府两院”的权力来自人民代表大会，所以把选举制度放在这里加以介绍。选举的意义是：第一，选举使公民直接参与了政治权力的分配，使政治权力获得了最大的合法性。我们知道，只有具备合法性的政权，其政治统治的成本才最小化。第二，选举是公民政治学习的过程，有利于培养公民的权利意识、政治责任感和政治技能。

正是因为选举具有如此重大的意义，所以在新中国成立以后，中央人民政府立即开始了筹备选举工作。1953 年 2 月 21 日颁布了我国第一部《中华人民共和国全国人民代表大会及地方各级人民代表大会选举法》，1954 年第一届全国人大第一次会议通过了《中华人民共和国全国人民代表大会组织法》和《中华人民共和国地方各级人民代表大会和地方各级人民政府组织法》，对各级国家政权机构组成人员的选举作出规定，标志着我国选举制度的正式诞生。从 1953 年颁布第一部选举法，到 1979 年通过新的选举法和地方组织法，再经过 1982 年、1986 年和 1995 年的三次重要修改，我国的选举总的方向是朝着民主化进展。选举制度的修改真实地反映了社会主义民主政治的发展状况，因此很有必要在此从纵向的角度加以详细的介绍和比较。

1953 年下半年，在全国范围内开展了普选工作。这次选举的特点是：第一，普遍性原则。全国各族人民普遍获得了选举权。第二，直接选举与间接选举原则。乡镇、市辖区和不设区的市全部实行直接选举，县以上各级人民代表大会由下一级人民代表大会选举产生。在各级人大代表中，不存在“特邀”代表。第三，无记名投票与举手投票并用。在基层政权选举中，一般是举手表决；在县以上的各级人大代表选举中，实行无记名投票。由于是初次普选，这次选举中存在的问题是：在县以下的选举中并没有完全实行直接选举和无记名投票原则；候选人与应选代表等额；选民不知道候选人的背景。① 之后，由于“大跃进”运动造成的法律虚无主义，选举制度遭到破坏，直到党的十一届三中全会以后，才开始恢复社会主义法制建设。

1979 年 7 月，五届全国人大二次会议通过了新的人民代表大会选举法和地方人大与政府组织法，在选举制度上有重大改革和完善。主要表现在：

（1）扩大了普选的范围。根据当时的政治环境，1953 年选举法根据阶级和政治特征列举了很大比例的不具有选举权的人。1979 年选举法规定，除依法被剥夺政治权利的人和精神病患者外，其他年满 18 周岁的公民都有选举权和被选举权。

（2）将直接选举扩大到县一级的人大选举。

---

① 参见武健：《人大选举制度和选举工作》，见刘政、程湘清等：《人民代表大会制度讲话》，241 页，北京，中国民主法制出版社，1999。

（3）实行差额选举。地方人大代表和地方政权机关的组成人员一般应实行差额选举。

（4）给予了省、自治区、直辖市人大常委会对地方各级代表数额较大的决定权。

（5）改变了划分选区的办法，将原来按居住状况划分选区的办法，改为按居住状况和单位组织划分。

（6）明确规定每个少数民族至少要有一名代表参加全国人民代表大会。

（7）改变了推荐代表候选人的办法。任何代表或选民有 3 人以上附议，都可以推荐代表候选人，而 1953 年的选举法规定只有组织提名或非党派的选民或代表才能联合或单独提出代表候选人。

（8）在投票方式上，一律改为无记名投票，并可以进行委托投票。

（9）专门规定对代表的监督、罢免和补选。

（10）增设了有助于选民了解候选人的有关条款。推荐代表候选人的各党派、团体和选民应向选举委员会介绍候选人的情况，各党派、团体和选民可以用任何形式宣传代表候选人。

（11）改变了地方国家机关领导人的提名方式。以前规定政府组成人员和法院院长候选人的提名方式为代表联合提名或单独提名，1979 年改为主席团提名或者代表联合提名。

1979 年新的选举法和组织法出台后，1980 年第一次实行县乡人大直接选举，社会主义民主建设取得较大进展。但是，在 1980 年的选举中，由于选举法规定可以以任何形式推介代表候选人，一些选区如北京大学的选举实行了竞争式的选举。据此，1982 年五届全国人大五次会议对选举法和组织法进行了相应的修改。主要表现在：

（1）对宣传代表候选人的方式作了限定，将原来的可以以任何形式推介代表候选人改为推荐候选人的党派、团体或选民，只能在选民小组上介绍所推荐的候选人。

（2）减少了农村与城镇每一代表所代表的人口比例。1979 年选举法规定，县级人大代表中农村每一代表所代表的人口数，四倍于城镇每一代表所代表的人口数。修改后的选举法规定，在特殊情况下，比例可以小于四倍直至 1∶1。

（3）降低了另行选举的当选票数，将原规定二次选举得票数必须过半数才能当选改为超过选票的 1/3 即可当选。

（4）在归侨较多的地区，地方人大应当有适当的归侨代表。

到 20 世纪 80 年代中期，经济改革的深入日益需要政治体制的协调发展，因此政治改革此时日渐提上议事日程。此时，应该说政治体制改革已经取得了一系列引人注目的成果，在第一部分“党和国家领导体制”对此已作部分证述。为了迎接即将对政治体制作大改革的党的十三大，1986 年全国人大常委会对选举法和组织法进行了第三次修改，主要进展有：

（1）加强对县乡选举的领导，将县乡一级的选举委员会由同级政府领导改为由县级选举委员会领导。并补充规定，省级和设区的市、自治州的人大常委会指导县级以下人大代表的选举工作。

（2）减少了代表名额，将全国人大代表名额限定在 3 000 人以内。

（3）简化选民登记手续，实行一次登记长期有效的登记制度。

（4）取消了过去直接选举和间接选举代表中通过预选确定正式候选人的制度。

（5）间接选举时，增加了大会主席团向代表介绍候选人、推荐者在代表小组会上介绍所推荐候选人的规定。

（6）降低当选得票数。将直接选举时候选人获得全体选民过半数的选票当选，改为全体选民过半数参加投票有效，获得参加选举选民过半数的选票当选。间接选举仍然要获得全体代表过半数选票当选。

更重要的是，1986年修改的地方组织法规定，对地方国家政权机关领导人一律实行差额选举的原则：将政府正副职领导人、县以上地方各级人大常委会组成人员、法院院长和检察院检察长的选举，由过去采用差额选举，也可以经过预选再等额选举，一律改为差额选举。其中上述机关正职领导人选举时，候选人一般应多于一人；若所提候选人只有一名时，才可等额选举。上述机关副职领导人必须按1～3人的差额比例选举，人大常委会委员必须按1/10至1/15的差额比例进行选举；取消预选，正式候选人名单应由主席团和全体代表酝酿讨论，根据多数代表的意见确定。

到20世纪90年代中期，我国的干部管理制度有了较大程度的变化，其中最重要的是加强了党对干部的管理和中央对地方的控制。在经济改革中，由于地方政府成为一级利益主体，越来越多的地方选举本地人作为省级领导人，省级领导干部中来自本省的比例较大。精英选拔中的地方主义趋势在地方干部选拔过程中和“差额选举”中得到加强。90年代，一些地方人大甚至会拒绝批准中央任命的官员，或者中央推荐的候选人在地方人大选举中落选，这是以前未曾出现过的现象。与此相应，1995年2月，全国人大常委会再次对选举法和地方人大与地方政府组织法进行修改，主要有：

（1）重新恢复了预选制度，进一步细化差额选举制度。将代表候选人名单应“在选举日的二十日以前公布”改为“在选举日的十五日以前公布”；修改后的选举法规定，县级以上的地方各级人民代表大会在选举上一级人民代表大会代表时，提名、酝酿代表候选人的时间不得少于两天。各该级人民代表大会主席团将依法提出的代表候选人名单印发全体代表，由全体代表酝酿、讨论。如果所提候选人的人数符合《选举法》第三十条规定的差额比例，直接进行投票选举。如果所提候选人的人数超过《选举法》第三十条规定的最高差额比例，则进行预选，根据预选时得票多少的顺序，按照本级人民代表大会的选举办法根据《选举法》确定的具体差额比例，确定正式代表候选人名单，进行投票选举。

（2）明确了县级人大常委会领导下级选举委员会工作。

（3）具体规定了地方各级人大代表的名额，明确要求提高妇女代表的比例。

（4）进一步体现平等性原则，缩小了农村与城市每一代表所代表的人口比例，将原来规定的省级人大与全国人大农村每一代表所代表的人口数5倍于、8倍于城市每一代表所代表的人口数一律改为4倍。

（5）规定了代表当选与罢免代表的具体程序，强化选举制度的监督功能。

综合几次选举法和组织法的修改以及地方政治的实践，20世纪80年代以来选举制度的重大改革主要体现在以下三个方面：

第一，实行了县乡直接换届选举。由于县人大代表直接来自各乡的人大，因此县政府换届选举时越来越重视县乡关系。从1979年至2007年，已经进行了五次县乡直接换届选举，选举过程不断完善。

第二，实行了选民和代表10人以上联名推荐候选人。在第四次县乡换届选举中，根据山东、河南、湖南、广东、广西、四川、安徽、陕西八省份的统计，在县级领导班子中，由政党推荐当选的候选人占97.9%，代表联名推荐占2%，有的省份达5.3%。根据27个省级选举单位的统计，在第四届省级人大选举中，由主席团提名列为正式候选人的共646人，其中代表10人以上联名的为105人，占正式候选人总数的16%，代表10人以上联名当选的有12人，占总数的1.8%。此外，在1988年各省、自治区、直辖市进行的全国人大代表选举中，共提出候选人3 872人，其中代表联名提出的有586人，占15.1%。①

第三，实行差额选举。下至县乡换届，上至省级人大代表、常委会组成人员和"一府两院"领导以及全国人大代表和常委会委员，都实行差额选举。截至第四届换届选举，全国有8个省份的人大常委会主任、8个省份的省长、15个省份的法院院长和11个省份的检察院检察长实行了差额选举。在2003年3月十届全国人大一次会议选举产生的全国人大常委会委员中，候选人为167人，实选159名，差额比例为5%。如此大范围和高级别的差额选举，是中国历史上的空前之举，表明中国的民主化进程取得了可喜的实质性进步。

通过选举制度的历史演变可以看出我国选举制度的四项基本原则：

第一，选举权利的普遍性原则。我国宪法和选举法规定，除依照法律被剥夺政治权利的人和精神病患者外，年满18周岁的公民，不分民族、种族、性别、职务、家庭出身、宗教信仰、教育程度、财产状况、居住期限，都有选举权和被选举权。

第二，平等性原则。根据选举法规定，每一选民在一次选举中只有一次投票权。

第三，直接选举与间接选举原则。直接选举是指由选民直接投票选举人民代表。根据选举法规定，不设区的市、市辖区、县、自治县、乡、民族乡、镇的人民代表大会的代表，由选民直接选出。间接选举是由下一级人民代表大会作为一个选举单位来选举出席上一级人民代表大会的代表，而不是由选民直接投票选举。根据我国的法律规定，全国人民代表大会的代表，省、自治区、直辖市、设区的市、自治州的人民代表大会的代表，均由下一级人民代表大会选出。

第四，无记名投票原则。我国选举法规定，全国和地方各级人民代表大会代表的选举，一律采用无记名投票的方法。这就是说，我国各级人民代表大会的选举都必须采用无记名投票的方法，而不能采用诸如举手表决等公开的方式。

二、我国选举的程序

选举程序主要包括选举机构、选区划分、选民登记、代表候选人的提名、差额选举、选举投票、代表辞职和罢免代表等方面的内容。

1. 选举机构

选举机构具体负责选举事务的管理工作。根据选举法的规定，全国人民代表大会常务

---

① 参见武健：《人大选举制度和选举工作》，见刘政、程湘清等：《人民代表大会制度讲话》。

委员会主持全国人民代表大会代表的选举；省、自治区、直辖市、设区的市、自治州的人民代表大会常务委员会主持本级人民代表大会代表的选举，并指导行政区域内县级以下人民代表大会的选举工作，不设区的市、市辖区、县、自治县设选举委员会，在本级人民代表大会常务委员会领导下主持本级人民代表大会代表的选举；乡、民族乡、镇设立选举委员会，受不设区的市、市辖区、县、自治县的人民代表大会常务委员会的领导。选举委员会是组织和管理选举工作的机构，有权监督选举的整个过程。

根据宪法规定，党领导一切。因此，我们将会看到，各级党委和党的组织部门事实上直接指导着选举过程。

2. 选区划分和选举单位

以一定数量的人口为基础划分区域，在这个区域内开展选举活动，进行直接选举，产生一定数量的人民代表，这样的区域叫作选区。不设区的市、市辖区、县、自治县、乡、民族乡、镇的人民代表，是由选区的选民直接投票选举产生的。划分选区的基本原则是：便于选民参加选举活动；便于选民了解候选人和代表联系选民；便于选民行使监督权和罢免权。

选举单位是采用间接选举的方法，产生人民代表的单位。在我国，县以上的地方各级人民代表大会都是产生上一级人民代表大会的选举单位。选举单位与选区的区别是：选举单位是间接选举产生上一级人民代表大会代表的下一级人民代表大会；选区是指县以下按生产单位、事业单位、工作单位和居住状况划分的选举区域，是由选民直接投票选举县以下各级人民代表大会代表的区域划分。

3. 选民登记

选民登记是选举工作的重要环节，是公民取得选民资格的基本程序。我国的选民登记采用一次性登记的方法，经登记确认的选民资格长期有效。每次选举前的选民登记，主要是对上次登记以来的变更情况进行处理。

4. 代表候选人的提名和差额选举

候选人的提名是选举过程中最重要的环节。选举法规定，全国和地方各级人民代表大会代表候选人，按选区或选举单位提名产生。各政党、各人民团体，可以联合或单独推荐代表候选人。选民或者代表 10 人以上联名，也可以推荐代表候选人。县级以上各级人民代表大会选举上一级人民代表大会代表时，代表候选人不限于各该级人民代表大会代表。差额的比例是：由选民直接选举的代表候选人的名额，应多于应选代表名额的 1/3 至 1 倍；由间接选举的代表候选人的名额，应多于应选代表名额的 1/5 至 1/2。

代表候选人的提名充分体现了党的政治领导和组织领导。根据新华社报道，中共中央高度重视并及时指导十届全国人大、全国政协换届人事安排工作。2002 年 9 月，中共中央政治局常委会研究确定了全国人大、全国政协 2003 年换届人事安排的指导思想、基本原则和具体政策，并决定成立换届人事安排小组，负责有关工作。2002 年 10 月 23 日，经中共中央批准，中央组织部、中央统战部联合召开各省、自治区、直辖市党委组织部部长、统战部部长及中央、国家机关有关单位负责人会议，对换届工作进行具体部署。各省、自治区、直辖市党委，中共中央直属机关、中央国家机关有关部门党组（党委），各民主党派中央、全国工商联、有关人民团体党组（党委）和人民解放军总政治部，坚持集体讨论、民主协商的原则，认真推荐全国人大常委会委员、全国政协常务委员人选。①

下面以省人大代表的产生为例说明间接选举的过程。在换届选举时，省委组织部召开会议安排推选人大代表工作。根据上级主管部门的精神，设区的市委组织部向市委汇报后，成立市推选工作领导小组，下设办公室，以组织部门为主，抽调人大等部门人员参加，召开市委推选工作会议。各县区相应成立这样的机构。如果省里分给某市 60 个代表名额，要实行差额选举。为确保结构和比例的合理性，市推选办把名额及比例再分至县、区和市直。这些县区就很具体了，毕竟人数很少，它们再按比例扩大一倍甚至更多，由基层单位开始推荐，最后由县委决定上报名单。市委听取汇报后，确定上报省名单。待省推选办同意后，提交市人大召开会议选举。因为是差额选举，大会主席团要提名的候选人还有一个差额比例。按照选举法，人代会上的差额一般都是按 1/5 来确定的。省里的名额是 60 人，大会主席团需提名 72 人。但 60 人中有 8 名是省直下派的，要保证选上。这就是说某市共推荐 64 名代表候选人。当然，这只是主席团提名，人代会上代表还可以联名再提出代表候选人，但一般情况下经党委做工作后不会出现这种情况。而且，组织部门的工作很到位，所以在选举省人大代表时总是一次成功，很少出现没选够和多次选举的现象。

5. 选举投票

选举投票是选民行使选举权的集中体现。直接选举的投票由选举委员会主持，间接选举的投票由该级人民代表大会主席团主持。投票结束以后，进入选举结果的确认程序，包括：确认选举是否有效、代表候选人当选的确认和宣布选举结果。

6. 代表辞职和对代表的罢免

根据选举法规定，县级以上的人大代表，可以向选举他的人大常务委员会书面提出辞职。县级人大代表可以向本级人大常务委员会书面提出辞职，乡级的人大代表可以向本级人大书面提出辞职。

罢免代表的法律程序是：对于县级和乡级的人大代表，原选区选民 30 人以上联名，可以向县级人大常委会书面提出罢免要求。县级以上的地方各级人大举行会议的时候，主席团或者 1/10 以上代表联名，可以提出对由该级人大选出的上一级人大代表的罢免案。在人大闭会期间，县级以上的地方各级人大常委会主任会议或常务委员会 1/5 以上组成人员联名，可以向常务委员会提出对由该级人大选出的上一级人大代表的罢免案。依法定程序通过的罢免决议产生法律效力。

三、选举制度的改革

自 1979 年修改选举法以来，选举制度在实践中不断进步，但是也出现了需要改进的地方。

第一，代表候选人提名问题。选举法规定，各政党、各人民团体可以联合或单独推荐代表候选人；选民或代表 10 人以上联名，也可以推荐代表候选人。为了使这一规定更具

① 参见刘思扬、李术峰、翟伟：《凝聚起民族的意志和力量：十届全国人大常委会委员、全国政协常务委员产生经过》，载《解放军报》，2003-03-17。

操作性，使选举真正体现选民的意志，使选民真正对选举负责，就应该让选民自己有提出代表候选人的权利，应该对政党和团体推荐代表候选人的比例有一个明确的限制。在很多地方，代表候选人的提名基本上是由人大主席团控制，选民自己推荐代表候选人的机会不多。

第二，关于农村与城市每一代表所代表人口数的比例。过去，农村与城市每一代表所代表的人口数的比例分别是：县为4：1，省、自治区为5：1，全国为8：1。这样的规定基本上反映了城乡之间存在的差别。但是，这种制度安排的弊病是：(1) 有悖于基本的平等原则。如果因为农村落后而农村的人民代表少，各级人大在行使决定权时就更不能保护农村的利益，使落后的农村更加边缘化。(2) 有悖于改革开放后农村的现状。很多农村地区的工业化进程和农民进城务工使农民参政水平提高，都要求改变城乡代表所代表的人口数比例，使选举权更加平等化。为此，新近修改的选举法规定，农村与城市每一代表所代表人口数的比例相同。

第三，关于差额选举。我国1979年选举法规定了差额选举，这是社会主义民主化进程的重要成就。可以说，没有差额选举，就不是真正的选举；没有竞选的差额，就不是真正的差额选举。只有差额选举，才能使政治家和人民代表真正向选民负责，产生负责任的政治。优胜劣汰式的竞争选举，绝不是资本主义的专利品。早在延安时期，《陕甘宁边区各级参议会选举条例》就规定，选举单位“可提出候选人名单及竞选纲领，进行竞选运动，在不妨害选举秩序下不得加以干涉和阻止”。这一规定对当时边区的民主选举产生了积极的影响。

第四，关于对候选人的宣传介绍。目前存在的一种普遍现象是，选民对候选人知之甚少，从而大大地影响了选民参加投票选举的主动性。产生这一现象的原因是对候选人的宣传介绍机制有问题。政党和团体在推荐其候选人时，只介绍他的基本履历，而不介绍他能做什么和将为选民做什么；而对10人以上联名推荐的候选人的介绍和宣传，因为时间和物质条件的限制更是不到位，因为代表提名往往是在主席团提名以后才考虑是否另提候选人，导致联名的代表没有时间和条件对候选人进行全面的介绍。目前，一些地方采用多种方式介绍候选人，诸如安排候选人与选民或代表直接见面、对话，运用媒体对见面和对话作公开报道、宣传等，这些都是有益的尝试。但是，要使选民有兴趣了解候选人，必须真正实现选举法规定的差额选举。

第三节　全国人民代表大会

一、全国人民代表大会的组成与任期

《宪法》第五十九条和其他法律规定，全国人民代表大会由省、自治区、直辖市、特别行政区和军队选出的代表组成。各少数民族都应有适当名额的代表。这表明，全国人大代表是由选举单位以间接选举的方式选举产生的。

现行法律对全国人大代表的总名额作了最高限额的规定，即总人数不超过3 000人。全国人大代表名额的分配权在全国人大常委会，其分配名额的原则是：各省、自治区、直

辖市的城乡每一代表所代表的人口数的比例是 8 ∶ 1；解放军应选代表名额不按人口数计算，根据需要分配名额；少数民族不是一个选举单位，每个民族至少应该有一个代表名额。

宪法规定，全国人民代表大会每届任期 5 年。为了保证任期之间的衔接，全国人民代表大会在任期届满的两个月以前，全国人大常委会必须完成下届全国人民代表大会代表的选举工作。但是如果遇到不能进行选举的非常情况，由全国人大常委会以全体组成人员的 2/3 以上的绝对多数通过，可以推迟选举，延长本届全国人民代表大会的任期。在非常情况结束后的一年内，必须完成下届全国人民代表大会代表的选举。

二、全国人民代表大会的职权

全国人民代表大会的职权主要有以下几个方面：

1. 立法和监督宪法实施的权力

人大的基本权力是立法权。在介绍人大的立法权之前，有必要了解我国自改革开放以来立法的基本体制、立法上的进步和问题。

1982 年宪法基本上确立了一元多层次的立法体制，即全国人大及其常委会行使国家立法权，制定法律；国务院制定行政法规，国务院下属的部委制定规章；省级人大及其常委会制定地方性法规；民族自治地方的人大有权制定自治条例和单行条例；省会城市和经国务院批准的市人大及其常委会可以制定地方性法规。

改革开放 30 多年以来，全国人大立法权的发展经历了两个阶段：第一阶段是 1992 年以前，立法是在计划经济基础之上、在法律工具主义①思想指导下进行的。第二阶段是在 1993 年以后，立法随着经济的转型而面向市场经济和权利保护。在这个过程中，全国人大的立法观念和立法职能发生了重大转变。首先是在立法观念上，由经验立法转变为超前立法。其次，人大在立法中的作用由过去被动的角色转变为今天起主导作用。再次，在立法指导思想上，由法律工具主义正在转向权利保护主义。这样，立法开始强调市场经济主体的自主、独立、平等；强调政府行为的法定性和守法性；重视公民权利的保护，强调公民与政府权利义务的平衡。②

应该看到，由于立法体制的多层次性，立法中存在一些明显的问题：（1）立法中的部门主义和利益倾向严重，把部门的非分利益固定化，忽视对公民权利的保护；（2）重视实体立法而忽视程序法建设，使实体法得不到落实；（3）法律相互冲突，公民无所适从。③

全国人大的立法权限包括三方面：第一，修改宪法和监督宪法的实施。宪法是国家的根本大法，它规定了国家和社会的根本原则，因此，修改宪法有特殊的程序。除全国人民代表大会以外，任何其他国家机关包括全国人大常委会在内都无权修改宪法。宪法规定，宪法的修改要由全国人民代表大会常务委员会或者 1/5 以上的全国代表提议，并由全国人

---

① 法律工具主义是权利保护主义的对称，就是把法律视为强化社会管理和控制的工具，把立法当作加强行政管理的手段。法律工具主义在立法中重视政府的权力，而忽视社会的权利；重视政府的管理，而忽视公民权利的保护。

②③ 参见蔡定剑：《20 年人大立法的发展与历史性转变》，见蔡定剑主编：《人民代表大会二十年改革与发展》，62～69 页、71 页，北京，中国检察出版社，2001。

民代表大会以全体代表人数 2/3 的多数通过。全国人民代表大会曾于 1975 年、1978 年和 1982 年三次全面修改了宪法，并于 1979 年、1980 年、1988 年、1993 年、1999 年和 2004 年多次对宪法的若干条文进行了修改。

宪法还规定，全国人民代表大会监督宪法的实施，以维护宪法的尊严和保证宪法的实施。监督宪法的实施主要包括：一是审查有关的法律法规是否与宪法相抵触；二是审查国家机关及其工作人员的行为是否符合宪法。

第二，制定和修改国家基本法律。所谓基本法律，是指仅次于宪法的普通法律。国家基本法律包括两个方面：一是涉及社会各个方面和关系到每个人的刑事和民事方面的法律；二是规定国家机构的各种组织法，必须由全国人民代表大会制定和修改。基本法律以外的其他法律由全国人民代表大会常委会制定和修改，同时全国人大常委会在全国人民代表大会闭会期间，对全国人民代表大会制定的法律进行部分补充和修改，但是不得同该法律的基本原则相抵触。

第三，授权立法。授权立法在我国立法体制中占据重要位置。在过去 30 多年的改革开放中，授权立法越来越多。这是因为，客观上，经济发展和日益复杂的社会生活需要及时调整；同时还有立法机关自身的限制，诸如时间上的限制、专业技术上的限制等。但是，为了防止行政权力的无限扩张和侵犯立法机关的地位和权力，国外授权立法的原则一般是：授权法中必须明确授权的范围，不得实行一般性的、无限制性的概括授权；行政机关进行授权立法，必须严格遵守宪法和法律，严格遵守授权法，遵守法定的程序。① 我国授权立法的基本情况是：

第一类是全国人大向其常委会授权。第一次是 1981 年 12 月五届全国人大四次会议授权常委会修改具有基本法律性质的《中华人民共和国民事诉讼法草案》；第二次是 1987 年六届全国人大五次会议授权人大常委会制定《中华人民共和国村民委员会组织法（试行)》；第三次是 1989 年七届全国人大二次会议授权全国人大常委会在深圳市依法选举产生市人大及其常委会后，再授权深圳市制定经济特区法规和规章。

第二类是全国人大及其常委会向国务院授权。其中最广泛的一次综合性授权是 1985 年六届全国人大三次会议决定：授权国务院对于有关经济体制改革和对外开放方面的问题，在不与宪法和法律相抵触的情况下，制定暂行的规定或条例，颁布实施，待条件成熟时由全国人大或全国人大常委会制定法律。

第三类是全国人大及其常委会向地方人大授权。几次授权均是向沿海省人大和经济特区人大的授权。

我国授权立法为国家正式立法积累了经验，其具体作用是：首先，解决了社会经济发展与法律匮乏或滞后的严重矛盾；其次，对国务院的授权适应了经济改革中不断出现的新情况而急需法律调整的状况；最后，适应了经济特区的需要。

我国授权立法与西方国家的一个明显不同是：就具体事项授权少，而综合性的授权较多。在西方国家，为了防止行政部门的权力不受限制，其方法之一就是只单项性授权，限制综合性授权。

---

① 参见王晨光：《中外授权立法制度比较》，见蔡定剑主编：《人民代表大会二十年改革与发展》，159～161 页。

2. 选举、决定和罢免国家机构组成人员

在人事权力方面，宪法和全国人民代表大会组织法规定：(1) 选举和罢免全国人大常委会委员长、副委员长、秘书长和委员。(2) 选举和罢免国家主席、副主席。(3) 根据国家主席的提名，决定国务院总理人选；根据国务院总理提名，决定国务院副总理、国务委员、各部部长、各委员会主任、审计长和秘书长的人选，并有权罢免上述人员。(4) 选举国家中央军事委员会主席；根据中央军事委员会主席的提名，决定中央军事委员会其他组成人员的人选，并有权罢免上述人员。(5) 选举和罢免最高人民法院院长和最高人民检察院检察长。(6) 通过全国人民代表大会各专门委员会的主任委员、副主任委员和委员的人选，并有权撤销其职务。

3. 对国家重大事项的决定权

全国人大行使决定权的范围：(1) 审查和批准国民经济和社会发展计划；(2) 审查和批准国家的预算；(3) 批准省、自治区和直辖市的建制；(4) 决定特别行政区的设立及其制度；(5) 决定战争与和平的问题；(6) 决定国务院各部委的建制。

4. 对其他国家机关的监督权

任何一个现代国家，立法机关的立法功能都很发达。但是，立法机关是否健全，则关键要看其监督职能的行使状况。

权力必须受到制约，没有制约的权力必然导致腐败。因此，党的十六大政治报告特别重视权力制约问题。在我国的政治生活中，有各种形式的监督制度，包括党组织的纪检监督，政府的行政监督，检察机关的法律监督和政协的民主监督。人大监督同这些监督制度在对象、内容、范围上不同，在法律地位和效力上也不同。

根据党章规定，党的纪检部门监督和查处的是违反党纪的党组织或党员，党组织对党员的最高处分是开除党籍。那些违反政纪国法的党政干部，根据情况分别由监察部门、司法部门、人大及其常委会实施监督。

关于行政监督，在我国县级以上的政府机关设置监察部门。作为人大决定任命的政府部门，其功能有时与人大重叠，但是权限不同。政府监察机构只有检查、调查、建议和给予记大过以下处分的权限，而罢免、撤销权属于人大及其常委会。

作为法律监督机关的人民检察院，主要是对司法机关的活动进行监督，对国家机关和工作人员违法行为的监督，也只限于违反刑法的案件。因此，法律监督与人大监督的范围是不同的。

政协的民主监督，不具有国家权力的性质，没有法律效力，并且主要通过提出批评建议的形式发挥监督作用。

监督权是人大最为主要的权力，是衡量人大是否健全的标志。作为最高的权力机关和人民意志的体现者，人大及其常委会的监督是具有最高法律效力的监督。根据法律规定和实践经验，人大监督权可以具体分解为知情权、检查权、审议权和处置权。人大监督权的含义是：人大及其常委会为了维护宪法、法律的尊严和人民的根本利益，代表人民和国家的意志，按照法律规定的形式和程序，对国家行政机关、审判机关和检察机关的工作和宪法、法律的实施，所采取的了解、检查、审议和处理的强制行为。人大监督权由两个相互关联的部分组成：一是监督部分，是指对被监督者的工作和宪法、法律的实施情况进行带有督促性的了解、检查和审议；二是处置部分，即人大对违宪违法或其他不适当的行为实施处理、纠正和制裁。①

在实践中，全国人大及其常委会的监督对象主要是“一府两院”，即中央人民政府、最高人民法院与最高人民检察院。目前监督的基本形式是听取和审议国务院、最高人民法院与最高人民检察院的工作报告。

监督的另一种重要形式是质询。在全国人民代表大会闭会期间，一个代表团或 30 名以上的代表，可以书面提出对国务院和国务院各部委的质询案。质询案按照主席团的决定由受质询机关的负责人在主席团会议、有关的专门委员会会议或者有关的代表团会议上口头答复，或者由受质询机关书面答复。

自 20 世纪 90 年代中期以来，人大监督“一府两院”的工作有一些重要进展，表现在：

首先是加强对政府财政预算的监督。一是成立了常委会预算工作委员会，从组织上加强人大对国民经济计划和预算工作的监督。二是加强了对预算部分调整方案的审批。1998 年和 1999 年，人大常委会两次审查批准了国务院要求增发国债和中央预算调整方案。三是通过审计监督加强对预算执行的监督。1999 年的审计工作报告揭露财政部、水利部等行政部门的严重违法行为，引起人大常委会的强烈反应，人大财经委员会经过审议要求国务院将有关违法违纪行为的查处在 6 个月内向常委会报告。②

其次是加强对司法监督的力度。1998 年和 1999 年全国人大代表对司法机关的腐败和不公正不满，“两院”工作报告的得票率不高，对“两院”的工作有很大触动，促使“两院”采取一系列改进措施，接受人大代表的监督。1999 年 9 月，全国人大内务司法委员会听取“两院”的工作汇报，并邀请了 25 个省级地方人大到会对“两院”工作进行评议，对“两院”工作起到了极大的促进作用。地方人大对司法的监督力度更大。

最后是监督法性质的法律的出台。制定监督法的难度较大，但是已经制定了一些单行的监督法律，如已经通过的《关于对审判、检察机关重大违法案件实施监督的决定》和《关于加强中央预算审查监督的决定》。特别是后者，要求政府坚持先有预算，后有支出，严格按预算支出；并要求将预算细化，将过去预算只分大类改为细化到按部门和单位列出预算；国务院调整预算应当编制调整方案，并于当年 7—9 月提交全国人大常委会审查和批准；超收的使用情况，也应该向人大常委会报告。《关于加强中央预算审查监督的决定》还加强了对中央预算执行的审计监督：一是要求不仅要审计预算资金使用是否合法，还要审计资金使用的效益；二是对部门决算进行审计；三是审计出来的问题要限时纠正处理；四是全国人大常委会可以要求国务院进行专项审计。

应该说，人大的监督工作已经有了新的进步。为了健全监督职能，必须加强监督机制的建设。比如，审计政府经济行为的部门应该设在人大，而不应该属于政府系统；加强人大常委会专门委员会的建设，使人大存在与政府对口的监督部门。这一点将在“全国人大

---

① 参见程湘清：《人大及其常委会的监督权和监督工作》，见刘政、程湘清等：《人民代表大会制度讲话》，137 页。

② 参见蔡定剑：《人大监督在探索中发展》，见蔡定剑主编：《人民代表大会二十年发展与改革》，272 页。

各专门委员会”部分得到进一步阐述。

三、全国人民代表大会会议制度

1. 会期制度及会议的召集和主持

宪法和全国人大组织法规定，全国人大每年举行一次会议，如果常委会认为必要，或者有 1/5 以上的全国人大代表提议，可以临时召集全国人大会议。每届全国人大第一次会议，在本届代表选举完成后的两个月内由上届常委会召集。全国人大常委会应当在全国人大会议举行一个月之前，将开会日期通知全国人大代表。从 1985 年开始，全国人大会议在每年第一个季度举行。

全国人大常委会召集全国人大会议。每届全国人大会议第一次会议，由上届全国人大常委会召集。全国人大会议举行前，召开预备会议。预备会议由全国人大常委会主持，每届全国人大第一次会议的预备会议，由上届全国人大常委会主持。全国人大预备会议选出主席团，主席团主持全国人大会议。主席团第一次会议推选主席团成员若干人，分别担任每次大会全体会议的执行主席。主席团第一次会议由全国人大常委会委员长召集。

2. 会议形式及其职责

全国人民代表大会会议期间的会议形式有：大会全体会议、预备会议、主席团会议、代表团团长会议、代表团全体会议、代表团小组会议、秘书处会议和专门委员会会议。

大会全体会议。这是全国人大行使权力的基本形式，其主要任务是：听取和审议全国人大常委会、国务院、最高人民法院、最高人民检察院的工作报告，并作出决议；对有关议案和法律案进行表决；依法选举、任免和罢免国家机构组成人员等。

预备会议。每届每次全国人大会议第一次全体会议举行前召开的一次全体会议，任务是选举本次人大会议的主席团和秘书长，通过会议的议程和关于会议其他准备事项的决定。

主席团会议。主席团是全国人大会议的领导机构，主持全国人大会议。由于主席团在程序上和实质上都决定了全国人大会议的内容，因此，主席团的成员自然主要来自党和国家的领导人，包括中共中央政治局委员、书记处书记、国务院组成人员、全国人大常委会主要成员和有关省市与部门的主要负责人。

全国人大会议每年第一次会议的主要任务是：推选主席团常务主席若干人；推选主席团成员若干人，分别担任本次大会全体会议的执行主席等。

作为大会的领导机构，主席团在程序上和实质上的决定权表现在以下几个方面：

第一，决定向全国人大会议提出属于全国人大职权范围内的议案；决定将主席团、全国人大常委会、全国人大各专门委员会、国务院、中央军委、最高人民法院和最高人民检察院向全国人大会议提出的议案列入会议议程；决定一个代表团或者 30 名以上的代表联名向全国人大会议提出的议案是否列入会议议程；通过关于议案处理意见的报告，并印发会议；决定将列入议程的议案并交有关的专门委员会进行审议，提出报告，然后由其审议决定提请大会全体会议表决；法律委员会根据各代表团和有关专门委员会的审议意见，对法律进行统一审议后，向主席团提出审议结果的报告和草案修改稿，主席团审议通过后，决定将修改的法律案提请大会全体会议表决；主席团审议通过财经委员会的报告后，将关于国民经济和社会发展计划、国家财政预决算的决议草案提请大会全体会议表决。

第二，在决定国家机关的人选时，经主席团会议讨论后提名，由各代表团酝酿协商后，再由主席团会议根据多数代表的意见，确定正式代表候选人名单；决定在代表中提名全国人大各专门委员会主任委员、副主任委员和委员的人选；在全国人大会议期间，国家机关的组成人员提出辞职的，由主席团会议决定将其辞职请求交各代表团审议，然后决定提请大会全体会议决定；经主席团会议决定，提出主席团对由全国人大会议产生的国家机构组成人员的罢免案；对主席团、3 个以上的代表团或者 1/10 以上的代表提出的对国家机构组成人员的罢免案，由主席团会议决定，交各代表团审议，然后，决定提请大会全体会议表决，或者由主席团会议决定作出提议，并经大会全体会议决定，组成调查委员会，由全国人大会议下次会议根据调查委员会的报告审议决定。

第三，在询问、质询时，对 1 个代表团或者 30 名以上的代表联名书面提出的对国务院及其各部委的质询案，由主席团会议决定，让受质询机关的负责人在主席团会议、有关的专门委员会会议或有关的代表团会议上口头答复，或者由受质询机关书面答复。

第四，在组织特定问题的调查委员会时，主席团会议作出决定，提议组织特定问题的调查委员会；对主席团、3 个以上的代表团或者 1/10 以上的代表联名提出的关于组织特定问题的调查委员会的提议，决定提请大会全体会议作出决定；在全国人大代表中，决定调查委员会组成人员的人选提名，决定将人选提名提请大会全体会议通过。

代表团团长会议。每一个选举单位就是一个代表团，即每一个省、自治区、直辖市和解放军系统就是代表团。每个代表团推选代表团团长一人，副团长若干人。代表团团长会议是由主席团常务主席召开的由各代表团团长或副团长参加的会议，就议案和有关报告的重大问题向主席团常务主席汇报审议意见，进行讨论。

代表团全体会议和代表团小组会议。任务是集中审议各项议案；通过以代表团名义提出的议案、质询案、罢免案等；听取代表团团长传达主席团会议的决定和意见；听取国务院或国务院有关部门回答询问、本代表团提出的质询。

由于大多数代表团的人数较多，为了使代表充分发表意见，划分成代表小组。

秘书处会议。主要是办理主席团交付的事项和处理全国人大会议的日常重要事务性工作。

专门委员会会议。在全国人大会议期间，专门委员会的主要任务是：决定向全国人大会议提出属于全国人大职权范围内的议案；当一个代表团或 30 名以上的代表联名提出议案，经主席团交付后，有关的专门委员会进行审议，提出是否列入会议议程的意见；等等。

四、全国人民代表大会代表

在某种意义上，全国人大会议功能的履行和效果取决于人大代表的政治素质。宪法规定，全国人大是国家的最高权力机关，行使国家的立法权、重大人事任免权和监督权，应当具有最高的权威和权力。与此相适应，人大代表应当是来自各行各业的政治精英，应该是德才兼备、代表选民具有独立思考和从政能力的精英。但从实际情况来看，宪法的规定需要在实践中完善，其中重要的是人大代表的素质亟待提高。没有具备良好素质和参政能力的代表，立法制度和立法程序就难以发挥应有的作用。而要提高人大代表的素质，就必须改变对于人大职能和作用的传统看法，完善选举人大代表的制度。

全国人大代表是由各选举单位以间接选举的方式选举产生的，每届任期 5 年，可以连任。

人大代表在会议期间的主要工作是出席会议，审议有关议案和报告，提出议案，参加各项选举活动，提出质询案和进行询问，提出罢免案，提议组织特定问题调查委员会，参加表决和提出建议。当然，人大代表在会议期间的活动都不是个人行为，而是代表团和主席团集体领导下的集体行为。

人大代表在人大闭会期间的活动形式主要有：组织代表小组进行视察和调查研究，以反映民意；参与执法检查；列席有关会议；与原选举单位和人民群众保持联系；提出建议。

人大代表在执行职务时，宪法和法律规定了有关的保障措施，诸如言论免责权，人身特别保护权，时间保障、物质保障和得到服务的保障，惩戒阻碍执行代表职务的行为。

第四节　全国人大常务委员会及其专门委员会

一、全国人大常委会的地位、产生、任期和组成

1. 全国人大常委会的地位

全国人大常委会是全国人民代表大会常务委员会的简称，是全国人大的常设机构，是国家最高权力机关的组成部分，是在全国人大闭会期间行使最高国家权力的机关。其组成人员包括：委员长、副委员长、秘书长和委员，他们由全国人大代表选出，并由全国人大罢免。全国人大常委会主要是监督“一府两院”的工作。

全国人大常委会制度是我国人大制度的一个特色。几千名人大代表每年集会一次，只能就国家特别重大的问题作出决定。民主的实现需要时间的保障。近 3 000 名代表每年集会一次，每次会期平均为 17 天左右，除去大约 4 天（两个周末）的休息日，还有 13 天。按照每天开会 8 小时计，一次会期共有 6 240 分钟，近 3 000 名代表每人拥有约 2.1 分钟。去掉大会的报告时间，剩下的时间不过 2 分钟。用 2 分钟的时间参加讨论、审议、质询、询问、表决等活动，显然是远远不够的。为了让最高国家权力机关真正起作用，作为全国人大常设机关的全国人大常委会自然有着重要作用。

2. 全国人大常委会的产生

全国人大常委会由委员长、若干副委员长、秘书长和若干委员组成，名额没有具体规定。全国人大常委会组成人员由每届全国人大第一次会议主席团从代表中提出人选，经各代表团酝酿协商后，再由主席团根据多数代表的意见确定正式候选人名单，最后由大会全体会议选举产生。目前，常委会委员实行差额选举，委员长、副委员长和秘书长实行等额选举。以十届一次人大产生的全国人大常委会为例，从 167 名候选人中，按 5%的差额比例，选出 159 名十届全国人大常委会委员。这是值得人们关注的变化：第一，新人占多

数，其中新当选的常委会委员122名，占76.7%，连续当选的37名，占23.3%。第二，妇女和少数民族委员数明显上升，妇女委员21名，占13.2%，高于九届一次会议时12.7%的比例；少数民族委员24名，占15.1%，高于九届一次会议时13.4%的比例。人口在100万以上的18个少数民族均有人选。第三，常委会委员分布更加广泛，有党政军领导干部，有各民主党派负责人，有专家学者，包括了各方面的代表人物。中央、国家机关、中央金融机构和国有重要骨干企业80名，31个省区市和台湾省籍44名，军队13名，香港特别行政区、澳门特别行政区2名，各民主党派中央、全国工商联和无党派代表人士20名。第四，平均年龄为60岁，比九届一次会议时下降了3.4岁。65岁以下的125名，占78.6%，比九届一次会议时提高了18.9个百分点。①

3. 全国人大常委会的任期

全国人大常委会组成人员的每届任期同全国人民代表大会组成人员的每届任期相同，都是5年。委员长和副委员长连续任职不得超过两届，常委会其他组成人员的任期不受限制。

4. 全国人大常委会的组成

全国人大常委会设立委员长会议，处理常委会的日常重要工作。委员长会议由委员长、副委员长和秘书长组成。除委员长会议外，全国人大常委会还设立了代表资格审查委员会、特别行政区基本法委员会、法制工作委员会、预算工作委员会和办公厅等机构。

二、全国人大常委会的职权

由于人大常委会的职能与全国人大的职能重叠或极为密切，前面为了集中说明全国人大的职能，已经有所涉及或一并介绍了人大常委会的一些职权，比如授权立法问题、监督权问题。根据宪法和有关法律，全国人大常委会的具体职权是：

1. 立法权

立法权就是全国人大常委会依照法定程序制定、修改和补充法律的权力。其立法权具体表现为：第一，制定和修改除应由全国人大制定的法律以外的其他法律，因此全国人大常委会享有广泛的立法权。第二，在全国人大闭会期间，对全国人大制定的基本法律进行部分的修改和补充，但不得同该法律的基本原则相抵触。第三，解释宪法和法律。宪法解释权在全国人大常委会。法律解释，就是对具体法律条文的含义作出说明。第四，撤销国务院制定的同宪法、法律相抵触的行政法规、决定和命令；撤销省、自治区、直辖市国家权力机关制定的同宪法、法律和行政法规相抵触的地方性法规和决议。

作为全国人大的常设机关，全国人大常委会的立法权应该得到加强。由于全国人大长期闭会，一年仅开会半个月左右，再加上一些人大代表的素质尚不尽如人意的事实，很多日常重大的工作就落到常委会身上。在立法工作中，单就刑法而言，全国人大常委会自1981年以来先后对刑法作出过20个修改和补充规定，其容量比刑法典还大，有的规定甚

---

① 参见刘思扬、李术峰、翟伟：《凝聚起民族的意志和力量：十届全国人大常委会委员、全国政协常务委员产生经过》，载《解放军报》，2003-03-17。

至修改了刑法的基本原则。这种情况应该认定为立法权限的冲突。至于全国人大常委会制定的许多法律，如公司法、税收征管法和作为民法典组成部分的合同法等，都超越了人大常委会的立法权限。① 这样，在缺乏全国人大授权的情况下，人大常委会已经行使了本应由全国人大行使的制定和修改“其他基本法律”的权力。

赋予全国人大常委会更大的立法权，便可以有效地防止行政机关在行使授权立法时出现的越权现象。由于全国人大立法不及时，不得不反复授权行政部门和地方人大立法，而我国的授权立法基本上是综合性的，从而使行使授权立法的机关有时超越授权范围，侵害了全国人大的立法权限。据统计，我国的法律草案有80%是行政部门起草的，有的部门不适当地添加了本部门的利益和权利。②

2. 监督权

根据宪法和有关法律规定，人大常委会监督“一府两院”和中央军事委员会的工作。监督方式是听取工作汇报、开展执法检查、组织特定问题调查委员会、质询等。人大常委会有权撤销国务院制定的同宪法和法律相抵触的行政法规，撤销省级国家权力机关制定的同宪法、法律和行政法规相抵触的地方性法规。

3. 重大事项决定权

人大常委会的重大事项决定权主要有：（1）在全国人大闭会期间，审查和批准对国民经济和社会发展计划、国家预算在执行中所必须作出的部分调整方案。（2）决定同外国缔结的条约、重要协定的批准和废除。（3）规定军人和外交人员的衔级制度和其他专门衔级制度。（4）规定和决定授予国家的勋章和荣誉称号。（5）决定特赦。（6）在全国人大闭会期间，如果遇到国家遭受武装侵犯或者必须履行国际间共同防止侵略的条约的情况，决定战争状态的宣布。（7）决定全国总动员或者局部动员。（8）决定全国或个别省、自治区、直辖市的戒严。（9）在全国人大闭会期间，有权根据国务院总理提出的议案，决定国务院各部委的设立、撤销或者合并等。

4. 人事任免权

在全国人大闭会期间，人大常委会行使对国家机关工作人员的任免权，其任免对象包括：（1）根据国务院总理的提名，决定各部委行政首长、审计长、秘书长的人选。（2）根据中央军委主席的提名，决定中央军委其他组成人员的人选。（3）由委员长提名，补充任命专门委员会个别副主任委员和部分委员，任免专门委员会顾问。（4）根据最高人民法院院长的提请，任免最高人民法院副院长、审判长、审判委员会委员和军事法院院长。（5）根据最高人民检察院检察长的提请，任免最高人民检察院副检察长、检察员、检察委员会委员和军事检察院检察长。（6）批准省级人民检察院检察长的任免。（7）决定驻外全权代表的任免。（8）由委员长提请，任免常委会副秘书长。（9）由委员长提请，任免常委会工作委员会的主任、副主任。③

---

① 参见曲耀光：《论我国的立法冲突》，载《中国法学》，1995（5）。

② 参见黎小伍、朱应平：《试论扩大全国人大常委会的立法权》，见蔡定剑主编：《人民代表大会二十年发展与改革》，422页。

③ 有关人大常委会监督权、决定权和人事任免权的总结，参见许崇德主编：《宪法》，220～221页，北京，中国人民大学出版社，2002。

5. 其他职权

除上述职权外，全国人大还授予常委会下列职权：主持全国人大代表的选举；召集全国人大会议；在全国人大闭会期间，领导各专门委员会的工作；等等。

三、全国人大常委会会议

根据全国人大常委会议事规则的规定，人大常委会会议每两个月举行一次，一般在双月下旬召开，会期一般为一周左右。会议的主要形式有：全体会议、分组会议、联组会议、委员长会议、专门委员会会议。①

全体会议。这是全国人大常委会依法行使职权的基本会议形式，一般由委员长主持，委员长也可以委托副委员长主持会议。会议的主要任务是：决定全国人大常委会会议议程；听取关于议案的说明和补充说明；听取国务院及其各部委、最高人民法院、最高人民检察院的工作报告等。

分组会议。这是人大常委会组成人员审议议案的主要会议形式。在人大常委会组成人员听取了议案说明以后，一般分四组进行审议，有关部门要派人到会，听取意见，回答询问。

联组会议。事实上是一种全体会议，由常委会组成人员和列席人员一起审议和讨论议案涉及的主要问题。

委员长会议。它既是一种会议形式，又是一种具有决策性质的国家机构。它由委员长、副委员长和秘书长组成，副秘书长列席委员长会议；经委员长或者负责常务的副委员长决定，有关部门的负责人列席委员长会议。

专门委员会会议。全国人大常委会会议期间的专门委员会会议的主要职责是：常委会组成人员 10 人以上联名提出议案后，经委员长会议决定，可以先交有关的专门委员会审议，提出报告，然后再由委员长会议决定是否提请常委会会议审议；听取议案说明后，由分组会议审议，并由有关的专门委员会审议；听取了国务院及其各部委、最高人民法院和最高人民检察院的工作报告后，经委员长会议决定，可以交有关的专门委员会审议，提出意见；审议委员长会议交付的质询案；由委员长会议决定，有关的专门委员会召开会议听取受质询机关负责人的口头答复，并向常委会或者委员长会议提出报告。

四、全国人大各专门委员会

人大各专门委员会是为了协助人大及其常委会行使特定职权而设置的工作机关，各专门委员会受全国人大领导，在全国人大闭会期间，受人大常委会领导。各专门委员会的主要职责是对有关议案的研究、审议和拟订，此外还要对有关问题进行调查研究，提出建议。事实上，专门委员会主要是围绕人大及其专门委员会的议题，就职权范围内的专门问题、专项工作进行调查研究或审议，并经过严格的法定程序提出议案或报告、建议，还要直接处理人大及其常委会日常专门性的工作。因而，人大专门委员会的工作具有经常性、

---

① 参见陈寒枫：《人大及其常委会的会议制度和议事程序》，见刘政、程湘清等：《人民代表大会制度讲话》，290～292 页。

专门性的特点。①

目前，全国人大共有九个专门委员会，分别是：民族委员会、法律委员会、内务司法委员会、财政经济委员会、教育科学文化委员会、外事委员会、华侨委员会、环境与资源保护委员会、农业与农村委员会。

专门委员会由主任委员一人、副主任委员若干人和委员若干人组成。专门委员会的组成人选由全国人大主席团从代表中提名，大会通过。考虑到工作的专业化和经常性特点，专门委员会组成人员大多数是某一领域内的专家，或具有长期相应工作经验的人士。

人大专门委员会的专业性决定了人大的立法与监督职权主要由专门委员会行使。要健全人大制度，首先要完善专门委员会制度，因为人大及其常委会的工作，在很大程度上是由专门委员会完成的。

第五节　地方各级人民代表大会

一、地方各级人民代表大会的地位、组成和任期

地方各级人民代表大会是指省、自治区、直辖市、县、市、市辖区、乡、民族乡、镇的人民代表大会。地方各级人民代表大会由各该行政区内人民直接或间接选举产生，是各该行政区内行使国家权力的机关。它们保证本行政区内宪法、法律和行政法规的执行，并依法决定本行政区内的重大事项。地方人民政府、人民法院和人民检察院都由它产生，对它负责并受它监督。

地方各级人民代表大会由地方人民代表组成。目前，我国地方各级人民代表大会代表的选举分为直接选举和间接选举两种。省、自治区、直辖市、设区的市、自治州的人民代表大会代表由下一级的人大选举，不设区的市、市辖区、县、自治县、乡、民族乡、镇的代表则由选民直接选举。县级以上各级人民代表大会代表每届任期五年，乡、民族乡、镇的人大代表每届任期三年。

地方各级人民代表大会每年至少举行一次会议。县级以上地方各级人民代表大会的会议由本级人大常委会召集，由预备会议选举本次会议的主席团和秘书长，通过本次会议的议程和其他预备事项的决定，主席团负责主持会议。乡级人民代表大会会议主席团由代表大会会议选举产生，负责主持会议和召集下一次人民代表大会会议。

根据宪法和法律的规定，县级以上地方各级人民代表大会设立常务委员会，作为本级人民代表大会的常设机关。地方各级人民代表大会常务委员会是同级国家机关的组成部分，对本级人民代表大会负责并向其报告工作。常务委员会每届任期与本级人民代表大会每届任期相同，并行使职权到下届本级人民代表大会选出新的常务委员会为止。各级人民代表大会常务委员会由本级人民代表大会选举主任、副主任若干人和委员若干人组成，省、自治区、直辖市、自治州、设区的市的人民代表大会常务委员会还设有秘书长。常务委员会组成人员不得担任国家行政机关、审判机关和检察机关的职务。常务委员会会议由

① 参见立伯钧：《人大及其常委会组织制度建设的几个问题》，见刘政、程湘清等：《人民代表大会制度讲话》，330页。

主任召集，至少每两个月举行一次。

省、自治区、直辖市、自治州、设区的市的人民代表大会可以根据需要设立政法、财经、教科文卫等专门委员会。各专门委员会的主任委员、副主任委员和委员人选由人民代表大会的会议主席团在代表中提名并由大会通过。各专门委员会受本级人民代表大会领导，在大会闭会期间受本级人大常委会领导，其任务是研究、审议和拟订有关议案，对属于本级人民代表大会及其常委会职权范围内、同本委员会性质有关的问题进行调查研究，提出建议和议案等。

二、地方各级人民代表大会的职权

作为国家权力机关，地方人大的职权说到底和全国人大一样，主要是立法权和监督权。这里先一般性地介绍地方人大的职权，再分别重点讨论地方人大的立法权和监督权。

地方组织法对县级以上地方各级人民代表大会的职权作了列举性的规定，共有15项，可以概括为：

（1）保证国家统一意志和上级国家权力机关决议的贯彻，即在本行政区内保证宪法、法律、行政法规和上级人民代表大会及其常务委员会决议的遵守和执行，保护各种权利，保证国家计划和国家预算的执行。

（2）选举和罢免本级国家机关组成人员或领导人员；选举上一级人民代表。

（3）决定重大的地方性国家事务，即县级以上地方各级人民代表大会审查和批准本行政区域内的国民经济和社会发展计划、财政预算及其执行情况的报告，讨论、决定本行政区域内的政治、经济、教育、科学、文化、卫生等重大事项。乡级人民代表大会根据国家计划决定本行政区域内的经济、文化事业和公共事业的建设计划等。

（4）监督其他地方国家机关的工作，对本级人民代表大会常务委员会、人民政府、人民法院和人民检察院的工作进行监督。

（5）保护各种权利，即保护各种合法财产，维护社会秩序，保护公民的人身权利、民主权利和其他权利；保护农村集体经济组织应有的自主权；保障少数民族的权利；保障宪法和法律赋予妇女的男女平等、同工同酬和婚姻自由等各项权利，保护各种经济组织的合法权益。

县级以上地方各级人民代表大会常务委员会的职权包括：（1）省、自治区、直辖市和省、自治区的人民政府所在地的市及经国务院批准的较大的市的人大常委会有权制定地方性法规。（2）在本行政区域内保证宪法、法律、行政法规和上级人民代表大会及其常务委员会决议的遵守和执行，领导或主持本级人民代表大会代表的选举，召集本级人民代表大会会议，讨论、决定本行政区域内的重大事项，根据本级人民政府的建议决定对本行政区域内国民经济和社会发展计划及预算的变更等。（3）对本级人民政府、人民法院、人民检察院及下一级人民代表大会及其常务委员会行使监督权。（4）依法决定对行政机关的正副首长、各级人民法院院长和人民检察院检察长之外的本级国家机关工作人员的任免。（5）在本级人民代表大会闭会期间补选上一级人民代表大会出缺的代表和撤换个别代表。（6）决定授予地方的荣誉称号。

三、地方人民代表大会的立法权与监督权

1. 立法权

按照 1954 年宪法，地方人大没有任何立法权。为了适应经济改革中产生的多样性的需要，地方人大及其常委会的立法权不断扩大。根据宪法和地方组织法，地方人大及其常委会的立法权有三个层次：第一，省、直辖市的人大及其常委会，在不与宪法、法律和行政法规相抵触的情况下，有权制定地方性法规，报全国人大常委会和国务院备案。第二，民族自治地方的人大，有权依据当地民族的政治、经济和文化特点，制定自治条例和单行条例，报全国人大常委会批准后生效。自治州、自治县的自治条例和单行条例，报省、自治区的人大常委会批准后生效，并报全国人大常委会备案。第三，省、自治区政府所在地的市和国务院批准的较大的市的人大及其常委会可以制定地方性法规，报省、自治区人大常委会批准后施行，并报全国人大常委会和国务院备案。

具体地说，地方人大及其常委会的立法权表现在以下几个方面：第一，为保障宪法和法律在本地区的实施，制定一些实施细则、办法等，如各省、自治区、直辖市根据选举法制定的选举实施细则；第二，根据本地情况，制定一些与当地人民切身利益有密切关系的法规，如交通管理、房屋拆迁、环境保护等方面的规章；第三，民族自治地区的自治条例和单行条例。①

地方人大及其常委会的立法主要是针对本辖区的事务，然而有的事务虽然属于地方范围，但是涉及其他地区甚至国外的关系，依靠地方立法就难以解决。例如，长江的南通港和张家港虽然属江苏省管辖，但是涉及外国船舶，因此必须由中央立法才能解决问题。

改革开放 30 多年的实践表明，由于地方政府事实上起到市场经济第一推动力的作用，地方立法也相应地取得了显著成就，在改革开放和现代化建设中发挥了重要作用。具体表现为：

第一，地方立法保障和促进了本地区改革的深化、经济的发展和社会的稳定。例如，制定的农村经济合作承包合同管理条例、农村集体经济审计条例等法规，巩固了农村改革的成果，促进了农村的经济发展。

第二，地方立法有力地推动了社会主义民主政治的发展。例如，村民自治就是各地地方立法和保护的结果。

第三，地方立法为国家法律的制定和完善创造了条件，积累了经验，促进了社会主义市场经济法律体系框架的形成。例如，国家关于保护农村基层民主的立法就是在总结地方相关法律基础上形成的。

在取得巨大成就的同时，也应该看到，由于我国授权立法范围的模糊性和综合性，有的地方立法存在与国家法律相抵触的情形。

2. 监督权

在履行监督权上，地方人大及其常委会创造了形式多样的监督，有的地方的监督力度超出了人们的想象。主要形式有：

---

① 参见王文友：《我国的立法制度和立法工作》，见刘政、程湘清等：《人民代表大会制度讲话》，93 页。

（1）执法检查。从20世纪80年代中期开始，很多地方人大常委会相继提出要针对法律实施情况进行执法检查。到90年代，执法检查已经成为一种制度。1993年，全国人大常委会在总结地方人大工作经验的基础上，制定了《关于加强对法律实施情况检查监督的若干规定》，规定了执法检查的组织、活动原则和程序。目前，各地执法检查的力度不一。

（2）"两评"，即代表评议（又称工作评议）和述职评议。"两评"是指人大代表对"一府两院"的工作进行评议，要求人大任命的干部述职并对干部本人评议。据统计，在省级人大开展的述职评议已经从1988年的几个省发展到目前的20多个省、自治区、直辖市。在县级，全国有31个省、自治区、直辖市均有部分县级人大开展述职评议。

"两评"工作的意义在于：第一，将监督人与监督事结合起来，有力地推动了人大监督的积极性；第二，"两评"中采取的信任投票的方式，不仅加大了监督的力度，还使监督更具操作性；第三，推动了被评议者的工作；第四，使社会上更多的人因此关心人大的监督活动，推动了民主法制建设。

（3）个案监督。主要是指对重大司法案件的监督。最高人民法院和最高人民检察院相继通过了本系统机关接受人民代表大会及其常务委员会监督的若干规定。目前司法界和学术界对这一监督形式存在争议。

（4）监督法律文书的运用。监督法律文书就是将人大在实施法律监督中形成的意见变成具有法律效力的法律文书，使被监督者在接受人大监督时有所遵循，也使人大在后续的监督中有明确的法律依据。

（5）执法责任制和错案追究制。执法责任制是人大对行政部门的执法责任监督，把执法责任制与干部任免结合起来。目前很多地方的人大出台了相关的规定。错案追究制最初在法院内部实行，很多地方人大很快将这种方式演变为人大对政府监督的一种方式。①

上述监督方式是地方各级人大的探索和实践，正在改变长期以来人大监督被动、呆板、走形式的状况，活跃了人大的监督工作，推动国家权力机关有效地实行各项职权。但是，应该承认，这些监督方式的制度化和规范化程度较低，各地具有较大的随意性和不统一性，这样下去势必会弱化人大的监督职能的发挥。

虽然人大的监督职能有了新的发展，但是从总体上说，我国人大的监督权尚不到位，人大在行使法定职权的过程中，有一些职权没有得到充分行使或无法行使，有一些职权的行使有走过场、形式化的倾向。从本质上说，人大职权的宪法规定实际上是一种依宪执政设计，如果人大的职权不能到位，就是宪法实施中的问题，依法治国就只能是一种愿望。而要真正落实人大的监督权，就需要进一步改革和完善人民代表大会制度。

四、特别行政区立法会

按照特别行政区基本法的规定，特别行政区立法会是特别行政区的立法机关。香港特别行政区立法会由在外国无居留权的香港特别行政区永久性居民中的中国公民组成。但非中国籍的香港特别行政区永久性居民和外国有居留权的香港特别行政区永久性居民也可以

① 参见董珍祥：《人大监督方式新探索的述评与思考》，见蔡定剑主编：《人民代表大会二十年发展与改革》，278～291页。

当选为香港特别行政区立法会议员，但其所占比例不得超过立法会全体议员的20%。澳门特别行政区立法会议员由澳门特别行政区永久性居民担任。香港特别行政区立法会议员由选举产生，除第一届任期为两年外，每届任期四年。澳门特别行政区立法会多数议员由选举产生，立法会议员就任时应依法申报经济状况，任期除第一届另有规定（一年零十个月）外，每届任期四年。按照基本法的规定，特别行政区立法会议员享有提案权、质询权、辩论表决权和豁免权。

香港特别行政区立法会设立主席一名，澳门特别行政区立法会设立主席和副主席各一名。立法会主席和副主席由立法会议员互选产生。立法会的主席是立法会的主持人。香港特别行政区基本法规定，立法会主席由年满40周岁、在香港通常居住连续20年并在外国无居留权的香港特别行政区永久性居民中的中国公民担任。澳门特别行政区基本法规定，立法会主席和副主席由在澳门通常居住连续15年的澳门特别行政区永久性居民中的中国公民担任。立法会主席是立法会的主持人，其职权主要是：主持会议；决定议程；决定开会日期；在休会期间可召开特别会议；召开紧急会议或应行政长官的要求召开紧急会议；立法会议事规则规定的其他职权。立法会活动的主要形式是举行会议。

概括《香港特别行政区基本法》第73条和《澳门特别行政区基本法》第71条的规定，特别行政区立法会具有比较广泛的职权。主要有以下几个方面：

（1）立法权。立法会根据特别行政区基本法规定并依照法定程序制定、修改、暂停实施和废除法律。

（2）审核批准权。立法会审核、通过政府提出的财政预算案，审议政府提出的预算执行情况报告，批准税收和公共开支，根据提案决定税收，批准由政府承担的债务。

（3）监督权。立法会听取行政长官的施政报告并进行辩论，对政府的工作提出质询，就公共利益问题进行辩论。按照基本法的规定，立法会对政府的监督主要体现在对政府施政方针的监督和对政府工作的监督两个方面。

（4）弹劾权。如果发现行政长官有严重违法或渎职行为而不辞职，立法会可委托首席法官或终审法院院长负责组成独立的调查委员会进行调查。调查委员会认为有足够证据构成指控时，立法会以全体议员2/3多数通过，可提出弹劾案，报请中央人民政府决定。

（5）基本法规定的其他职权。

第六节　人民代表大会制度的改革和完善

一、完善党与人大的关系

从根本的政治制度安排上说，宪法规定了中国共产党的领导权，就意味着党领导包括人大在内的所有其他政治主体。从历史上看，人大与党的关系不同于西方国家的议会与党的关系。在西方，政党产生于议会的活动中，在议会中政见分野而产生政治派别。而在中国和其他东方式的革命中①，是先有政党组织，政党经过长期的革命斗争以后建立了新的

① 美国政治学家亨廷顿把先摧毁旧秩序再夺取政权的革命称为东方式的革命，把先夺取政权再摧毁旧秩序的革命称为西方式的革命。（参见［美］塞缪尔·亨廷顿：《变迁社会中的政治秩序》）

制度，其中包括人民代表大会制度。这样，党与人大的关系就成为领导与被领导的关系。领导的方式包括人大日常运作过程中的党组制度，人大代表选举过程中党委组织部的领导，人民代表大会期间以党为核心的主席团制度等。这些制度强有力地保证了党对人大的绝对领导。

另一方面，作为国家根本大法的宪法又规定了人大制度是我国根本的政治制度，各级人民代表大会是我国各级最高权力机关。既然是最高的权力机关，就意味着所有其他政治主体的权力都不应该高于人大。这样，就存在一个到底如何处理党与人大关系的问题。

从我国政治发展的进程看，党与人大的关系是一个不断完善的过程。自“大跃进”开始的法律虚无主义以后，党事实上成为唯一的政治主体。在党政机构重叠下，政府机构形同虚设，更不要说人大立法与监督了。1982 年是党与人大关系的一个转折点，1982 年党的十二大和 1982 年宪法第一次明确提出党应该在宪法和法律规定的范围内活动。但是党如何在宪法和法律规定的范围内活动呢？这就提出了党如何领导的问题。经过几年政治改革的探索，党的十三大提出了党的领导是政治领导，即政治原则、政治方向、重大决策的领导和向国家政权机关推荐重要干部。在 20 世纪 90 年代，党的十五大和十六大分别提出“依法治国”和“政治文明”，都表明共产党一直在探索如何执政。现行党章规定，党的领导主要是政治、思想和组织领导。

在政治原则、理论和程序上，大家都承认：第一，党委的决定必须经过人大的法定程序，得到人大同意，变成国家意志，制定为法律后，才能成为国家权力，才能对政府和全社会有约束力。第二，为了党政分开，加强党在人大中的作用和加强人大对政府行为的约束与监督，党应该通过进入人大和领导人大而制约政府的行为。为此，越来越多的省委书记和市委书记兼任本级人大常委会主任，以便使党对政府的领导和控制通过人大的程序来实现。上述两点是 20 世纪 80 年代以来党政关系或党与人大关系的重要进步或变化。

但是，在现实政治中，腐败的源头有两个：一是政府在经济审批活动中的寻租行为和权钱交易的腐败；二是用人中的腐败。干部是由各级党委来任命和管理的，这一安排存在于政府体制之外。因此，现实的问题是不但要制约政府的行为，还要制约用人中的腐败。为了从根本上解决问题，减少腐败，就要真正地落实宪法的规定，使各级人大的重大事项决定权、监督权落实到位。如此，各级国家机关主要人员才能真正由人大产生，党只能向人大推荐重要干部，而不能直接委任国家机关人员。在这种条件下，党通过加强对人大的领导，既能减少用人问题上的腐败，又能制约政府在经济过程中的权力。这样，就需要完善党的领导方式，应该是党章规定的政治的领导而不是直接的事务性管理。而要实现党的政治领导，需要做到：

第一，在观念上，党应该把人大看成是最高的国家权力机关，全党上下应该从遵守宪法的高度和依法治国的高度正确对待人大的职权和人大的行为。在这方面我们已经看到了希望，从党的领导人空前地重视宪法和学习宪法的政治活动，可以看到党对待宪法的态度。从某种意义上说，态度决定行为。

第二，在组织结构上，人大应该是党的最为重要的活动场所，改变党直接指挥政府的党政不分的权力结构。为此，党委书记不但可以兼任人大主任，党的其他重要干部也可以到人大的相关专门委员会任职。当然，在人大常委会和各专门委员会中，党员代表的比重应该适当，而不应该过大。

第三，在决策方式上，党应该采用议案的形式使自己的意志和建议在人大通过，使党的决策变为国家意志和法律。

第四，在组织制度上，坚持民主集中制和委员会制。人大的任何决议、决定都要经过半数以上的代表或委员同意才能施行，不允许任何特权，不允许有任何超越制度的代表或委员。这样，党虽然不直接管理国家事务，但是通过人大仍然能够实施对国家的领导；人大的权力因此才能具有最高性，各项职权因此才能到位。①

二、健全人民代表大会制度

如前所述，人民代表大会制度由一系列制度构成，如选举制度、代表制度、组成人员制度和委员会制度等。要真正发挥人民代表大会的监督功能，前提是要理顺党与人大的关系，其次就是要在制度上健全人大。

（1）选举制度。我国的选举法规定，实行差额选举的比例是25%～50%；推荐代表候选人的单位有政党、团体和10人以上的代表联名。在实践中，选举法的这一规定在很多地方得不到落实，事实上只有政党提名，而没有团体和代表提名，提名的代表候选人比例远远不到25%，甚至不足10%的差额。要知道，中共中央委员会的差额比例还有5.8%。

（2）代表素质。差额选举制度中存在的问题，必然在代表的素质上有所反映。代表如果不认字、不懂政治或对政治没有兴趣，就不是合格的代表。代表民意和表达利益要求是最为重要的政治范畴。因此，人民代表至少应该是懂政治并对政治有强烈兴趣的政治活动家。代表身份不仅仅是一种政治荣誉，更重要的是一种政治责任。

（3）人大常委会的会议制度和组成人员。作为人大的常设机关和主要的立法与监督机关，一年开六次会议实在太少，人大常委会及其专门委员会应该由职业代表组成。与此相适应，常委会及其专门委员会的组成人员应该是年富力强的政治家，专司立法与监督。

（4）专门委员会。在任何国家，议会大会的象征意义大于实质意义，议会是否健全取决于议会专门委员会的多少和功能。应该如何设置和完善专门委员会制度呢？世界上大多数国家的议会专门委员会都是按照与政府部门对口的原则设置的。也就是说，除了议会运转本身所需要的专门委员会之外，如议事规则委员会，基本上有多少政府部门就有多少专门委员会，这一原则在西欧国家尤其明显。这样，政府部门提出的议案、人事任免和政府部门的执法行为都有专门对应的委员会去监督，最大限度地控制了行政权力的扩张。目前全国人大常委会只有9个专门委员会，而政府部门和国务院直属机构将近50个，形成了监督机构与执行机构的严重不对称。为了控制行政权力，我国人大专门委员会的建设应该提到议事日程上来，增设更多的专门委员会，使所有的行政部门都有相应的监督和制约机构。

---

① 参见江路通：《人大职权不到位是依法治国必须解决的一个难题》，见蔡定剑主编：《人民代表大会二十年发展与改革》，408～409页。

无论是党与人大的关系，还是人大制度本身的问题，都是宪法规定的制度所存在的问题。因此，不存在不能完善的问题，其中人大制度中的一些机制缺失其实就是技术性问题，是很容易解决的。可以肯定，在理顺了党与人大的关系和健全人大运转所需要的基本制度与结构以后，人大的立法权、决定权和监督权将能得到更好的实现。

中央政府

重点问题

- 我国政府的领导体制是什么？
- 如何认识国务院的地位和性质？
- 国务院的领导体制是什么？
- 比较我国行政体制建制与其他国家的异同。
- 如何认识我国立法体制中的行政立法？

本书前面已经对“党政关系”中的“政”作了广义上的解释。在理论和实践中，“政府”也有广义和狭义之分。在中国，广义上的政府是指行政化了的党的领导机构以及中央和地方的全部立法、行政、司法和官僚机关，主要包括：(1) 国家权力机关，或称立法机关；(2) 中央政府；(3) 司法机关；(4) 武装力量，主要指军队。除了上述机关外，行政机构对国家意志的实施也发挥着重要作用。狭义上的政府机构仅指中央政府、地方政府及中央和地方的各级行政机关。由于在前面已经从广义上考察了政府的含义，而广义政府的立法机关和司法机关有专章论述，因此本章是考察狭义上的“政府”，与每年一度的国务院总理向全国人民代表大会作的《政府工作报告》中的“政府”一致。

政府是制定和执行政策的机构。政府机构为政治行为的展开提出了稳定性的权威框架。政府是国家的组织要素或政治机器，是体现、达到国家目的和行使、表现、执行、解释国家意志的机关。在人民当家作主的国家，如果把国家比作公司，人民便是股东，政府是公司的最高决策机构董事会。国家的作为，实际上就是政府的作为。因此，国家的本质决定着政府行为的性质和政府机构的设置。

按照宪法，狭义上的政府包括国务院及其行政机构、地方各级人民政府和特别行政区政府。本章主要考察中国政府设置的原则、中央政府国务院及其行政机构、地方各级政府及上述政治主体在市场经济中的角色。

第一节　政府领导体制

根据宪法和实践，贯穿于中国各级政府的领导体制包括首长负责制和首长负责制下的分管领导制度与领导小组制度。

一、首长负责制

首长负责制经过了一个发展变化的过程。1982年以前，各级政府实行的是集体负责制。1949年的《中国人民协商会议共同纲领》规定，人民政府委员会向人民代表大会负责并报告工作。在人民代表大会和人民政府委员会内，实行少数服从多数的制度。当时的领导体制是委员会下的集体负责制。体现苏联模式的1954年宪法，规定各级政府实行集体负责制与首长负责制的结合。一方面规定国务院组成人员、国务院全体会议、国务院常务会议、国务院发布的决议和命令，必须经国务院全体会议或者国务院常务会议的通过。另一方面又规定了首长负责制，如总理领导国务院工作，副总理协助总理工作等。1975年宪法没有对政府的领导体制作出规定，在实践中国务院的工作直接受到党中央的领导和干预。1978年宪法恢复了1954年宪法的相关规定，但实际上仍然是集体负责制。①

政府管理工作中的集体负责制不符合行政管理的一般规律，必然会产生人浮于事的官僚主义，制度上规定的集体负责制，在实践中必然表现为无人负责。正如邓小平所说："我们的党政机构以及各种企业、事业领导机构中，长期缺少严格的从上而下的行政法规和个人负责制，缺少对于每个机关乃至每个人的职责权限的严格明确的规定，以致事无大小，往往无章可循，绝大多数人往往不能独立负责地处理他所应当处理的问题，只好成天忙于请示报告，批转文件。"② 在这种情况下，政府的办事效率可想而知。

1982年宪法规定了行政管理机关的首长负责制。第八十六条规定："国务院实行总理负责制。各部、各委员会实行部长、主任负责制。"《宪法》第一百零五条规定："地方各级人民政府实行省长、市长、县长、区长、乡长、镇长负责制。"这样，首长负责制作为各级政府的领导体制正式建立起来。首长负责制的具体内容将在以后章节中有关行政机构的部分分别阐述。

必须指出，我国的行政首长负责制是建立在民主集中制基础上的。《宪法》第三条规定："中华人民共和国的国家机构实行民主集中制的原则。"这就意味着，首长负责制的第一个前提是民主制，是民主之下的个人负责制，例如，下面将要涉及的决策会议制度事实上是民主制的一种形式。第二个前提是集中制，就是说首长负责制的前提是共产党在政治上、组织上和思想上的领导，如前所述，行政首长是党委会中的一员。

但是，在现实中，为什么出现了一系列的主管行政工作的干部腐败案？看来，民主集中制还需要完善，对行政首长的制度约束还需要建设。

---

① 参见许崇德主编：《宪法》，234页。

② 《邓小平文选》，2版，第2卷，328页。

二、分管领导制度和领导小组制度

要求行政首长知悉每一个工作领域是不可能的，因此，在各级政府中，都设置了若干名副职以协助行政首长的工作，在实践中成为分管领导制度，与党的归口管理制度相对应。在实践中有政法、文教、工业、财贸、交通、农林水等领域，由政府副职分管。政府中的分管领导与党的归口领导的领域或口有重叠者，政府中的分管领导还要对管理该口的党的主管负责。

这样，我们可以知道，虽然是行政首长负责制，但并不是所有的事情都要由行政首长事必躬亲，也不是所有的问题都要由行政首长一个人负责，在分管领导的领域内出现问题，分管领导要负责，在实践中这是一种目标责任制；但是，若分管领导的领域出来大问题，最后还是需要行政首长负责，毕竟，分管领导是对行政首长负责的。

与党的领导小组制度相似，政府也有领导小组。政府内的领导小组是与分管领导制度联系在一起的。领导小组的领导人事实上是某一个领域的分管领导，主要是协调相关领域和不同行政部门的工作。因此，领导小组一般由总理、副总理或国务委员牵头，由各有关部门、单位和地方行政首长共同组成，处理专项重大问题，例如，全国救灾工作领导小组、国家科技领导小组、人口普查工作领导小组、贫困地区开发小组、三峡工程移民试点工作领导小组等。领导小组下设专门的办公室以协调工作，有关部门和地区都设置相应的办公室。

领导小组制度是中国政府领导体制的一大特色，其优势是能够集中力量办大事。其问题是，为完成领导小组的工作而设置的办公室对机构编制构成了挑战，领导小组的专项任务完成以后，其下设的诸多办公室往往不能立即撤销。另外，如果能对领导小组的法律地位和权力范围做出明确规定，对于政府工作的法治化建设将有重要意义。①

第二节　国务院

国务院就是中央人民政府，是中国对外政策的代表者。本节简单介绍有关国务院的制度规定，考察国务院的行政机构设置，并通过引进行政立法的概念，简单分析中国政府的“条”的特征和机构改革的必然性。

一、关于国务院的制度规定

1. 国务院的地位和性质

国务院就是中央人民政府。根据1949年《中华人民共和国中央人民政府组织法》，政务院是国家政务的最高执行机关，对当时的行使最高权力职权的中央人民政府委员会负责并报告工作。1954年宪法将政务院改称国务院，并规定：国务院即中央人民政府，是国家最高权力机关的执行机关，是最高国家行政机关。国务院对全国人民代表大会负责并报告工作；在全国人民代表大会闭会期间，对全国人民代表大会常务委员会负责并报告工

① 参见谢庆奎等：《中国政府体制分析》，222页。

作。以后的几部宪法都按 1954 年宪法规定了国务院的性质和国务院在国家机构体系中的地位。

（1）国务院即中央人民政府，是相对于地方各级政府而言的。中国是一个统一的多民族国家，国家结构实行单一制。在单一制下，国家整体与部分的关系是中央与地方的关系，地方的权力来自中央人民政府的授权，因此不同于联邦制下地方的权力来自本省或州的宪法。这样，在单一制下的中国，中央人民政府只有一个，中央人民政府即国务院，对外以国家的名义进行活动，对内则领导地方各级人民政府。

（2）国务院作为国家最高行政机关，其性质是对国家行政事务进行管理的机关，既不同于国家最高权力机关，也不同于国家审判机关和国家检察机关。作为最高行政机关的国务院，有权统一领导全国地方各级国家行政机关的工作，有权改变地方各级国家行政机关不适当的决定和命令等；地方各级国家行政机关在对本级地方国家权力机关负责并报告工作的同时，还必须对上一级国家行政机关负责并报告工作，服从和接受国务院统一领导；地方各级国家行政机关还必须执行国务院制定的行政法规、规定的行政措施以及发布的决定和命令等。这些表明了国务院在国家行政机关体系中的最高地位和中央集权的特征。

（3）国务院是最高国家权力机关即全国人民代表大会及其常务委员会的执行机关。全国人民代表大会及其常务委员会制定的法律和通过的决议，由国务院执行；国民经济和社会发展计划、国家预算经全国人民代表大会审查和批准后，在全国人民代表大会闭会期间，国民经济和社会发展计划、国家预算在执行过程中所必须作的部分调整方案，经全国人民代表大会常务委员会审查和批准后，由国务院执行；国务院规定行政措施、制定行政法规以及发布决定和命令，必须以全国人民代表大会制定的宪法、基本法律和全国人民代表大会常务委员会制定的法律为依据。作为国家最高权力机关的执行机关，国务院不能违背最高国家权力机关制定的法律、通过的决议去处理国家行政事务，也不能行使宪法和法律未作规定或授予的职权。

（4）国务院作为国家最高权力机关的最高执行机关，需要对全国人民代表大会及其常务委员会负责并报告工作，表明国务院对全国人民代表大会及其常务委员会的从属关系。这种关系具体反映在宪法的有关规定中：1）国务院全体组成人员的人选由全国人民代表大会决定，在全国人民代表大会闭会期间，全国人民代表大会常务委员会有权决定部长、委员会主任、审计长、秘书长的人选；2）全国人民代表大会有权罢免国务院组成人员；3）全国人民代表大会常务委员会有权监督国务院的工作，有权撤销国务院制定的同宪法、法律相抵触的行政法规、决定和命令；4）全国人民代表大会代表及其常务委员会，在开会期间有权提出对国务院的质询案。

但是，在实践中，如何加强全国人民代表大会及其常务委员会对行政机关的监督与制约，仍然是需要探索的问题。例如，国务院的有关部门不能严格执行全国人民代表大会批准的国家预算，有关行业主管部门制定的规章与法律相抵触等，都表现出强政府弱议会的特征。

2. 国务院的组成和任期

根据 1982 年宪法，国务院由总理、副总理、国务委员、各部部长、各委员会主任、审计长、秘书长组成。国务院总理的人选由国家主席提名，全国人民代表大会决定，国家主席任免。国务院其他组成人员由国务院总理提名，全国人民代表大会决定，国家主席任免；在全国人民代表大会闭会期间，根据国务院总理提名，全国人民代表大会常务委员会决定，国家主席可任免部长、委员会主任、审计长、秘书长。

国务委员的职位相当于副总理，受总理委托，分管某方面的工作，并且可以代表国务院进行外事活动。国务院秘书长在总理的领导下，负责处理国务院的日常工作。

国务院每届任期与全国人民代表大会相同，为五年，总理、副总理、国务委员连续任职不得超过两届。

3. 国务院的领导体制

根据1982年宪法，国务院实行总理负责制。总理负责制表现为：（1）人事提名权。国务院其他组成人员的人选，由总理提名，全国人民代表大会决定，国家主席任命。（2）全面领导权。总理领导国务院的工作，副总理和国务委员协助总理工作。（3）最后决定权。总理召集国务院全体会议和常务会议以讨论重大问题，但是总理有最后决策的权力，少数服从多数的规则在此不适用。（4）全面责任制。国务院发布的决定、命令和行政法规，向全国人民代表大会及其常务委员会提出的议案，任免人员，由总理单独签署。

国务院在实行总理负责制的同时，还实行两种形式的会议制度。国务院全体会议由国务院全体成员组成，一般两个月或一个季度召开一次。提交全体会议的一般是涉及众多部门乃至全局的重大事项，以便协调各部门的工作。

国务院常务会议由总理、副总理、国务委员和秘书长组成。国务院常务会议主要讨论重大事项、提请全国人大常委会的议案、国务院拟发布的行政法规草案。常务会议一般一个月召开一次。

此外，总理还不定期地召开总理办公会议，研究处理国务院日常工作中的重要问题。

国务院各部委实行部长、主任负责制，但是国家发展计划委员会除外。有“小国务院”之称的国家发展计划委员会，是执行国家经济产业政策的一个综合性经济部门，其成员除正副主任外，还包括国务院综合部门的主要负责人，因此有关重大问题均由委员会协商决定，实行集体领导。①

4. 国务院的职权

作为国家的最高行政机关，宪法赋予国务院广泛的权力。根据1982年《宪法》第八十九条，国务院可行使17项宪法列举规定的职权，以及全国人民代表大会及其常务委员会授予的其他职权。这些职权可以归纳为以下几个方面：

（1）行政立法权。根据宪法和法律，规定行政措施，制定行政法规，发布决定和命令。

（2）行政提案权。即向全国人民代表大会及其常务委员会提出议案。

（3）行政领导权。组织领导全国性行政工作，即规定各部委的职责和任务，并且领导不属于各部委的全国性行政工作；统一领导全国各级国家行政机关的工作，规定中央和省级国家行政机关职权的具体划分；编制和执行国民经济和社会发展计划和国家预算；批准

---

① 参见浦兴祖主编：《当代中国政治制度》，140页，上海，复旦大学出版社，1999。

县以上的建制和区域划分；决定省、自治区、直辖市范围内部分地区的戒严；审定行政机构的编制，任免、培训、考核和奖惩行政人员。

（4）行政管理权。领导和管理各行业、各部门的行政工作，即领导和管理经济、城乡建设、教育、科学、文化、卫生、体育、计划生育、民政、公安、司法行政、监察、外事、国防和民族事务等工作。

（5）行政监督权。国务院有权改变或撤销各部委发布的不适当的命令、指示和规章，改变或撤销地方各级国家行政机关的不适当的决定和命令。

（6）全国人民代表大会及其常务委员会授予的其他职权。

此外，各部委根据法律和国务院的行政法规、决定、命令，可在本部门的权限内，发布命令、指示和规章。

二、国务院的行政机构

在政治学和行政管理学中，政府的部门与机构被称为"行政机构"或"科层制结构"。现代社会是受大型组织支配的，而行政机构则是现代社会中最庞大的组织。

政治学家罗伯特·普特南说："对于由谁统治我们的复杂的现代社会这一问题，真的还有很多疑问吗？政府采用的绝大多数政策动议，是由主要日常文官组成的公共行政机构负责提出的。不仅是决定个别问题的权限，而且起草大多数立法议案内容的权限都已从议会转移到了行政部门。由于行政官员们事实上既垄断了设计实际政策方案所需的技术专长，也垄断了有关现行政策缺点的大部分情报，因而他们获得了拟订决策议事日程的主要的影响力。在所有国家中，职业文官的人数，以及他们的任职时间都大大超过经选举产生的行政官员。事实上，现代政治体系本质上是'官僚化的'——以'文官统治'为其特征的。"①

那么，行政机构的职能是什么？官员们究竟做些什么？行政机构最关键的一项政治功能是在各种具体情况下实施法律、法规、规章和政策。例如，在卫生部，官员们可能是在确定某一公司生产的药品是否符合政府规定的药物标准，某一药品广告是否违反了广告法。

可见，部委官员的首要功能是执行中央政府的决策或政策倾向。同时，官员们也大大地影响着决策过程。一方面，中央政府在制定某个方面的政策时，少不了专业化官员的信息和参与；另一方面，中央政府所制定的政策，大多是指导性的，只有当行政官员制定行政规章、详细阐述政府的政策时，指导性的政策、法律才能有效地实施。一项指导性的政策贯彻到什么程度，通常取决于官僚的解释，以及他们在实施该政策时的兴趣和效率。此外，行政机构的官员还被赋予一定的自由裁量权。

在政治过程中，官僚还是事实上的立法者。一方面，前面所说的行政官员制定的解释政策的规章，对一切相关的公民、企事业单位甚至地方政府的活动都具有法律作用。当然，这种立法是在法律确立的原则范围内作决定。另一方面，西方国家存在大量的"委任立法"。在中国，则存在大量的授权立法，官僚部门制定的法律体现了该机构工作经验的

---

① 转引自［美］阿尔蒙德、鲍威尔：《比较政治学：体系、过程和政策》，324～325页。

总结。从这个意义上说，官僚又是改革者。

但是，官僚制的特征决定了行政机构总是趋向于维护现状。由于部门利益问题，在执法和立法的过程中，官僚部门总是竭力保护本部门和本部门管辖的行业和事务，结果造成行政过程中制度成本过大，权力大于法律，并形成法律冲突现象，制约了国家权力的正常运转。

总之，现代复杂的相互依赖的社会离开了行政机构就无法维持，因为没有行政机构提供组织、分工和专业化，人们就不可能提出任何执行大规模社会任务的规划。然而，经过中央政府和议事机构批准的公共政策在执行过程中有可能被行政机构误解、歪曲。因此，建立和保持一个灵活的、高度负责任的行政机构是所有现代国家共同面临的一个棘手问题，“官僚主义”是现代社会的通病。必须减轻官僚制的病症，而方法之一就是使行政机构和官僚处于控制之下。

中国中央行政机构或国务院的行政部门自新中国成立以来经历了多次变革，仅改革开放以来至2003年，行政机构的改革就有5次，分别是1982年机构改革、1988年机构改革、1993年机构改革、1998年机构改革和2003年机构改革。应该说，改革开放以来的每次机构改革都是经济对政治推动的结果，1982年机构改革，是在“计划经济为主，市场调节为辅”的条件下进行的；1988年机构改革是在“公有制基础上有计划的商品经济”的条件下进行的；1993年机构改革是在确立社会主义市场经济体制原则的条件下进行的；1998年机构改革是在建立市场经济的制度创新中进行的①；2003年机构改革是在中国加入WTO的背景下进行的。此处暂时不评价机构改革，我们将在其他部分进一步探讨政府职能转变中的机构改革问题。

1998年机构改革以后，国务院共设置29个部、委、行、署，1个办公厅，15个直属机构和6个办事机构。在基本维持既有格局的基础上，2003年机构改革进一步加强了宏观经济调控部门和国有资产管理部门的建设。

1. 国务院办公厅

国务院办公厅是国务院根据《中华人民共和国国务院组织法》而设立的协助国务院领导处理国务院日常工作的行政机构，是整个国务院行政系统的枢纽，主要职能是协助总理与国务院各部门、各省级政府联系，为国务院领导提供信息、传达政令、办理文电和会议事务，承办不属于部委业务范围的交办事项，处理人民来信来访等。国务院办公厅由国务院秘书长领导，副秘书长若干。秘书长直接受总理领导。

2. 国务院部、委、行、署

部、委、行、署是依法分别履行国务院基本行政管理职能的行政机关，包括22个部、4个委员会、1个中国人民银行和1个审计总署。按职能和管理领域划分，对部、委、行、署可作如下分类：

（1）宏观调控部门。主要有国家发展和改革委员会、商业部、财政部和中国人民银行。宏观调控部门的职责是：保持经济总量平衡，抑制通货膨胀，优化产业结构，实现经济持续快速健康发展；健全宏观调控体系，以经济和法律手段而不是行政手段来进行宏观

---

① 参见汪玉凯主编：《中国行政体制改革20年》，92页，郑州，中州古籍出版社，1998。

调控。

（2）专业经济管理部门。包括铁道部、交通部、农业部、水利部、商业部、信息产业部和国防科学技术工业委员会。专业经济管理部门的主要职责是：制定行业规划和行业政策，进行行业管理；引导本行业产品结构调整，维护行业平等竞争秩序。

（3）教育科技文化、社会保障和资源管理部门。包括科学技术部、劳动和社会保障部、人事部、教育部和国土资源部。

（4）国家政务部门。包括外交部、国防部、文化部、卫生部、国家计划生育委员会、国家民族事务委员会、司法部、公安部、国家安全部、民政部、监察部和审计署。

3. 国务院直属机构与直属特设机构

国务院直属机构是主管国务院某项专门业务，具有独立的行政管理职能的行政机构。其中国有资产管理委员会是新设立的国务院直属特设机构。国务院直属机构按其业务范围和性质，在冠名上有所不同，有的冠以“中华人民共和国”，例如中华人民共和国海关总署；有的冠以“中国”，例如中国民用航空总局；有的冠以“国家”，例如国家税务总局；而业务范围最小的冠以“国务院”，例如国务院宗教事务局。

4. 国务院办事机构

国务院办事机构是协助总理办理专门事项，不具有独立的行政管理职能的行政管理机构，包括国务院外事办公室、国务院侨务办公室、国务院港澳事务办公室、国务院法制办公室、国务院经济体制改革办公室、国务院研究室和列入中共中央直属机构序列的国务院台湾事务办公室与国务院新闻事务办公室。

上述国务院办事机构是列入国务院正式编制的机构。在国务院，还有专门为分管领导工作服务的，协调国务院有关部、委、行、署工作的综合性办公室，是承接国务院和其下属部门之间的办公机构。一般每一个办公室都有一个副总理或国务委员牵头，对该办公室分管的各个部门进行统一领导。例如，根据 1954 年国务院组织法，国务院设有 8 个办公室，分口管理各有关部门。第一办公室负责管理政法部门的工作，第二办公室负责管理和协调文教部门的工作，第三办公室负责重工业部门的工作，第四办公室负责轻工业部门的工作，第五办公室负责财贸部门的工作，第六办公室负责交通部门的工作，第七办公室负责农林水部门的工作，第八办公室负责商业方面的工作。

随着机构的改革和变迁，上述中间性质的机构有所变动，但是这种分管领导体制保留了下来，现在国务院设有生产贸易办公室、金融办公室等，由主管副总理或国务委员牵头。例如，1993 年时任副总理朱镕基兼任国务院生产贸易办公室主任。

5. 国家部委管理的国家局

国家局是国家部委管理的、主管特定业务的、行使行政管理职能的行政机构，例如国家烟草专卖局、国家粮食储备局等。国家局的前身有的是国务院行业主管部门，例如国家机械局；有的是国务院直属机构，例如国家外国专家局。

国家局既接受有关部委的领导，又有相对的独立性，它们不是部委内部的职能局。国家局大多数设在国家经济贸易委员会，其他按性质分别设在其他有关部委。国家局不直接管理企业，而是负责制定行业规划和行业政策，进行行业管理。

6. 国务院议事协调机构

不同于前述的国务院为分管工作而设立的综合性办公室，国务院议事协调机构是承担跨国务院行政机构的重要业务工作的组织协调任务的行政机构，例如，国务院军队转业干部安置工作小组、国务院纠正行业不正之风办公室。

三、国务院的工作制度和运行机制

1. 国务院的全体会议、常务会议

2008 年 3 月 21 日国务院第一次全体会议通过的《国务院工作规则》规定，国务院实行国务院全体会议和国务院常务会议制度，必须经国务院全体会议或国务院常务会议讨论决定。国务院全体会议由总理、副总理、国务委员、各部部长、各委员会主任、人民银行行长、审计长、秘书长组成，由总理召集和主持。国务院全体会议的主要任务是：讨论决定国务院工作中的重大事项；部署国务院的重要工作。国务院全体会议一般每半年召开一次，根据需要可安排有关部门、单位负责人列席会议。提请国务院全体会议和国务院常务会议讨论的议题，由国务院分管领导同志协调或审核后提出，报总理确定；会议文件由总理批印。国务院全体会议和国务院常务会议的组织工作由国务院办公厅负责，文件和议题于会前送达与会人员。

国务院常务会议由总理、副总理、国务委员、秘书长组成，由总理召集和主持。国务院常务会议的主要任务是：讨论决定国务院工作中的重要事项；讨论法律草案、审议行政法规草案；通报和讨论其他重要事项。国务院常务会议一般每周召开一次。根据需要可安排有关部门、单位负责人列席会议。

总理召集和主持国务院全体会议和国务院常务会议，有权决定开会日期、议事内容和议事程序等事项。国务院全体会议和国务院常务会议的纪要，由总理签发。

2. 国务院的工作制度和议事规则

根据现行《国务院工作规则》，国务院工作总的准则是，实行科学民主决策，坚持依法行政，推进政务公开，健全监督制度，加强廉政建设。

第一，实行科学民主决策。国务院及各部门要健全重大事项决策的规则和程序，完善群众参与、专家咨询和政府决策相结合的决策机制；国民经济和社会发展计划及国家预算，宏观调控和改革开放的重大政策措施，国家和社会管理重要事务，法律议案和行政法规等，由国务院全体会议或国务院常务会议讨论和决定；国务院各部门提请国务院研究决定的重大事项，都必须经过深入调查研究，并经专家或研究、咨询机构等进行必要性、可行性和合法性论证，涉及相关部门的，应当充分协商，涉及地方的，应当事先听取意见，涉及重大公共利益和人民群众切身利益的，要向社会公开征求意见，必要时应举行听证会；国务院在做出重大决策前，根据需要通过多种形式，直接听取民主党派、社会团体、专家学者、基层群众等方面的意见和建议；国务院各部门必须坚决贯彻落实国务院的决定，及时跟踪和反馈执行情况。国务院办公厅要加强督促检查，确保政令畅通。

第二，坚持依法行政。国务院及各部门要严格按照法定权限和程序履行职责，行使行政权力。国务院根据经济社会发展的需要，适时向全国人大及其常务委员会提出法律案，制定行政法规，修改或废止不相适应的行政法规、行政措施或决定。拟订和制定与群众利益密切相关的法律草案和行政法规，原则上都要公布草案，向社会征求意见。行政法规实施后要进行评估，发现问题，及时完善。各部门制定规章和其他规范性文件，必须符合宪

法、法律和国务院的行政法规、决定、命令，并征求相关部门的意见；涉及两个及以上部门职权范围的事项，应由国务院制定行政法规、发布决定和命令，或由有关部门联合制定规章或其他规范性文件。其中，涉及群众切身利益、社会关注度高的事项及重要涉外、涉港澳台事项，应当事先请示国务院；部门联合制定的重要规章及规范性文件发布前须经国务院批准。部门规章应当依法及时报国务院备案，由国务院法制机构审查并定期向国务院报告。提请国务院讨论的法律草案和审议的行政法规草案由国务院法制机构审查或组织起草，行政法规的解释工作由国务院法制机构承办。严格行政执法责任制和执法过错追究制，有法必依、违法必究，公正执法、文明执法。

第三，推进政务公开。国务院及各部门要大力推进政务公开，健全政府信息发布制度，完善各类公开办事制度，提高政府工作透明度；国务院全体会议和常务会议讨论决定的事项、国务院及各部门制定的政策，除需要保密的外，应及时公布；凡涉及群众切身利益、需要群众广泛知晓的事项以及法律和国务院规定需要公开的其他事项，均应通过政府网站、政府公报、新闻发布会以及报刊、广播、电视等方式，依法、及时、准确地向社会公开。

第四，健全监督制度。国务院要自觉接受全国人大及其常务委员会的监督，认真负责地报告工作，接受询问和质询，依法备案行政法规；自觉接受全国政协的民主监督，虚心听取意见和建议。国务院各部门要依照有关法律的规定接受司法机关的监督，同时要自觉接受监察、审计等部门的监督。对监督中发现的问题，要认真查处和整改并向国务院报告。加强行政系统内部监督，健全政府层级监督制度。国务院各部门要严格执行行政复议法和规章备案制度，及时撤销或修改违反法律、行政法规的规章和其他规范性文件，纠正违法或不当的行政行为，并主动征询和认真听取地方政府及其部门的意见和建议。国务院及各部门要接受新闻舆论和群众的监督。对新闻媒体报道和各方面反映的重大问题，国务院有关部门要积极主动地查处和整改并向国务院报告。国务院及各部门要重视人民群众来信来访工作，进一步完善信访制度，确保信访渠道的畅通；国务院领导同志及各部门负责人要亲自阅批重要的群众来信。国务院及各部门要推行行政问责制度和绩效管理制度，明确问责范围，规范问责程序，严格责任追究，提高政府执行力和公信力。

第五，加强廉政建设。国务院及各部门要从严治政。对职权范围内的事项要按程序和时限积极负责地办理，对不符合规定的事项要坚持原则不得办理；对因推诿、拖延等官僚作风及失职、渎职造成影响和损失的，要追究责任；对越权办事、以权谋私等违规、违纪、违法行为，要严肃查处。国务院及各部门要严格执行财经纪律，规范公务接待，不得用公款相互送礼和宴请，不得接受地方的送礼和宴请。要艰苦奋斗、勤俭节约，切实降低行政成本，建设节约型机关。国务院组成人员要廉洁从政，严格执行中央有关廉洁自律的规定，不得利用职权和职务影响为本人或特定关系人谋取不正当利益；要严格要求亲属和身边的工作人员，不得利用特殊身份拉关系、牟私利。

四、行政立法

现代政治的一大特点是政府职能越来越广泛，行政立法行为因而日益常见。在转型时期的中国，行政立法在政治生活中的地位更是重要，这是由中国特定的历史时期和政治体制所决定的。因此，要理解中国政治，基本了解行政立法是必要的。

由于中国政治体制的条块特征，不仅国家最高行政机关国务院在行政管理中制定了大量的行政法规，国务院各部门也相应地制定了数以万计的行业性规章，因而行政性法律法规直接制约和影响着中国社会的方方面面。自 1979 年至今，国家出台了 300 多部法律、800 多部行政法规、3 万多个地方法规和规章。

不仅如此，由于条块分割的政治体制特征，很多行政规章又存在着部门利益上的冲突，这种部门利益上的冲突和以规章形式对部门利益的分割，实际上是对国家权威的侵蚀和分割。这样，现行的行政性法律法规不仅给中国共产党要求的依法治国和依法行政带来困难，也不适应 WTO 规则。为此，国务院 319 号令宣布废止 800 多部行政法规中的 151 部，并指导和监督各部门必须废除大量的与 WTO 规则不一致的规章。

那么，什么是行政法规和规章呢？根据宪法，国务院有权根据宪法和法律制定行政法规，国务院各部委有权根据法律和国务院的行政法规、决定和命令，在本部门的权限内制定规章。

1. 行政法规

根据 1982 年宪法，行政法规特指国务院为领导和管理国家各项行政事务，根据宪法和法律，按照法定程序制定和发布的规范性文件。其基本特征是：（1）立法主体只能是国务院；（2）效力仅次于宪法和法律，不得与宪法和法律相抵触，作为执行国家权力的手段，具有普遍的约束力。

根据《行政法规制定程序暂行条例》，行政法规的名称有“条例”、“规定”和“办法”之分。

“条例”是最高级别的行政法规，国务院的其他文件都不得与之冲突，目的是对某一方面的行政工作作出比较全面、系统的规定，例如《国务院行政机构设置和编制管理条例》。

“规定”是对某一方面的行政工作的某些问题作出规定的行政法规，例如《国务院关于进一步推进科技体制改革的若干规定》。为了区别国务院部委机关颁布的“规定”，在名称上冠以“国务院”。

“办法”是对某一项行政工作做出比较具体规定的行政法规，例如《中华人民共和国归侨侨眷权益保护法实施办法》。

凡涉外行政法规，均冠以“中华人民共和国”字样。

按制定目的和制定根据的区别，行政法规分为四类：

（1）授权性行政法规。在世界上，授权立法是一种常见的立法形式。授权立法是指在立法机关制定某项法律的条件还不成熟时，授权行政机关制定行政法规，在立法机关批准后实施。授权立法一般是就某一具体问题进行授权。与其他国家比较，中国的授权立法的范围要广得多，比如 1985 年 4 月全国人大通过的《关于授权国务院在经济体制改革和对外开放方面可以制定暂行的规定或者条例的决定》，可以算得上范围最广的授权，也就是说，国务院事实上有权制定所有的有关经济发展的行政法规。这种授权反映了当时的历史条件，由于改革开放是一项全新的事业，没有法律可循，为了提高效率，也只能让工作在第一线的国家行政机关制定行政法规。

（2）执行性行政法规。这是指国务院为了执行立法机关的某项法律、决定、决议而制定的行政法规。例如，国务院为执行《中华人民共和国中外合资经营企业法》而颁布了《中华人民共和国中外合资经营企业法实施条例》。

（3）补充性行政法规。这是为了补充法律或其他行政法规的未尽事项而制定的行政法规，例如《国务院关于劳动教养的补充规定》。

（4）自主性行政法规。这是针对那些尚未由法律或行政法规规定的行政事务而制定的行政法规，例如《中华人民共和国国库券条例》。自主性行政法规不得与宪法和法律的基本精神相冲突。

2. 行政规章

行政规章分为部门性行政规章和地方性行政规章，是国务院各部委以及各省、自治区、直辖市的人民政府和省、自治区的人民政府所在地的市以及国务院批准的较大的市的人民政府根据宪法、法律和行政法规而制定和发布的规范性文件。部门性行政规章只在自己主管的专门领域内有效，不得与宪法、法律和行政法规冲突，否则国务院有权改变和撤销。

国务院各部委的行政规章，可以冠以“实施细则”、“规定”、“办法”等名称，但不得为“条例”。实施细则一般是为执行法律和行政法规而制定的，例如原外经贸部颁发的《中华人民共和国中外合作经营企业法实施细则》。规定和办法，一般为主管部门依据国家法律和行政法规，结合本部门或本行业的实际情况而制定的具体规定和实施办法。

在实践中，由于条块分割的政治体制，有时部门行政规章之间以及部门行政规章与地方行政规章之间存在冲突。在这种情形下，一般提请国务院裁决。《中华人民共和国行政诉讼法》规定：人民法院认为地方人民政府制定、发布的规章与国务院部、委制定、发布的规章不一致的，由最高人民法院提请国务院作出解释。可见，部门性行政规章与地方性行政规章在法律效力上是平行的。

由于部门之间、地方与部门之间的利益不同，而部门规章和地方规章在法律地位上又是平行的，因此当行政规章之间出现冲突时，法院会无所适从。按照《中华人民共和国行政诉讼法》，可以提请国务院解释或裁决，但是提请国务院的程序是：受理案件的法院通过一定的程序上报最高人民法院，再由最高人民法院提请国务院解释。这种程序所造成的代价不是一般的当事人或作为微观市场主体的企业所能承受的。例如，根据中央电视台《焦点访谈》的报道，长沙市一家装修公司为一大楼安装中央空调，工程完成后大楼的业主不付钱，理由是该装修公司没有安装中央空调的资质。但是，该装修公司有经原轻工业部认证的资质，而根据建设部的规定，该装修公司不具备安装中央空调的资质。结果法院难以裁定，最后导致该装修公司破产。这个案例说明，机构改革就是推进市场化的过程，就是推进法治化的过程。因此，需要进一步的机构改革。

地方各级政府

重点问题

- 地方政府的类型有哪些？
- 地方政府的职能是什么？
- 地方政府的运行机制是什么？
- 如何认识县制的重要性？
- 我国基层政治中存在的主要问题及其原因是什么？

地方各级人民政府是我国的行政区划设置。行政区划是国家行政机关分级管理的区域划分制度。按照中央政府统一领导全国、地方政府分级管理的原则，设置了科层制方式的各级政府。按照现行《中华人民共和国宪法》和《中华人民共和国地方各级人民代表大会和地方各级人民政府组织法》的规定，省、直辖市、市、县、市辖区、乡、民族乡、镇等设立人民政府；自治区、自治州（盟）、自治县（旗）设立自治机关；特别行政区设立特别行政区政府。这样，省、市、县、乡各级人民政府、各级自治机关以及各级特别行政区政府，即构成地方各级人民政府。各级地方人民政府是国家地方行政机关，也是同级人民代表大会的执行机关。

在宪法中，村委会虽然不属于政权组织系列，但事实上却是政权组织，而且是上级政权的组织基础。为此，我们特别在本章里介绍和讨论农村基层政权和村民自治问题。

第一节　地方各级人民政府的地位、产生和任期

一、地方各级人民政府的变迁①

新中国成立以来，我国地方政府的组织形式经过了几次大的变化，形成了一套具有中

① 这里主要介绍我国地方各级人民政府组织体制的变迁，关于相应的地方行政区划变迁，可参见陈小京等：《中国地方政府体制结构》，第五章，北京，中国广播电视出版社，2001；浦兴祖主编：《中华人民共和国政治制度》，224～226页，上海，上海人民出版社，2005。

国特色的地方人民政府政治体制的基本架构。

新中国成立初期，各地实行军事管制制度，军事管制委员会行使地方政府的权力。当时我国实行大区建制，即在全国先后成立了东北、西北、华北、华东、西南、中南六大行政区，简称大区，作为省以上的一级区域建制。在大区以下，则建立军事管理机构，行使各级地方政府的权力。在当时起宪法作用的《中国人民政治协商会议共同纲领》规定："凡人民解放军解放的地方，应一律实施军事管制，取消国民党反动政权机关，由中央人民政府或前线军政机关委任人员组织军事管制委员会和地方人民政府，领导人民建立革命秩序，镇压反革命活动，并在条件许可时召集各界人民代表会议。"因此，当时各大区都成立了人民政府或军政委员会，其既是本辖区内最高一级的地方政府，同时也是中央人民政府的代表机关。据统计，1950 年大区政府工作机构一般为 30 个左右。各大区管辖的范围内分为省、县、乡或省、县、区、乡，从而使地方的行政建制分为四级制或五级制。大区内各级地方政府机构大都设有军事管制委员会、人民政府和接管委员会。这些机构负责人及其组成人员分别由军政机关或上级政府任命。人民政府是军事管制委员会的下属机构，负责地方各项事务的管理，军、政、司法审判权高度集中和统一行使。这一时期的政府体制被称为军事管理体制，它同时也作为战争时期军事领导体制的延续。军事管理体制对地方社会秩序的迅速恢复、减少社会动荡、恢复生产起了重要作用。

各地在社会秩序基本恢复正常后，大致在 1950—1951 年期间先后结束了军事管理体制，相继建立人民政府委员会作为地方国家政权机关。这一时期人民代表大会没有召集，人民政府委员会实质上成为各级地方唯一的拥有全部国家权力的机关，拥有权力机关和行政机关的职权，是地方国家政权机关。依据《中国人民政治协商会议共同纲领》的规定，地方各级建立人民政府委员会，实行高度集权体制。各级人民政府委员会及其下属机构（各行政机构、法院、检察署等）的负责人，一律由上级人民政府委员会任免或批准任免；所通过的地方性法规、政令和重大决定（包括机构设置等）都须经上级人民政府委员会批准。上级人民政府委员会有权变更或撤销下级人民政府委员会的决定，有权向下级人民政府委员会下达命令。委员会会议内主席主持，在委员会闭会期间，委员会主席主持和协调各行政权构的日常工作，承担地方行政首长的职责。1954 年 6 月，撤销了大行政区的建制，省政府就成了最高一级的地方政府。同年 9 月，我国第一部宪法颁布实施后，我国地方政府的名称改为人民委员会。

根据宪法，1955 年地方各级设置人民代表大会作为地方国家权力机关，地方各级人民代表大会选举产生各级地方国家机关；人民委员会是地方人民代表大会的执行机关，也是地方国家行政机关，由同级人民代表大会选举产生，报上级人民委员会备查。人民委员会由地方首长、副首长和委员组成。委员会实行合议制，由地方首长主持会议。在委员会闭会期间，由地方首长主持日常工作。由于当时地方各级人大未设常设机关，在各级人大闭会期间，由各级人民委员会行使常设机关的职能，兼行人大常设机关的部分职权，因而人民委员会的负责人，也就成为地方国家政权机关的首长，对外代表本地的地方政府。下一级的人民委员会是上级人民委员会的下级机关，上下级人民委员会之间存在领导与服从关系。依据我国地方政府组织法的规定，上下级人民委员会之间的相应工作部门，存在工作领导关系，即人民委员会的各工作部门除接受本级人民委员会的领导外，还要接受上级人民委员会相应工作部门（称主管部门）的领导。这些主管部门有权向下一级相应工作部门，就其业务范围内的事项发布命令和指示。就人民委员会的机构设置来说，自 1954 年至 1966 年，地方政府机关实行省、县、乡（人民公社）三级体制。1954 年宪法规定，全国划分为省、自治区、直辖市；省、自治区下辖自治州、县、自治县、县级市；县、自治县下辖乡、自治乡、镇；自治州下辖县、自治县、县级市。

1966 年“文化大革命”开始后，地方政府经历了曲折和反复。从 1967 年开始，“革命委员会”被确定为地方各级人民代表大会的常设机关，同时又是地方各级人民政府，是统领该地方一切权力的组织形态。地方各级“革命委员会”最初是由“三结合”方式产生，即由军队代表、群众组织代表和革命干部代表组成。“革命委员会”经协商选举产生一个常务委员会，由主任、副主任、常务委员若干人组成。“革命委员会”及其常务委员会的组成人员都由上级“革命委员会”批准任命。“革命委员会”较少举行会议，其常务委员会才是真正的工作机构，权力主要集中于常务委员会。“革命委员会”是集党、政、军各种权力于一体的唯一的地方权力机关，但其法律地位并不明确，直到 1975 年宪法才将其正式规定为人民代表大会（权力机关）的执行机关和常设机关，也是地方国家行政机关。1975 年宪法有关“革命委员会”的规定是：地方各级“革命委员会”由地方各级人民代表大会选举产生，是它的常设机关，同时也是地方各级人民政府。地方各级人民代表大会选出的地方各级“革命委员会”，需经上级国家机关审查批准。地方各级“革命委员会”对本级人民代表大会和上级国家机关负责并报告工作。应该指出，法定的权力机关地方各级人民代表大会在 1966—1977 年间从未举行，直到 1977—1979 年，地方各级人民代表大会才得到恢复，因此上述规定中所指的“上级国家机关”，实际上即是上级“革命委员会”。①

1979 年的《地方各级人民代表大会和地方各级人民政府组织法》（简称《地方组织法》）及 1982 年宪法对地方政府组织结构及体制作了重大的改变，奠定了现有地方各级人民政府体制架构的基础。《地方组织法》此后又在 1982 年、1986 年、1995 年、2004 年经过四次修正，并在实践中得以实施，使地方各级人民政府体制日臻完善，对于其运行、权力结构等特征，将在本章下面几节和其他相关章节予以详细介绍。

二、地方各级人民政府的类型、产生和任期

地方政府类型的划分，可因研究需要和目的不同而具有多种划分方法。如按地方制度划分，可分为行政地方政府、自治体地方政府、混合体地方政府；按设置目的划分，可分为一般地域型地方政府、民族区域型地方政府、城镇型地方政府、特殊型地方政府；按行政层级划分，可分为高层地方政府、中层地方政府和基层地方政府。② 就当代中国地方政府体制的横向结构而言，由于国家设置地方政府的目的与要求地方政府所发挥的作用的不同，目前存在着四种类型的地方政府：一是一般地域型地方政府。这类地方政府的设置目的纯系为了一般地域管理的需要，如省、县、乡，在地方政府体制类型结构中，这类地方

① 参见曾伟、罗辉主编：《地方政府管理学》，41 页，北京，北京大学出版社，2006。

② 参见周平主编：《当代中国地方政府》，6～13 页，北京，人民出版社，2007。

政府为数最多，设置最普遍。在我国，法定的这类地方政府包括省政府、县政府和乡（镇）政府三类。但实际上还存在由原来作为省级政府派出机构行政公署发展而来的地级市政府。二是民族区域型地方政府。这类地方政府的设置目的系为了各民族的团结和对少数民族地区的治理，包括自治区、自治州、自治县、民族乡四级。三是城镇型地方政府。这类结构单元的设置目的系为了人口密集的城镇地区实行专门管理，如直辖市、地级市、县级市（镇）。四是特殊型地方政府。这类地方政府的设置目的系因时因地制宜而设置的。

为了避免与本书其他章节重复，这里主要介绍地方政府的产生和任期。

按照《宪法》和《地方组织法》的规定，地方各级人民政府领导人员，即省长、副省长，自治区主席、副主席，市长、副市长，州长、副州长，县长、副县长，区长、副区长，乡长、副乡长，镇长、副镇长由本级人民代表大会选举产生。上述人选由本级人民代表大会主席团或者代表依照法定程序联名提出。省、自治区、直辖市人民代表大会代表10人以上书面联名，设区的市和自治州的人民代表大会代表20人以上书面联名，县级人民代表大会代表10人以上书面联名，乡、民族乡、镇的人民代表大会代表10人以上书面联名，可以提出本级人民政府领导人员的候选人。主席团和代表联名提名的候选人人数均不得超过应选名额。提名人应如实介绍所提名的候选人的情况。

地方各级人民政府领导人员，实行差额选举。地方各级人民政府正职领导人员的差额比例为1∶1。如果提名的候选人只有1人，也可以进行等额选举。地方各级人民政府副职领导人员的候选人应比应选人数多1～3人，具体差额数由本级人民代表大会根据应选人数在选举办法中规定。如果提名的候选人数符合选举办法规定的差额数，由主席团提交代表酝酿、讨论后，进行选举。如果提名的候选人数超过选举办法规定的差额数，由主席团提交代表酝酿、讨论后，进行预选，根据在预选中得票多少的顺序，按照选举办法规定的差额数，确定正式候选人名单，进行选举。

选举采用无记名投票方式。代表对确定的候选人，可以投赞成票，可以投反对票，可以另选其他任何代表或者选民，也可以弃权。选举本级地方人民政府领导人员，以全体代表的过半数通过。获得过半数选票的候选人人数超过应选名额时，以得票多的当选；如遇票数相等不能确定当选人时，可就票数相等的人再次投票，以得票多的当选。获得过半数选票的当选人数少于应选名额时，不足的名额另行选举。另行选举时，可以根据在第一次投票时得票多少的顺序确定候选人，也可以按照前述提名候选人的程序另行提名，确定候选人。另行选举时，同样实行差额选举，具体差额数按照正职领导人员1∶1，副职领导人员的候选人应比应选人数多1～3人，由本级人民代表大会根据应选人数在选举办法中规定。另行选举的时间，由本级人民代表大会决定，可以在本次大会上进行，也可以在下次大会上进行。一般讲，另行选举，特别是正职领导人员的另行选举均在本次大会上进行。

补选地方各级人民政府领导人员时，可以多于应选人数，也可以同应选人数相等。补选是指选举产生的人员因死亡、被罢免、辞职等原因出缺而进行的补充选举。换届选举时没有选够的应选人数，不属于补选，属于另行选举。补选的程序和方式由本级人民代表大会决定，可以等额选举，也可以差额选举。无记名投票，以全体代表的过半数通过当选。

县级以上地方各级人民代表大会常委会，在本级人民代表大会闭会期间，由本级人民政府正职领导人员或本级人大常委会主任会议提名，可以决定任命本级人民政府个别副职领导人员。在本级人民政府正职领导人员不能担任职务的时候，可从本级人民政府副职领导人员中决定代理人选。代理人选一般由本级人大常委会主任会议提名。

县级以上地方各级人民政府领导人员，可以向本级人民代表大会提出辞职，由大会决定是否接受辞职；大会闭会期间，可以向本级人大常委会提出辞职，由常委会决定是否接受辞职。常委会接受辞职后，须报本级人民代表大会备案。乡、民族乡、镇的人民政府领导人员，可以向本级人民代表大会提出辞职，由大会决定是否接受辞职。

县级以上地方各级人民政府的非领导人员，即省、自治区、直辖市、自治州、设区的市的人民政府的秘书长、厅长、局长、委员会主任等；县、自治县、不设区的市、市辖区的人民政府的局长、科长等，均由本级人大常委会决定任命。具体程序是：县级以上新的一届地方各级人民政府领导人员依法选举产生后，应在两个月内提请本级人大常委会任命本级人民政府的秘书长、厅长、局长、主任、科长。本级人大常委会根据省长、自治区主席、市长、州长、县长、区长的提名，决定本级人民政府上述非领导人员的任命。决定任命之后，省级人民政府报国务院备案，县级人民政府报上一级人民政府备案。

《宪法》和《地方组织法》规定，地方各级人民政府每届任期与同级人民代表大会每届任期相同，即每届任期五年。每届人民政府行使职权至新的一届人民政府产生为止。在人民政府每届任期内补选和任命的本级人民政府组成人员，其任期以本届政府任期的剩余时间为限。地方各级人民政府的省长、副省长，自治区主席、副主席，市长、副市长，州长、副州长，县长、副县长，区长、副区长，乡长、副乡长，镇长、副镇长可以连选连任，连任多少届，法律没有限制性的规定。

三、地方各级人民政府的地位及其与同级党委、人大的关系

就地方各级人民政府在整个国家行政机关系统中的地位来说，它们是国务院统一领导下的国家行政机关，都服从国务院，贯彻执行国务院的行政法规、指示、命令和决定。同时，又是地方国家行政机关，必须接受上一级国家行政机关的领导，执行上一级国家行政机关的决定和命令，对上一级国家行政机关负责并报告工作。地方各级人民政府不同于地方各级权力机关、审判机关和检察机关，作为行政机关，它们负责管理本行政区域内政治、经济、文化等各方面的行政事务。地方政府的这种双重负责制，把中央的统一领导和地方的主动性、积极性两方面有机结合起来，是民主集中制原则在国家政权体制中的具体表现。这有利于国家行政的统一，保证政令畅通，也有利于调动地方的主动性、积极性，促进地方的建设和发展。

在新中国成立后地方政府长期运行惯例中，形成了党对地方政府的直接领导。① 这种领导关系，由于现行的宪法没有做出具体的规定，只是抽象的原则性规定。《中国共产党章程》也没有把党与政府的关系细化。《宪法》在序言中指出了中国共产党在国家各方面的领导地位，当然也是设置和处理地方各级人民政府与党委关系时，所必须遵循的总原则。《中国共产党章程》则把中国共产党的领导地位规定为“政治、思想和组织的领导”，

---

① 关于地方党政关系的形成与变迁，可参见谢庆奎等：《中国地方政府体制概论》，163页以下，北京，中国广播电视出版社，1997。

并指出“党必须保证国家的立法、司法、行政机关，经济、文化组织和人民团体积极主动地、独立负责地、协调一致地工作”①。在具体政府过程中，以党委为核心的地方党组织主要是按行政区划来设置的，地方政府与同级党委的关系如下：

首先，“党管干部”原则在各级政府中的运用。特别是党委书记是各级党政系统的“一把手”，由上一级党委任免，而不受同级政府的制约，其地位与权力一般都在行政首长之上。对于地方各级人民政府各工作部门来说，不论是选举职务人选还是任命职务人选，干部是由党委来推荐和确定的，政府自身没有对本级政府高级领导职务的推荐权和任命权。② 除了下属工作部门干部任免权外，由于党委书记或副书记负责领导地方事务的某一个方面。其他政策制定的最终决定权也掌握在党委手中③，因此，在实际运行中，地方各级党委实际上比各级人民政府更有权力。

其次，在政府部门中设立由同级党委统一领导的党组④。地方政府部门中的党组，一是负责实现党的路线、方针、政策，研究制定、贯彻执行中央和批准其成立的党的委员会决议、决定，二是对本部门的重大问题作出决策，三是按照干部管理权限和规定的程序，负责干部的推荐、提名、任免和管理，四是指导机关和直属单位党组织的工作。

最后，归口管理的“口”是指政府工作的某些领域，在与各级政府并行的党委领导党组织中，设立组织、宣传、政法等部门，对政府中的人事、新闻、公检法等具体工作部门进行“归口管理”，一般由同级党委（后来是分管书记）分口负责，以加强对政府行政工作的领导。这样，地方政府各工作部门同时还受到来自职能部门党组织的领导，党委对政府的领导得到双重组织制度保证。在现行的政治体制架构下，地方政府的党委与政府的这种权力结构关系对于维系国家的统一、中央的政令畅通和保持一个安定的政治局面发挥着重要作用。

从法理上说，地方各级人民代表大会是相应行政区划内的最高权力机关，它同地方各级人民政府之间是授权与被授权的关系，用政治学术语说就是委托者与代理者的关系。这种关系主要表现在以下几个方面：

首先，地方各级人民政府的权力来源于同级人民代表大会及其常务委员会。《宪法》和《地方组织法》都规定，地方各级人民代表大会分别选举并且有权罢免本级人民政府的省长和副省长、市长和副市长、县长和副县长、区长和副区长、乡长和副乡长、镇长和副镇长。同时，《地方组织法》还规定县级以上的地方各级人民代表大会举行会议的时候，主席团、常务委员会或者 1/10 以上代表联名，可以提出对本级人民政府组成人员的罢免案，由主席团提请大会审议。乡、民族乡、镇的人民代表大会举行会议的时候，主席团或者 1/5 以上代表联名，可以提出对人民代表大会主席、副主席，乡长、副乡长，镇长、副镇长的罢免案，由主席团提请大会审议。

---

① 《中国共产党章程》，20、21 页，北京，人民出版社，2007。

② 周平主编：《当代中国地方政府》，58～59 页。

③ 关于中国地方党政结构的分析，可参见沈荣华：《地方政府治理》，111～121 页，北京，社会科学文献出版社，2006。

④ 一般来说，党组是党在中央和地方国家机关、人民团体、经济组织、文化组织和其他非党组织的领导机关中设立的党的组织。

地方各级人民政府领导人员可以向本级人民代表大会提出辞职，由大会决定是否接受辞职；大会闭会期间，可以向本级人民代表大会常务委员会提出辞职，由常务委员会决定是否接受辞职。乡、民族乡、镇的人民代表大会主席、副主席，乡长、副乡长，镇长、副镇长，可以向本级人民代表大会提出辞职，由大会决定是否接受辞职。

其次，基于权力的授予关系，《地方组织法》第五十四条、第五十九条规定，地方各级人民政府是地方各级人民代表大会的执行机关，是地方各级国家行政机关；县级以上的地方各级人民政府的职权首先是执行本级人民代表大会及其常务委员会的决议以及上级国家行政机关的决定和命令，规定行政措施，发布决定和命令。

最后，地方各级人民政府要接受同级人民代表大会及其常务委员会的监督。《宪法》第一百零四条规定，县级以上的地方各级人民代表大会常务委员会讨论、决定本行政区域内各方面工作的重大事项，监督本级人民政府。地方人大及其常委会对地方政府的监督主要有以下几种方式：

第一，听取、审议和批准工作报告。《宪法》第一百一十条规定，地方各级人民政府向本级人民代表大会负责并报告工作。县级以上的地方各级人民政府在本级人民代表大会闭会期间，对本级人民代表大会常务委员会负责并报告工作。人大有权审查政府工作报告、政府部门专题工作报告、国民经济和社会发展计划及计划执行情况报告、国家预算及预算执行情况的报告。人大不批准报告单位的报告，报告单位不仅要整改，定期再做报告，而且报告单位的领导团体和主要负责人员要引咎辞职。

第二，进行质询。《地方组织法》规定地方各级人民代表大会举行会议的时候，代表十人以上联名可以书面提出对本级人民政府和它所属各工作部门的质询案。质询案由主席团决定交由受质询机关在主席团会议、大会全体会议或者有关的专门委员会会议上口头答复，或者由受质询机关书面答复。在主席团会议或者专门委员会会议上答复的，提质询案的代表有权列席会议，发表意见；主席团认为必要的时候，可以将答复质询案的情况报告印发会议。质询案以口头答复的，应当由受质询机关的负责人到会答复；质询案以书面答复的，应当由受质询机关的负责人签署，由主席团印发会议或者印发提质询案的代表。在地方各级人民代表大会审议议案的时候，代表可以向有关地方国家机关提出询问，由有关机关派人说明。在常务委员会会议期间，省、自治区、直辖市、自治州、设区的市的人民代表大会常务委员会组成人员五人以上联名，县级的人民代表大会常务委员会组成人员三人以上联名，可以向常务委员会书面提出对本级人民政府、人民法院、人民检察院的质询案。质询案必须写明质询对象、质询的问题和内容。质询案由主任会议决定交由受质询机关在常务委员会全体会议上或者有关的专门委员会会议上口头答复，或者由受质询机关书面答复。在专门委员会会议上答复的，提质询案的常务委员会组成人员有权列席会议，发表意见；主任会议认为必要的时候，可以将答复质询案的情况报告印发会议。质询案以口头答复的，应当由受质询机关的负责人到会答复；质询案以书面答复的，应当由受质询机关的负责人签署，由主任会议印发会议或者印发提质询案的常务委员会组成人员。

第三，执法检查和特别问题调查。各级人大常委会要根据工作需要和实际情况，每年有计划、有重点地安排执法检查，检查重要的专项法律实施情况。各级人大要制定年度执法检查计划，组织执法检查组，督促依法行政，写出执法检查报告，提交本级人大审议，有关国家机关的负责人必须到会听取意见，回答询问。对于人民严重不满、社会影响极大、后果严重的政府违法问题，县级以上各级人大代表有权依法提议组织特定问题调查委员会，通过调查核实作出处理。

第四，视察工作。人民代表大会闭会期间，各级人大常委会要组织人大代表对本级或者下级国家机关和有关单位的工作进行集中统一的视察，人大代表也可以持代表证就地进行分散视察。人大代表可以在视察中及时发现有关国家机关及其工作人员执行职务存在的问题，了解人民的心声和愿望，便于向有关国家机关提出建议、批评和意见，便于更好地履行代表职务。

此外，地方各级人民代表大会及其常务委员会有权撤销本级人民政府的不适当的决定和命令。县级以上的地方各级人民代表大会常务委员会的组成人员不得担任国家行政机关的职务。在乡镇一级，乡、民族乡、镇的人民代表大会主席、副主席不得担任国家行政机关的职务；如果担任国家行政机关的职务，必须向本级人民代表大会辞去主席、副主席的职务。这体现了授权与被授权关系上的明确分离，便于监督权力的行使。地方各级人民政府每届任期五年，与同级人民代表大会任期相同，从时间上保证了二者上述权力关系的实施。

第二节　地方各级人民政府的职权

一、地方各级人民政府基本职能的变化和改革

地方各级人民政府作为承接中央行政体制，联结广大社会的中间环节，是国家整个行政管理体制中的基础环节，直接承担着组织、协调和管理经济社会发展的职能，是我国行政体制中一个执行实施的行政层级，同时也可以在法律规定的范围内具有一定的决策职能。地方政府在履行公共服务功能和社会管理责任方面，与中央政府具有明显不同的要求，其职能范围应包括以下几个方面①：

第一，经济调节职能。地方政府的经济调节职能是指地方政府通过采用适当的财政政策和经济调控手段对地方经济的发展进行中观调节，把握本地区经济发展的动向，及时发现经济运行中的问题，保证地方经济稳定增长的职责和功能。全国性的宏观经济调节职能具有统一性和整体性，一般是由中央政府进行的。地方政府主要是落实中央政府的部署，在中观和微观的层面上，对本区域的经济进行调节。具体来说是：全面建成小康社会，表现在经济上，不仅要求经济总量有大幅度的提高，而且要求经济结构不断优化。政府的经济调节职能主要是为经济发展提供良好的宏观经济环境，优化经济结构。首先，通过适当的财政政策和货币政策等宏观经济政策进行宏观调控，促进经济增长，增加就业，稳定物价，保持国际收支平衡。其次，为缩小城乡差别、促进城乡经济协调发展提供必要的制度保证和政策支持。一方面，通过改革和稳定土地家庭承包经营制度、土地流转制度、征地制度、农村税费制度、农产品补贴制度，加大对农业技术研究和推广以及农村基础设施的

---

① 参见刘靖华、姜宪利等：《中国政府管理创新（管理卷）》，46～50页，北京，中国社会科学出版社，2004。

财政资金投入等方式，促进农村经济发展，增加农民收入；另一方面，加强对城镇化的规划、指导和财力支持，改革户籍制度、城乡就业制度，以加快城镇化进程。再次，对区域经济发展给予协调、指导和财政支持，促使东、中、西部地区在发挥各自的比较优势的前提下协调发展。特别是在西部大开发中，中央政府应利用制度安排、投资项目、税收政策和财政转移支付，在重点支持西部地区基础设施和生态环境建设的同时，重视对西部地区教育的支持。最后，在符合世贸组织规则的前提下，采取鼓励性的政策措施，促进出口，吸引外资，支持本国企业跨国投资经营。

第二，市场监管职能。地方政府的市场监管职能是指地方政府作为制度的供给者，通过制定和执行相关的法律法规，按照市场经济发展要求和运行规则，对地方市场经济秩序进行监督和管理。地方各级政府都是当地市场经济秩序的规范者与市场环境的保护者，理应在当地市场的监管中发挥作用。具体地说，政府作为制度的供给者，应通过制定和执行相关法律法规，履行其在市场监管方面的主要职能：界定和保护各类产权；创造良好的信用环境；促进全国统一市场的形成，扩大市场对内对外开放，逐步消除行政性垄断，加强对自然垄断行业的规制；对产品定价和产品质量信息披露行为进行严格监管；等等。

第三，社会管理职能。社会管理职能主要包括政府承担的管理和规范社会组织、协调社会矛盾、保证社会公正、维护社会秩序和稳定、保障人民群众生命财产安全等方面的职能。全面建成小康社会目标的实现要求经济与社会协调发展，这就决定了社会管理职能应成为政府职能中十分重要的组成部分。具体来看，这方面的职能主要有：其一，保障公民享有宪法规定的经济、政治和文化权利。依法指导和帮助非政府组织的健康发展，推进社区和乡村基层组织自治，为落实公民在选举、决策、管理和监督等方面的民主权利创造条件。其二，维护社会安全秩序。依法惩处各种犯罪活动，妥善处理突发性事件，解决好各种利益矛盾和纠纷，在安全生产方面实行严格的监督管理，做好防灾减灾工作等。

第四，公共服务职能。地方政府的公共服务职能是指地方政府满足地方社会公共需求、为地方社会提供基本而有保障的公共产品和公共服务的职责和功能。具体而言，地方政府为当地社会提供的公共服务职能主要包括政府承担的发展各项社会事业，实施公共政策，扩大社会就业，提供社会保障，建设公共基础设施，健全政务、办事和信息等公共服务系统等方面的职能。经济增长是政府宏观调控追求的目标之一，但它并不是最终目的，而只是实现社会进步和人的全面发展的手段。在全面建成小康社会中，应更加重视政府的公共服务职能，强化以下几个方面：把扩大就业放在更加突出的位置，加强对就业的指导和扶持，给予企业的技术培训项目和下岗失业人员的技能培训以更大的财政支持；扩大社会保障的覆盖面，加快建设和完善与经济发展水平相适应的社会保障体系，加大收入分配调节力度，把居民收入分配差距控制在适度的范围；加大对教育的投入，提高政府公共教育服务水平，尤其是要提高义务教育的质量和普及程度；逐步把公共医疗服务对象扩大到所有的城乡居民，使人人享有基本医疗保健；加强对文化建设、基础科学研究和技术开发领域的财政支持；通过政府投资和组织社会资本参与建设的方式，加大基础设施的建设和供给，加强环境保护；等等。

改革开放以前的中国地方政府体制是适应指令性计划经济的政治体制，其结构、功能和运行关系都与计划经济体制相适应，并深受马克思主义政府体制理论、苏联行政体制模式和中国传统政治文化的影响。新中国成立后历次政府机构精简和人员裁减，都没有取得持续性的理想效果，原因在于计划型社会经济基础没有变动，行政改革难以触及管理体制本身，外延式的机构改革跳不出"精简—膨胀—再精简—再膨胀"的历史"怪圈"。

十八届三中全会以来的地方政府改革，以转变政府职能为核心。按照中央政府的要求，此次政府机构改革的核心是转变政府职能。并要求加快推进政企分开、政资分开、政事分开、政府与市场中介组织分开，把不该由政府管理的事项转移出去，进一步下放管理权限，深化行政审批制度改革，减少行政许可。突出强调地方政府要更好地履行职责，增强地方提供社会管理与公共服务的能力。同时，强调政府的"责任"意识与制度化，政府的权力范围和手段，要求政府应当承担起相应的责任，只有突出了责任，才能厘清权力的范围。改革将积极探索强化责任的途径及方法，推进政务公开、绩效考核、行政问责。

二、地方各级人民政府的主要职权及其特点

根据《地方组织法》的规定，县级以上的地方各级人民政府行使下列职权：（1）执行本级人民代表大会及其常务委员会的决议，以及上级国家行政机关的决定和命令，规定行政措施，发布决定和命令；（2）领导所属各工作部门和下级人民政府的工作；（3）改变或者撤销所属各工作部门的不适当的命令、指示和下级人民政府的不适当的决定、命令；（4）依照法律的规定任免、培训、考核和奖惩国家行政机关工作人员；（5）执行国民经济和社会发展计划、预算，管理本行政区域内的经济、教育、科学、文化、卫生、体育事业、环境和资源保护、城乡建设事业和财政、民政、公安、民族事务、司法行政、监察、计划生育等行政工作；（6）保护社会主义的全民所有的财产和劳动群众集体所有的财产，保护公民私人所有的合法财产，维护社会秩序，保障公民的人身权利、民主权利和其他权利；（7）保护各种经济组织的合法权益；（8）保障少数民族的权利和尊重少数民族的风俗习惯，帮助本行政区域内各少数民族聚居的地方依照宪法和法律实行区域自治，帮助各少数民族发展政治、经济和文化的建设事业；（9）保障宪法和法律赋予妇女的男女平等、同工同酬和婚姻自由等各项权利；（10）办理上级国家行政机关交办的其他事项。县级以上各级人民政府的这些职权可以概括为执行权、制令权、行政领导权、人事管理权、行政领导权、保护权。①

除上述职权外，《地方组织法》第六十条规定，省、自治区、直辖市的人民政府可以根据法律、行政法规和本省、自治区、直辖市的地方性法规，制定规章②，报国务院和本级人民代表大会常务委员会备案。省、自治区的人民政府所在地的市和经国务院批准的较大的市的人民政府，可以根据法律、行政法规和本省、自治区的地方性法规，制定规章，

---

① 对几项职权的详细概括，参见王健康等主编：《中国党政制度全书（第2卷）》，634～637页，长春，吉林摄影出版社，2003。

② "规章"是指地方政府规章，即由省、自治区、直辖市以及省、自治区人民政府所在地的市和经国务院批准的较大的市的人民政府根据法律、行政法规、地方性法规并按照一定程序所制定的普遍适用本地区行政管理工作的规定、办法、实施细则、规则等规范性文件的总称。

报国务院和省、自治区的人民代表大会常务委员会、人民政府以及本级人民代表大会常务委员会备案。制定规章，须经各该级政府常务会议或者全体会议讨论决定。《地方组织法》赋予它们享有地方政府规章的制定权，可以更好地行使省级政府的职权。这也是依法行政的需要。

对乡、民族乡、镇的人民政府的职权，《地方组织法》作了如下规定：（1）执行本级人民代表大会的决议和上级国家行政机关的决定和命令，发布决定和命令；（2）执行本行政区域内的经济和社会发展计划、预算，管理本行政区域内的经济、教育、科学、文化、卫生、体育事业和财政、民政、公安、司法行政、计划生育等行政工作；（3）保护社会主义的全民所有的财产和劳动群众集体所有的财产，保护公民私人所有的合法财产，维护社会秩序，保障公民的人身权利、民主权利和其他权利；（4）保护各种经济组织的合法权益；（5）保障少数民族的权利和尊重少数民族的风俗习惯；（6）保障宪法和法律赋予妇女的男女平等、同工同酬和婚姻自由等各项权利；（7）办理上级人民政府交办的其他事项。

我国地方各级人民政府组织机构设置是以行政区划为基础的，属于区域性政府。纵向关系上来说，地方各级人民政府是国家行政体系的一部分，是次级政府，从横向关系上来说，它是同级权力机关即人民代表大会的执行机关，从地方各级人民政府与党的关系上来说，政府即受同级党委的领导，同时由于党的系统内实行“下管一级”的干部管理原则，所以地方各级党政又受上级党委的领导，这决定了地方各级人民政府的上述各项职权的基本特征。

第一，派生性。如前所述，地方政府职权并不来源于地方政府自身。就行政系统内部而言，在我国这样一个单一制中央集权国家中，“地方政府的权力是由中央政府让予的，所以，不管怎么样，中央政府都有最终决定权”①。《地方组织法》明确规定，“全国地方各级人民政府都是国务院统一领导下的国家行政机关，都服从国务院”。就地方政府与同级党委、人大关系而言，从法理上，其职权由同级人大授予。在地方政府权力上，地方政府权限的确定与变更，也由立法机关通过宪法和普通法律的制定与修改来实现。同时地方政府又受党委的领导，党委在宪法和法律范围内把自己的意志和政策通过人大等渠道，交由地方政府执行，从而实现了党对地方政府的全面领导。在实践过程中，党委也成为地方政府权力的重要来源之一。

第二，区域性。中央政府对地方政府职权的配置，主要是出于因地制宜或属地管理的原则，其客观结果也必然使地方政府权力具有区域性。地方政府的职权仅限于法定的地域范围，其职权所产生的结果，如所制定的地方性法规、规章，也只能在地方政府所辖行政区域内具有效力。地方政府一般只提供辖区内的地方性公共物品，如辖区内的医疗卫生、教育、社会保障、交通运输、基础设施等。如在政府过程中两个或以上同级政府（如省与省、县与县、乡与乡）间发生矛盾，一方对其他方没有处置职权的，一般要通过上级政府协调或裁决。

第三，法定性。地方政府职能必须由宪法与一系列法律规范来确定，其中，尤以《宪

---

① 林尚立：《国内政府间关系》，21页，杭州，浙江人民出版社，1998。

法》和《地方组织法》等依据为最根本。随着市场经济体制的不断健全和完善以及行政改革的不断深化，地方政府职能将在实践中逐步增强其明确性、规范性与法定性，由改革带来的职能变化，必须用相应的法律法规将其确定下来。地方政府职能的法定性主要表现为：依法规范各级地方政府的职能层次和内容，依法明确各级地方政府实现其职能的方法与路径，依法规定地方政府职能履行中的自由裁量度与边界，依法解决政府层次过多、职能交叉过乱、执法主体臃肿以及权责关系脱节等实践中存在的严重问题。

第四，强制性。从地方政府职权产生的后果看，由于它在作用于公共事务领域的过程中以法律为依据，以国家机器为保证，以强制力手段为依托，任何公民和社会组织都不得抵制和违抗，否则就会受到法律或行政的制裁，因此，地方政府权力具有强制性和约束力。①

三、地方各级人民政府行使职权的原则和要求

建设法治政府是依法治国的重要体现，也是依法行政的总原则和总要求。1996 年中国提出了依法治国、建设社会主义法治国家的基本治国方略，1999 年宪法修正案将依法治国纳入宪法。为了建设法治政府，1999 年国务院发布《关于全面推进依法行政的决定》，2004 年 4 月 20 日，国务院又向社会发布了《全面推进依法行政实施纲要》，系统规划了我国依法行政的实施蓝图，明确提出了建设法治政府的宏伟目标，全面确立了我国未来 10 年推进依法行政、建设法治政府的行动纲领。2008 年 5 月 20 日，国务院作出了《关于加强市县政府依法行政的决定》，以上这些法律法规与政策，都为地方各级政府依法行政提供了具体指导与规定。

依法行政是建设法治政府，贯彻依法治国方略的重要内容和关键环节。《地方组织法》规定："地方各级人民政府必须依法行使行政职权"，这就要求地方各级人民政府行使职权必须遵循"依法行政"这一原则。依法行政就是国家行政机关依照宪法、法律的规定管理国家和社会事务。就地方政府本身的法治建设而言，地方政府权力的获得、权限范围及权力运作必须由法律规定并依法进行。地方政府权力是公共领域中的公共权力，是由法律规定及授予的，凡法律禁止或没有授予的，都不得为之，坚持的是"法不授权即禁止"的原则，否则就是越权或者滥用职权。地方政府职权法定，越权无效，滥用职权违法。

我国政府的法治建设是一项系统工程，包括中央和地方各级政府都应该致力于这项宏伟工程的建设。地方各级政府的法治建设的质量好坏关系着法治政府建设的整体质量。如何使三十多个省级政府、几百个市级政府、几千个县级政府都能真正做到严格执法、自觉依法办事，这是衡量是否建成法治政府的一个关键因素。地方政府在我国政权体系中具有十分重要的地位，是国家法律法规和政策的重要执行者。特别是市、县两级地方政府，其实际工作往往直接涉及人民群众的具体利益，各种社会矛盾和纠纷大多数也是由市、县政府处理的。市、县政府能否切实做到依法行政，很大程度上决定着政府依法行政的整体水平和法治政府建设的整体进程。目前，从总体上看，我国地方政府的依法行政工作取得了明显进展和显著成效。但是，同时也必须看到，由于我国地域辽阔，推进依法行政工作在

---

① 参见周平主编：《当代中国地方政府》，217 页。

不同的省市进展还不平衡，不同地方依法行政工作的贯彻落实的状况落差很大，大多数地方政府的依法行政、依法办事的能力和水平与建设法治政府的要求相比还有不小差距。

地方各级人民政府要在行使职权中进一步落实和贯彻依法行政的原则，必须遵循国务院《全面推进依法行政实施纲要》所提出的行政机关及其工作人员必须严格遵循的六条基本原则要求①：

第一，合法行政。作为地方行政主体的各级地方政府在行使行政权时必须依据法律、符合法律，不得与法律相抵触。合法不仅指合乎实体法，也指合乎程序法，凡没有法律、法规、规章的规定，地方行政机关不得作出影响公民、法人和其他组织合法权益或者增加公民、法人和其他组织义务的决定。

第二，合理行政。这主要是要求地方行政机关实施行政管理，应当遵循公平、公正的原则，要平等对待行政管理相对人，不偏私，不歧视。合理行政主要适用于自由裁量权领域。由于自由裁量权是一个具有很大灵活性的权力，所以更容易被滥用。为了防止滥用自由裁量权，必须在肯定和授予自由裁量权的同时，通过法律对自由裁量权的行使进行必要的监督、约束和控制。正是在这种情况下，行政行为不仅要合法，还必须合理。

第三，程序正当。这是要求地方各级政府按照正当的法律程序行政，执法不仅要公正，而且要以看得见的方式来实现公正（如告知、听取申辩、说明理由、回避等）。地方政府实施行政管理，除法定保密的外，应当公开，注意听取公民、法人和其他组织的意见；要严格遵守法定程序，依法保护行政相对人、利害关系人的知情权、参与权和救济权；行政人员履行职责，与行政相对人存在利害关系时，应当回避。程序正当的核心是要通过合适的程序安排根除和避免那些可能导致不公正结果的因素。事实上，程序公正是实体公正的前提，实体公正的实现有赖于程序公正来保障。没有程序的公正，就不可能有实体的公正。

第四，高效便民。这是强调行政机关必须按照法律的宗旨行政。高效是衡量行政机关工作质量的重要标准，也是决定行政机关能否真正落实服务于民宗旨的重要环节。地方各级行政机关实施行政管理，应当遵守法定时限，积极履行法定职责，提高办事效率，提供优质服务，方便公民、法人和其他组织。只有高效行政，才能真正做到便民、利民、为民。

第五，诚实守信。诚实守信不仅是人与人之间的道德准则和法律约束，而且也是政府机关行使行政权时必须遵循的原则，是依法行政对行政机关及其行政活动的必然要求，也是行政机关及其工作人员的法律义务与责任。

第六，权责统一。为了顺应从权力政府向责任政府转变的发展趋势，各级地方行政机关必须依照法律规定的职权、职责行政，行使多大的权力就要承担多大的责任。行政机关依法履行经济、社会和文化事务管理职责，要由法律、法规赋予其相应的执法手段。行政机关违法或者不当行使职权，应当依法承担法律责任，实现权力和责任的统一。依法做到执法有保障，有权必有责，用权受监督，违法受追究，侵权须赔偿。

各级地方政府在实施行政管理过程中，严格遵循上述六项基本要求，坚持对人民负

① 以下论述参考了陈新安：《依法行政必须严格落实六项基本要求》，载《西安市人民政府公报》，2006（3）；另可参见马怀德：《漫议依法行政的基本要求》，载《中国监察报》，2004-05-19。

责，对人民制定的法律负责，自觉依据法律行使行政权，始终绷紧依法行政这根弦，就一定能够全面推进依法行政，实现建设一个廉洁的、勤政的、务实的、高效的、诚信型、责任型、服务型地方政府和法治地方政府的目标。

第三节　地方各级人民政府的机构设置和领导体制

一、地方各级人民政府的组成

从1979年开始，特别是1982年宪法实施之后，地方各级人民政府由本行政区域的行政首长、部门首长组成。根据《宪法》和《地方组织法》的规定，省、自治区、直辖市、自治州、设区的市的人民政府设秘书长。因此，省、自治区、直辖市、自治州、设区的市的人民政府分别由省长、副省长，自治区主席、副主席，市长、副市长，州长、副州长和秘书长、厅长、局长、委员会主任等组成，即由政府首长、秘书长和各该级人民政府所属各工作部门的负责人三部分组成。县一级人民政府不设秘书长。因此，县、自治县、不设区的市、市辖区的人民政府分别由县长、副县长，市长、副市长，区长、副区长和局长、科长等组成，即由政府首长和各该级人民政府所属工作部门的负责人组成。乡、民族乡、镇人民政府是基层人民政府，没有规定它设工作部门，只设乡长、副乡长，镇长、副镇长。目前，乡一级人民政府为了开展工作，一般都设有公安助理、司法助理、民政助理、计划生育助理等，协助乡人民政府搞好基层工作。但他们不是乡人民政府的组成人员。

地方各级人民政府的组成情况，是以它们的行政管理事务繁简程度为根据的。设区的市以上的人民政府的地域比县大，人口比县多，行政管理事务比县繁重，所以在政府组成人员中设定了秘书长一职。县级政府的地域比乡大、人口比乡多，行政管理事务也比乡级繁杂，所以其政府组成人员中比乡镇多了所属工作部门负责人这部分。乡一级的政府只设行政首长，是因为乡一级政府管辖范围较小，人口较少，而且大部分是从事农业生产的农场，行政管理事务与县一级相比，比较单一。所以乡政府不设所属工作部门，只设负责公安、司法、文教等事务的助理员，负责执行乡长的决定和处理一般性的行政事务。民族乡不是民族区域自治的行政建制，不享有特殊的自治权。但民族乡政府在组成上有不同于一般乡政府的特点，即为了体现我国的少数民族政策，《地方组织法》明确规定了民族乡的乡长由建立民族乡的少数民族公民担任。

二、地方各级人民政府的机构设置

为了规范地方各级人民政府机构设置，提高行政效能，根据《宪法》、《地方组织法》，自2007年5月1日起施行的《地方各级人民政府机构设置和编制管理条例》提出了地方各级人民政府机构的设置原则。

第一，地方各级人民政府行政机构应当以职责的科学配置为基础，综合设置，做到职责明确、分工合理、机构精简、权责一致，决策和执行相协调；地方各级人民政府行政机构应当根据履行职责的需要，适时调整。但是，在一届政府任期内，地方各级人民政府的工作部门应当保持相对稳定。地方各级人民政府行政机构的设立、撤销、合并或者变更规格、名称，由本级人民政府提出方案，经上一级人民政府机构编制管理机关审核后，报上一级人民政府批准。其中，县级以上地方各级人民政府行政机构的设立、撤销或者合并，还应当依法报本级人民代表大会常务委员会备案；地方各级人民政府行政机构职责相同或者相近的，原则上由一个行政机构承担。

第二，地方各级人民政府设立议事协调机构，应当严格控制；可以交由现有机构承担职能的或者由现有机构进行协调可以解决问题的，不另设立议事协调机构；为办理一定时期内某项特定工作设立的议事协调机构，应当明确规定其撤销的条件和期限。

第三，县级以上地方各级人民政府的议事协调机构不单独设立办事机构，具体工作由有关的行政机构承担；地方各级人民政府行政机构根据工作需要和精干的原则，设立必要的内设机构。县级以上地方各级人民政府行政机构的内设机构的设立、撤销、合并或者变更规格、名称，由该行政机构报本级人民政府机构编制管理机关审批。

第四，行政机构之间对职责划分有异议的，应当主动协商解决。协商一致的，报本级人民政府机构编制管理机关备案；协商不一致的，应当提请本级人民政府机构编制管理机关提出协调意见，由机构编制管理机关报本级人民政府决定。

我国地方各级人民政府机构主要是按上述原则设置的，其中，大体可以分为四种类型：

第一，省人民政府的机构设置，自治区、直辖市人民政府的机构设立、增加、减少或者合并，由本级人民政府报请国务院批准，并报省级人民代表大会常务委员会备案。由于省级政府处于上传下达的中间环节，因此，除去一些主管外交、国防等全国性事务的行政机构和合并某些职责相近、任务单纯的行政机构外，省、自治区、直辖市的人民政府的行政机构设置大体上与国务院的机构职能和设置相适应。

第二，自治州、市、市辖区政府机构设置。为了对内部各种事务进行整体规划、综合管理，政府机构就需要整体配置，使之功能健全。由于这一级政府机构数量多、差异大、情况复杂，在机构设置方面应视不同情况而定。以人口、面积、行政区划、财政预算内收入及国内生产总值等指标为依据，可将市一级政府分为三大类，政府的工作机构限额按市的分类确定。一类市设 60 个左右，二类市设 50 个左右，三类市设 30 个左右。其中，一、二类市政府必设机构为：办公室、计划委员会、经济贸易委员会、经济体制改革委员会、教育委员会、科学技术委员会、公安局、民政局、司法局、财政局、人事局、劳动局、建设局、交通局、农业局、贸易局、文化局、卫生局、计划生育委员会、审计局、统计局、工商行政管理局。人事局、劳动局可分设也可合设。三类市政府必设机构为：办公室、计划与经济贸易委员会、教育委员会（或教育与科学技术委员会）、公安局、民政局、财政局、人事局（或人事与劳动局）、建设局、交通局、农业局、卫生局、计划生育委员会、审计局、统计局、工商行政管理局。某些经济不发达、人口较少的市应设得更少一些。

自治州人民政府工作部门的设置。自治州的党政工作机构设置 35 个左右。其中，自治州政府必设机构为：办公室、计划与经济局、教育局（或教育与科学技术局）、民族宗教局、公安局、民政局、财政局、农业局、卫生局、计划生育局、审计局、统计局、工商行政管理局。自治州政府的机构设置要体现民族自治的特点，其机构设置和人员编制可适当放宽些。

第三，县人民政府工作部门的设置。我国政府首先将县加以分类，然后按不同的类别设定不同的行政机构。目前，依据人口、面积、工农业总产值及预算内财政收入等指标，将县一级政府分为四大类：经济发达、人口众多的县；经济比较发达、人口比较多的县；经济发展水平和人口数量居中的县；经济贫困、人口较少的县。县党委、政府的工作机构限额按县的分类确定。一、二、三类县政府应设机构为：办公室、计划与经济局、农业局、教育局（或教育与科学技术局）、公安局、民政局、财政局、人事局（或人事与劳动局）、卫生局、计划生育局、审计局、工商行政管理局、统计局。四类县政府应设机构可以更综合一些。

第四，乡镇人民政府工作部门的设置。乡、镇党委、政府的工作机构限额按乡、镇的分类确定。一类乡、镇可设置党政、财经、社会事务、乡村建设等四五个综合性办公室；二类乡、镇可设置党政办公室、财经办公室和民政、文教卫生、乡村建设、计划生育等助理员；三类乡党委可设组织、宣传、纪检等委员，政府设民政、财政、生产、科教文卫、计划生育、乡村建设等助理员，不设职能机构。此外，以前我国有些乡镇还设立村公所作为其派出机构。为了减少管理层次，根据党的十四届二中全会通过的《关于党政机构改革的方案》要求，从1993年开始，乡镇不再设村公所作为其派出机构。从2004年的“破冰试水”起算，乡镇机构改革试点已在各地进行了整整5个年头。2009年1月，中共中央办公厅、国务院办公厅正式印发《中央机构编制委员会办公室关于深化乡镇机构改革的指导意见》，新一轮乡镇机构改革全面启动。

三、县乡关系及其问题

在地方各级人民政府及其相互关系，县乡关系尤为重要。一是因为县制本身的重要性，即县制是中国最为古老的地方政治安排，而现在的县政府特别是县级市政府具有城市行政管理的功能，同时由于县政府辖区的大部分在农村，有大量的农业人口，因而大部分县政府的农业口都设有部门齐全的农村事务管理系统，例如农业局、林业局、水利局、水产局、畜牧特产局、农机管理局、乡镇企业管理局、气象站、农业区划办公室、农村能源办公室、土地管理局等。县政府的一大任务是处理好城乡之间的复杂关系，因而县政府与乡政府的关系在此值得一提。

当代中国县组织与乡镇组织的关系主要表现在以下几个方面：第一，县对乡镇领导的核心机制是县委对全县工作的政治领导和组织人事领导。第二，根据《地方组织法》，县长由县级人民代表大会直接选举产生。而县人大代表中的大多数来自乡镇，这些代表都是由乡镇政府负责在基层行政村和乡镇由广大有选举权的公民直接投票选举产生；而且，人大代表对国家机关工作人员有罢免权，对人大、政府有关决议有表决权，因此，从程序上看，乡镇组织对县政府负责人人选具有很大的决定权，对县政府的工作具有监督权。第三，县政府和乡镇政府有直接的隶属关系，县长的主要职责之一是对乡镇长的直接领导，县政府对于乡镇政府的领导，主要是通过各政府部门及其设在各乡镇的办事机构来推动。第四，县政府的各部门与乡镇政府之间的关系，既有直接隶属于上级部门的条条关系（如邮电所、税务局、工商所等），也有由乡政府和县对口部门双重领导、共同管理的条块关系（如派出所、司法所、法庭等），还有受县政府有关部门业务指导的隶属于乡政府的块块关系（主要是乡政府的为农业服务的职能部门）。

近年来，县乡关系中的矛盾和摩擦增多，主要表现为县各职能部门和乡镇政权之间的利益冲突，这种利益冲突有进一步加剧之势。

（1）县各种驻乡机构急剧膨胀，乡镇政权管理权能受到削弱。

人事权不归乡管的各种驻乡机构近年来日益膨胀，其人员数量已远远超过乡镇政权工作人员数量。某市某乡截至1996年5月底共有工作人员104人，而各种驻乡机构总人数则高达318人，这些驻乡机构包括：邮电所、派出所、工商所、税务所、信用社、农行营业所、卫生院、粮管所、电管所、运管所、技术监督所、电视插转台、供销社、烟站、卫生院15个机构。由于这些驻乡机构直接和农民打交道，同时又是由县有关职能部门实行垂直领导，所以对于它们的损农坑农行为乡里奈何不得。《地方组织法》规定，乡镇人大和政府的一项重要职权是“保护各种经济组织的合法权益”。但是恰恰对诸如电管所随意提高电价、供销社抬高化肥供应价格、派出所以抓赌为名乱罚款、运管所随意设卡收费、粮管所收购粮食压级压价乃至“打白条”等损农坑农行为，乡镇人大和政府想管却又管不了，农民对此意见很大。他们认为“块块管不住条条”。

（2）县各职能部门和乡镇政权争夺对下属机构的领导权。

在条块之争中，前述人事权不归乡管的驻乡机构以实行条条的垂直领导为主。但即使在条条和块块实行双重领导、以块块领导为主的机构中，县各职能部门也在加紧争夺控制权。它们的办法之一是通过将原来设在各乡镇的下属机构撤并，实行分区设所、划片管理，摆脱各乡镇的控制；办法之二是通过财权上收实现对归口部门的管理。有关职能部门认为，“七所八站”下放给乡镇管，缺少县里的业务指导和专业人才的统一调配使用，处于人才流失、经费不足的半瘫痪状态，削弱了其职能的履行。乡镇政权则认为，“七所八站”不归乡管会使农民利益得不到合理保护，乡镇缺少管理经济和社会事务的必要手段。

（3）县各职能部门和乡镇之间围绕乡镇企业和个体工商户、专业户的利益争夺加剧。

由于乡镇政权的财政收入基本上来自乡镇企业和个体工商户、专业户，因此它们在一定程度上结成了利益共同体。乡镇政权一般来说对于保护乡镇各种经济组织的合法权益持积极态度，对来自县各职能部门的“三乱”行为加以抵制。一些乡村干部、乡镇企业厂长经理、个体户反映，县部分职能部门“光收费不服务”、“只罚不管”。这些职能部门有各种部门做挡箭牌，根本不把乡镇政权放在眼里，而且常常绕过乡镇政权直接向企业和个体户收费或罚款。在这场利益争夺战中，乡镇政权处于劣势地位，乡镇企业、各类个体工商户、专业户合法权益难以得到有效保护。

（4）在支农资金管理和使用上，县有关职能部门和乡镇政权分歧严重。

所谓“戴帽资金”是指乡或村直接从省有关部门争取到的专项资金，专款专用。县农林水部门认为这种做法既助长了腐败现象，又使县职能部门无法对资金使用情况加以监督。乡里认为不搞“戴帽资金”，下拨的款项都被县职能部门截留了，搞不了基本建设项目。对“配套资金”下面反映也很强烈。原来修路、修水库防洪坝等基本建设项目，全部由国家出资，农民只需出工出力就行。现在农民既出钱又出力，大大加重了农民负担。1973年某县搞水利建设时农民光出力不出钱，现在国家只拨建设所需1/3款项，县乡拿出1/3，农民个人还要拿1/3。拿不到“配套资金”，国家补助也得不到，遂向农民集资。总之，各级政府实行财权上收、事权下放，客观上加重了农民的负担，也引发了乡镇政权与县职能部门之间关系的紧张。

改革开放以来，我国各地县级政权在促进本地经济发展过程中曾经起过并且仍在起着十分积极的作用。但与此同时，县级政权在运作过程中也暴露出一些问题，这些问题已经严重到了不容忽视的地步。具体来说，目前我国县级政治中存在的主要问题有以下三个：腐败问题、“三乱”（乱罚款、乱收费和乱摊派）问题①以及前述的县乡之间的利益冲突问题。

在腐败问题上，最大的腐败是用人问题上的腐败。县级政权中用人问题上的腐败包括两个层面：第一个层面是发生在乡镇和县各职能部门首长任命过程中的腐败现象，即跑官买官现象。第二个层面是发生在任命使用行政执法部门和司法部门工作人员过程中的腐败现象。公检法、工商局、环保局、技术监督局、城建局、城管局等拥有执法或司法大权的部门，各乡镇的计划生育小分队、治安联防队员等职位，已经成为县城和各乡镇青年人向往的职业。其他腐败形式包括权钱交易、公款消费等。

县级政权上述问题的产生既有制度因素，又有经济、历史和文化的因素，重点应分析产生这些问题的制度性原因。

第一，党的一元化领导体制和压力型体制的领导方法是造成上述问题的一个重要原因。

党的十三大曾把改变权力过分集中于党委的领导体制作为政治体制改革的一个重点。但此后党的一元化领导体制在很大程度上又得到了恢复，在县乡两级表现得尤为明显。县委书记、乡镇党委书记成为领导核心和权力中心。县六大班子（县委、县政府、县纪检委、县人大、县政协、县武装部）在县委书记的统一领导下分工负责各自的工作。县级决策体制基本上仍是“党委决定，各方去办”。县委常委会包括常委扩大会是就全县重大问题进行决策的基本形式，县委书记通过此类会议贯彻自己的意图。在这种领导体制下，只有上级党委才能对县乡两级党委进行有效的监督，但往往表现为事后监督。权力过分集中于县委书记手中，同时缺少相应的责任制约束，易产生家长制、一言堂、腐败现象等问题。

第二，各级领导干部事实上的任命制和各部门领导说了算的做法是导致用人问题上的腐败的主要原因。

在现行干部人事制度下，县委主要领导及组织部门掌握着各乡镇党政领导和县各职能部门领导干部的任免权。各级人大的选举或任命只是从程序上认可县委的人事安排意图，因而往往多流于形式。在县各职能部门进人问题上，一般缺乏严格的考试录用制度。只要县主要领导写批示，有关职能部门领导同意，人事部门定向分配即可。

县级政权中诸问题的形成有着深刻的制度原因，要解决这些问题就必须积极推进县级政治体制改革。

第四节　农村基层政权与基层民主

一、农村基层政权结构的演变

农村基层民主实际上就是指村民自治。从历史和学理的角度而言，自治与民主是一对

---

① 社会主义新农村建设政策使“三乱”问题以及由此引发的“三农”问题有所改观。

关系密切的概念，因此有必要首先厘清二者的关系。自治和民主都是人民主权理论所派生出来的概念，但是二者并不是同义反复。自治的原意是指人们自己治理自身事务并对其负责的一种状态。在初始的民主政治中，例如在古希腊城邦和13世纪之前的一些英格兰小镇中，采取一种公社式的自治政治，是一种直接民主。但是，当政治共同体扩大以后，尤其是在民族国家形成以后，这种自治式的直接民主变得不可能，直接民主向以选举为中介的间接民主转变。这样，无论是"地方自治"、"基层自治"还是"社团自治"，都离不开选举机制。"现代社会不同层次的'自治'，不管其'自治强度'与'自治边界'有多大，充其量只不过是'代表统治'的代议制民主，而不是公民从一切人都是治者和被治者意义上'统治自己'的直接民主。如是，'自治'也就变为成就现代民主政治的基础因素和必要构件。"①

新中国成立后，农村基层组织的历史沿革如下：

1. 政社合一体制下的农村基层组织

1949年中华人民共和国成立以后，全国县以下的基层政权实行区、乡（有的称行政村）两级制，基本上沿袭了民国时期的行政区划。1950年12月，政务院颁布了《乡（行政村）人民政府组织通则》，规定行政村与乡为一级地方政权机关。1954年内政部颁布了《关于健全乡政权组织的指示》，要求各地在普选的基础上健全乡政府的功能与组织。"为了加强代表与人民的联系，便于推行工作，乡以下应根据不同情况划分工作单位：一般可以自然村或选区为工作单位，必要时在自然村或选区下亦可划定若干居民组；人民居住集中的乡，乡人民政府可直接领导居民进行工作；地区辽阔、居住分散的乡，乡以下可由若干自然村分别组成行政村，行政村按自然村划定居民组进行工作。"这个文件是唯一说明乡以下自然村政治结构的行政规章。

1954年宪法和同时出台的《地方各级人民代表大会和地方各级人民委员会组织法》规定，我国农村的基础政权为乡、民族乡和镇，行政村建制失去法律根据。但实际上，乡以下自然村的政治结构，仍然按照内政部的"指示"推行，实行行政村建制。尤其是在农业合作化运动中，在初级社向高级社的转变中，行政权力支配乡村社会的特征更加凸显，"一村一社"的村社合一体制初现端倪。民国时期把地方政府的最基层组织从传统的县下伸到乡，1949年以后下伸到村级。而且县政府的各种职能机构的下属部门都延伸到乡政府内，乡村行政职能急剧扩张。

在1957年的反右派斗争中，农业领域内也批评保守提倡冒进。在1958年1月的南宁会议上，毛泽东批评了1956年的"反冒进"，倡导"大跃进"。此后合并"小社"为"大社"的运动在全国展开。1958年下半年，中共中央通过了《关于在农村建立人民公社问题的决议》，人民公社化运动在全国迅速展开。中共中央的有关决议指出，人民公社是我国社会主义社会结构的工农商学兵相结合的基层单位；人民公社实行统一领导、分级管理的制度，一般分为公社管理委员会、管理区（或生产大队）、生产队三级；把国家在农村的粮食、商业、财政、银行等部门的基层机构下放给公社，业务上受上级主管部门的指导。这样，用行政手段管理经济的政社合一体制在全国建立起来。

① 白钢、赵寿星：《选举与治理：中国村民自治研究》，4页，北京，中国社会科学出版社，2001。

由于对农村财产的平调严重影响了农民的积极性，所以出现了三年（1959—1961 年）困难时期，农村经济几乎崩溃。为此，1962 年初，中共中央发布了《中共中央关于改变农村人民公社基本核算单位问题的指示》，把原以生产大队为核算单位改为以生产队为核算单位，生产队的规模 20～30 户，实行"三级所有，队为基础"。这种调整只是范围上的缩小，并没有影响以行政手段管理经济的政社合一体制。

人民公社在经济上将农村财产"一平二调"，在政治上是党对农村的权力延伸中实行的党政合一和政社合一的过程。在公社化以后，实行公社党委与公社管理委员会合署办公，生产大队一级普遍设立党支部。从此，公社党委书记和大队书记成为人民公社的权力核心。

依靠党组织扩张权力是新中国成立后新政权与以前的国家政权的区别。新中国成立后，党组织与正式的国家政府机构平行设立在从中央到公社（乡）的每一个层次上，并居于同级政府机构的领导地位。从公社（乡）往下到行政村，党支部代替了国家政权机构。在党政合一、政社合一的体制下，"三级所有，队为基础"实际上是将公社及其以下的两级组织构成了紧密整体的三个层次。这一体制是党组织贯彻其政策的制度保证，它是自明清"里甲"或"保甲"制度以来，中国税收制度最重大的一次组织变革，便于国家长久地控制和渗透农村。① 国家政权就这样延伸到了乡村社会的家庭层面。这种结构体系在农村组织管理中表现出的形态在前面已经得到考察。

2. 村民自治与农村基层政权组织结构

1983 年 10 月，中共中央、国务院发布《关于实行政社分开建立乡政府的通知》，标志着存在 1/4 世纪的人民公社体制的终结。终结公社体制有赖于农民和地方政府的制度创新。1978 年 11 月，安徽省凤阳县小岗生产队的 18 户农民签订生死状，实行"包产到户"的责任制。这一制度冲破了"三级所有，队为基础"的人民公社羁绊。不久，家庭联产承包责任制在全国得以实行，基本经济核算单位由生产队（集体）变为农户（个人），农民获得了生产经营自主权。

随着农民自主性的增加和基本经济结构的变化，传统上依赖于集体经济存在的权力结构受到有力挑战，生产大队和生产队组织迅速瘫痪。这样，农村基层社会出现了权力真空，社会治安和公共事务处于无人管理的状态。

1980 年底，广西的宜山、罗山两县的农村，为了应对混乱的治安局面，农民们自发创建了一种全新的基础性权力组织——村民委员会，以取代处于瘫痪状态的生产大队和生产队组织。以维持社会治安为初旨的村民委员会逐渐演变为对诸多事务的自我管理，变成了农民自治性组织。同时，在其他省份，也出现了类似村民委员会的组织。

1982 年宪法确认了村民委员会的法律地位。宪法规定：村民委员会是农村基层群众性自治组织；村民委员会的主任、副主任和委员由村民选举产生；村民委员会同基层政权的关系由法律规定。村民委员会设人民调解、治安保卫、公共卫生委员会，办理本居住地区的公共事业和公益事业，协助维护社会治安，并向人民政府反映群众意见、要求和提出建议。

---

① 参见［美］吉尔伯特·罗兹曼主编：《中国的现代化》，453 页，上海，上海人民出版社，1989。

这样，地方行政单位由县、人民公社、生产大队和生产队变为县、乡镇、行政村和村民小组（见表6—1）。

表6—1　　明清时代和20世纪的地方行政单位

明清	民国	1949—1955年	1956—1957年	1958—1983年	1984年至今
县	县	县	县	县	县
里/保	区	乡	乡	人民公社	乡镇
	行政村	行政村	高级合作社	生产大队	行政村
			初级合作社	生产队	村民小组

资料来源：黄宗智：《长江三角洲小农家庭与乡村发展》，182页，北京，中华书局，1992。

1987年11月，全国人大常委会通过了《中华人民共和国村民委员会组织法（试行）》。试行10多年之后，1998年11月，全国人大常委会通过了修改后的《中华人民共和国村民委员会组织法》。根据《中华人民共和国村民委员会组织法》的规定，村民委员会由农民直接选举产生的主任、副主任和若干委员组成，任期3年。村委会的性质是基层群众性自治组织，农民通过村委会实现自我管理、自我教育和自我服务。村委会的主要政治功能有：（1）处理本村公共事务，兴办公益事业，调解民间纠纷，维护公共秩序和社会治安，以及向乡政府反映村民的意见；（2）管理农村集体土地和其他集体财产，组织村民发展生产、经营合作经济；（3）宣传宪法、法律和国家政策，敦促村民履行规定的义务，保护环境，爱护公物；（4）接受乡镇政府的指导、支持和帮助，协助乡政府开展工作。为了履行这些功能，村委会分设人民调解、治安保卫、公共卫生等专门委员。

村委会虽然是基层群众性自治组织，但在政治上和组织上需要党的领导。村党支部的领导核心作用主要通过以下方式实现：（1）党支部书记担任村委会换届选举工作领导小组组长，对选举工作进行引导和控制；（2）村党支部成员与村委会成员交叉任职，村委会主任一般由党支部副书记或委员担任，村委会成员也多半是党员，这样就形成了一套班子、两块牌子的局面。

这样，在操作过程中，变成了党支部领导村委会，这是村民自治政治中的一个普遍现象。不仅如此，在与乡政府的关系上，有些乡习惯性地将村民委员会视为下级单位。因此，村民自治是一种很具中国特色的制度安排，与理论上的“自治”形态有着很大的区别。它是共产党领导的一种群众性基层组织，带有“准行政单位”的印记。①

从整体的农村基层组织关系看，农村自治组织的产生和改公社为乡的党政分开，根本性地改变了农村基层政权的组织格局，原三级结构中的大队为行政村即村民委员会所取代，村民委员会的性质是自治组织，而不再是行政系列的一环。尽管村民委员会的选举和组织过程并没有完全摆脱传统体制的影响，乡政府对它的干预仍然存在，但是至少在理论上，乡与村之间的命令结构解体了。由于行政命令体制的解体，组织活动不再可能依赖强制性的行政命令方式去完成，而必须通过有效的非行政手段去获得地方社会包括村民委员会的合作，因而农民和非政府机构在一定程度上获得了自主权。

---

① 参见白钢、赵寿星：《选举与治理：中国村民自治研究》，38页。

二、村民自治的实践

1. 村民委员会的选举

村民委员会是由村民直接选举产生的，这是在宪法和法律范围内对社会主义民主的实践，而直接选举则是政治改革的体现。1979 年全国人大修改了《中华人民共和国全国人民代表大会和地方各级人民代表大会选举法》，在选举方式上作了重大修改：(1) 将直接选举的范围扩大到县一级；(2) 用差额选举制代替过去的等额选举制；(3) 用直接的秘密投票方式代替过去的间接的公开投票方式。选举法的修改为农民的政治参与提供了制度保障。

1987 年《中华人民共和国村民委员会组织法（试行）》颁布以后，各地方相继出台了与之相配套的实施办法。这些法律法规规范了农民的选举行为，保证了农民的政治参与行为朝着制度化和法制化方向发展。

选举的一般过程是，首先确定村选举领导班子；其次是政府进行政治动员；再次是确定候选人；最后是投票。从选举过程来看，应该说村民委员会选举或者说村民自治是政府大力推动的。在确立了以村支书为组长的选举领导班子以后，在换届选举时政府就进行多次规模较大的选举动员。例如，山东省邹城市在 1992 年选举动员期间，市有关部门召开了 6 次选举动员会议，乡镇、行政村和村小组召开选举动员会议 4 700 多次。[①] 政府组织动员选举的方式与西方的选举制度有所不同，但在文化落后和文盲集中的中国农村却很有必要。

选举制度的创新为农村的治理方式带来了根本性的变化。

2. 村民自治与治理方式的变革

由于村委会是由村民直接选举产生的，村主任和村委会成员的命运由村民决定，村委会和村民之间的关系更加和谐了，村民拥有了更多的机会和权利参与管理和制约村委会，而村委会的管理方式也更加透明化。

村民会议制度和村民代表会议制度。《中华人民共和国村民委员会组织法》规定，村民委员会负责办理本村的公共事务和公益事业，涉及全村村民利益的问题，村民委员会必须提请村民会议决定。这就是说，村民会议是全村的最高权力机关。但是，由于村民流动性的增强，召开村民会议是一件很困难的事，于是村民自发地创造了“村民代表会议制度”。1990 年，民政部发出了《关于在全国农村开展村民自治示范活动的通知》，肯定了村民代表会议制度。根据民政部的统计，到 20 世纪 90 年代中期，约有一半的村建立了村民代表会议制度。

村民代表会议的职责是对本村重大事务作出决定，具体包括：(1) 村民委员会成员的选举、撤换和补选；(2) 制定、审议本村的发展规划和年度计划；(3) 完善各种形式的生产责任制、签订经济合同；(4) 制定、修改村规民约、村自治章程；(5) 审议村委会工作报告和财政收支情况的报告；(6) 审查计划生育指标的安排与落实；(7) 其他与村民利益

---

① 参见中国基层政权建设研究会：《中国农村村民委员会换届选举制度》，26～27 页，北京，中国社会出版社，1994。

有关的问题。

村民代表会议是一种代议制，与过去一切由村干部决定的做法比较，村民拥有了更大的决定权，村民代表对于自己不满意的提案可以行使否决权，并提出自己的议案。例如，河南省汝南县在 1991 年共召开村民代表会议 1 505 次，平均每村召开 5 次，共审议村内事务 2 202 件，其中被否决的有 250 件，由村民代表提出的合理化建议 1 950 件。①

村务公开。自从在农村推行建立在村委会基础上的村民自治以后，根本地改变了农村的治理结构和治理状况，中国农村普遍实行了财务公开和政务公开，极大地提高了农村的政治透明度，从总体上推进了农村的民主。

农村政务公开和财务公开是国家要求推行的一项重要制度，《中华人民共和国村民委员会组织法》和中共中央的有关决定对此有明确要求，地方各级政府制定了实施细则和办法。为了落实村务公开，在村民代表会议的基础上，一些地方又专门成立了“村务公开民主管理工作小组”和“村民理财小组”。

村务公开的内容包括：村干部的工资、奖金及各类补贴；集体财务收支情况；计划生育情况；耕地、池塘、果园、山林和企业承包；工程建设项目的投标和招标；宅基地分配；被征土地面积及补偿情况；义务工摊派；统筹提留款金额及使用；征购粮指标分配；救灾救济物资和生产资料发放情况；扶贫资金的使用；为村民办实事的项目；等等。应该说，所有有关村民利益的重大事项，都在村务公开之列。

对于村务公开方式，有的地方作了规范性规定，例如开封市要求统一公开内容、统一公开程序、统一公开时间、统一公开形式和统一监督管理机制。

以透明和公开为主要内容的村民自治的推行，极大地推动了中国农村的法治化建设，有效地遏制了村干部以及乡镇干部的腐败行为，对农村地区的稳定有着不可忽视的作用。

不仅如此，基于村民自治之上的村民委员会还有力地推动着农村的公共利益最大化。主要途径是：村委会向政府争取更多的利益；当本村与政府或邻村发生利益冲突时保护本村利益；实行种种办法增进村民的经济利益和公共福利；进行综合治理，全面提高村民的生活质量。

3. 村民自治中的问题

农村基层民主建设的成就有目共睹，但是也存在不少亟待解决的问题。首先是选举中的问题。主要有：第一是贿选，即以贿赂的方式争取选票，以达到当选的目的。由于村委会在本村土地使用权上的优势地位，为占据这一优势地位，在一些经济发达地区，贿选达到了令人震惊的程度。② 第二是指选或派选，即乡政府沿袭旧的管理方式，把村民自治组织当作下属机构，直接任命、指定或委派村委会成员，剥夺和侵犯了村民的民主权利。第三是领导选举机关带头违法，选举程序不合法。第四是用非法手段破坏选举，主要表现形

① 参见河南省汝南县人民政府：《开展村民自治，促进社会进步》，见白钢、赵寿星：《选举与治理：中国村民自治研究》，64 页。

② 参见李民、党国英：《乡村政治向钱进?》，载《中国社会导刊》，2002（11）。

式是“村霸”或社会恶势力非法控制选举。

为此，政府应该进一步加快村民自治的法治化建设，规范村委会选举的实际操作步骤和程序；加大村务公开的程度和推进的力度，杜绝不公开、假公开、半公开现象，切实发挥村民代表会议制度的作用；建立系统和规范的乡镇与村干部培训制度。

司法制度

重点问题

- 党与司法体制的关系是什么？
- 如何看待法院的法律制定权？
- 我国法院和检察院的组织体系是什么？
- 如何认识我国司法体制设置与地方保护主义的关系？

第一节　党的政法委员会

一、政法委的历史演变

在中国，讲到司法制度，不能不首先考察党的政法委的历史及其功能，否则对司法制度的理解就是不全面的。

最初，政法委员会设在政府机构而不是党的机关。新中国成立之初，政务院下设政法、财经、文教等指导委员会，分别对口联系和指导政务院有关部门的工作。政法委的全称是“政务院政治法律委员会”，下辖公安部、内务部、法制委员会、司法部等各部委和人民法院与检察署。1952 年，中共中央决定加强党的机构建设，在中央设立了党的政法工作部。1953 年，在反对分散主义的斗争中，对干部采取分口分级管理的方法，在中央一级与政府对口的若干部门就有政法口。

如前所述，为了加强中共中央的权威，在发动“大跃进”的过程中，毛泽东指示大政方针在政治局，部署权在书记处，执行权在国务院。为此，1958 年 6 月，中共中央决定成立有关领导小组，直接对政治局负责。政法领导小组是其中之一。这一基本的制度安排沿用至今。

“大跃进”运动在司法上的表现是法律虚无主义。中央政法小组在其报告中讲：“刑法、民法、诉讼法根据我国情况来看，已经没有必要制定了。”1959 年，撤销了司法部和监察部，将司法部主管的司法行政工作交由最高人民法院管理。1960 年，根据地方的集中司法权的做法，中央政法小组决定将公安部、最高人民法院、最高人民检察院合署办公，由公安部党组统一领导，最高人民法院和最高人民检察院各派一人参加公安部党组。这样，公检法之间相互制约的关系不复存在。

在“文化大革命”期间，公安部部长谢富治提出把公安机关“彻底打碎”，“砸烂公检法”，司法系统彻底瘫痪。

“文化大革命”以后，在加强法制建设时，中共中央于1980年决定成立政法委员会，到1981年，全国各省、自治区、市党委都相继成立了政法委，任命专职政法委书记。1982年，政法委员会的建制延伸到县一级。

1987年党的十三大决定对我国的政治体制进行全面改革，其核心是改革党政关系，实现党政分开。为此，1988年，中共中央决定撤销中央政法委员会，另行设立中央政法协调小组。从中央到地方，都进行了相应的改制。

1989年政治风波给党和国家造成了很大损失，中共中央决定在各领域加强党的领导。1990年3月，中共中央决定恢复中央政法委员会，撤销原中央政法领导小组，恢复中央政法委员会原有的建制和功能，同时加强其职能。这样，从中央到县一级，政法委的建制和功能在20世纪90年代得到全面的加强。

二、政法委的功能

由于巩固政权的需要，也因为司法制度的不健全，新中国成立初期，共产党建立了一套党委审批重要案件制度，重要案件尤其是死刑案件的逮捕、审判，均需通过相当一级党委的审批。事实上，党委审批案件就是党的政法部门审批案件，后来在政法委形成了一套十分严格的党内审批案件制度。1979年，新中国第一部《刑法》和《刑事诉讼法》颁布，中共中央决定取消各级党委审批案件制度。

现在，各级政法委员会的实际运作过程十分复杂。从中央到地方，各级各地政法委现实运作方式表现出很大的差异性，但是共同的有党内联席会议制度、执法检查监督制度、协管干部制度。①

1. 党内联席会议制度

党内联席会议是指，政法各部门之间存在重大分歧，经协商未能解决，请示党委政法委员会予以协调，或者党委政法委员会认为应当协调的重大疑难案件和其他事项，通过召开政法各部门有关领导联席会议进行研究、协调解决的工作方式。

这一制度主要是各级政法委员会运用其协调权解决公、检、法等政法各部门的重大问题的一种工作方式与方法。协调主要是统一政法各部门的思想认识，保证它们各自严肃执法，促进相互配合、相互制约，防止案件处理不公、久拖不决；另一方面，案件的法律处理仍由司法部门各司其职，依法进行。

党内联席会议有时又称“四长会议”或“五长会议”。这主要是因为参加会议的人员一般是由政法委书记或专职副书记主持，正副公安局局长、正副检察长、正副法院院长、正副司法局局长、正副国家安全局长等参加的一种协调性会议。

---

① 参见马宏兵：《政法委：历史、结构与功能》，中国人民大学硕士学位论文，2000。

协调的范围主要是本区域内有重大影响、需要政法各部门协作从重、从快办理的案件；政法各部门之间有重大分歧或争议的疑难案件；各级党委政法委员会与政法各部门之间有重大分歧或争议的疑难案件；政策性、敏感性强，涉及需要政法系统以外有关方面协调配合办理的案件；各级领导交办的需要党委政法委员会予以协调的案件；党委政法委员会认为需要研究协调的其他重要事项。

会议过程一般首先由提请协调的政法部门对请示予以协调的案件和其他众事项的基本情况、办理过程作出汇报，重点说明案件的重大影响、敏感性、有关部门之间分歧和争议的焦点，并对问题的处理提出倾向性意见；其次，与会的政法各部门领导根据情况发表意见，进行讨论、研究；最后，主持人综合各方面的意见，作出协调处理决定。其中涉及对案件的定罪、量刑等实际适用法律的问题，各级政法部门一般应在向上级主管部门请示的同时，也向同级政法委员会备案。

党内联席会议制度与过去的“联合办案”有很大的不同，其主要目的是对政法各部门之间有重大分歧和争议的疑难案件进行协调研究，保证严肃执法，维护宪法的尊严和法律的公正，根据中央决定，研究制定本区域开展重大专项斗争的方针政策及具体安排。在这一会议制度中，政法委运用的是其协调权，从会议协调范围来看，涉及的领域是很广的，会议所作出的决定对政法各部门都有一定约束力，但会议的决定不作为法律上的依据，各级政法委也不涉及具体案件的处理。

2. 执法检查监督制度

1998年中央政法委员会下发《关于加强党委政法委员会执法监督工作的意见》，各省、自治区、市根据中央政法委员会的文件精神，都相应地制定了各地党委政法委员会加强执法检查监督工作的具体制度，从而使我国的党内执法监督工作基本实现了制度化、规范化。

各级党委政法委员会执法检查监督的原则是在执法活动中加强党对政法工作的领导，把握正确的政治方向；以党的路线、方针、政策为指导，把执行党的政策和执行法律有机地统一起来，注重执法的社会效果；宏观抓共性，微观抓典型，把全面指导与个案监督结合起来，有错必纠，保证严肃公正执法；同时，坚持在宪法和法律范围内活动，不代替政法部门具体办案，支持政法部门依法独立行使职权。

从各地的情况来看，政法委员会执法检查监督的范围大致如下：(1) 检查监督政法各部门执行国家法律法规和党的路线、方针、政策的情况，调查研究与分析，及时纠正现实中存在的倾向性问题，有针对性地研究制定保证严格执法的方针、政策及具体措施。(2) 督办在国内外或者本区域内有重大影响的案件和群众反映强烈的案件，督促政法部门依法及时、严肃、妥善处理，以求得最佳的社会效果。必要时组织有关部门共同研究、协调行动、依法办理。(3) 在协助党委及其组织部门考察、管理政法部门领导干部时，把是否严格执法作为其称职与否的重要依据。(4) 总结推广先进经验，指导政法部门建立健全各种执法检查监督制度，堵塞漏洞，预防和减少贪赃枉法等司法腐败现象；协助党的纪检监察部门查处政法部门领导干部违法违纪问题。(5) 指导下级党委政法委员会的执法检查监督工作；办理上级党委政法委员会或同级党委交办的有关执法检查监督的其他工作。

各地各级党委为加强政法委员会的执法检查监督工作，在不同程度上还赋予了各级政法委员会相应的督察职权。政法委员会要经常了解、掌握政法部门的执法情况，必要时要求政法部门就有关问题作出报告。在政法部门正确的执法活动受到阻挠或干扰时，帮助政法部门排除阻力和干扰，支持法院、检察院依法公正独立行使审判权和检察权，预防、纠正以言代法、以权压法等现象。如发现政法部门有法不依、执法不严、知法犯法时，要及时提出纠正意见，并督促其限期纠正。政法部门如拒绝接受正确监督意见，或在限期内未履行法律职责的，党委政法委员会要提出具体处理意见，报告同级党委和上级党委政法委员会，同时抄送该政法部门上级主管机关。监督政法部门严格执行冤案、错案责任追究制度和赔偿制度；对领导批示和上级领导机关交办的人民群众上访申诉案件，督促有关政法部门认真办理，承办部门要按要求上报办理结果。

政法委员会进行执法检查监督采取的工作方法多种多样，如对群众反映执法不公、有重大影响的典型案件进行个案监督调查；针对突出的违法违纪问题组织开展专项检查和专项治理；还可以对执法活动中的重点问题进行调查研究。此外，可以定期组织开展执法大检查活动。检查公安、检察、审判、司法行政、国家安全部门在执法活动中有法不依、执法不严、违法不纠、贪赃枉法等行为，检查政法各部门办理的具体案件，检查监狱、劳改所、看守所、拘留所等监管改造场所的执法活动。

各级政法委员会作为党委主管政法工作的职能部门，运用其监督检查权协助党委加强对政法各部门执法活动的党内监督，是从宏观上统一组织领导政法工作的重要内容，是各级政法委员会的重要职责。执法检查监督制度是中国共产党坚持“依法治国”，协调政法各部门将执行党的政策与执行法律有机结合，保证政法部门依法独立行使职权而建立起来的制度性安排，这是一种对法律的党内监督，也是实现党委政法委对政法部门领导权的制度性安排。

3. 协管干部制度

所谓协管干部就是指各级政法委员会协助同级党委组织部门对政法部门领导干部进行考察、任免、管理的一种干部管理制度。

在中国，按照中国共产党的组织体系，各级领导干部是由各级党的组织部门来进行管理的。随着改革开放的进一步深化和现代化建设的发展，党中央国务院不断加强对政法工作的领导，赋予各级党委政法委员会各项权力。各级党委政法委员会在实践的基础上，制定了相应的各项制度和运作模式。其中协管干部制度就是一项十分重要的制度。

各级党委政法委员会协管干部的范围基本上与同级党委组织部管理的政法部门领导干部的范围相一致。其他范围各级党委政法委员会可以自定。在省、自治区、市一级，党委政法委员会协助省一级党委组织部考察管理政法部门副局级以上领导干部。它对于加强党对政法工作的领导，强化各级党委政法委员会的职能具有重要意义。

第二节　人民法院

一、我国法院的沿革与组织体系

在我国古代，有比较完备的中央审判机关和地方审判机关，但没有现代的法院制度。

国民党政府于1932年10月公布了《法院组织法》，并于1935年7月起开始施行。按《法院组织法》的规定，法院分三级：地方法院、高级法院及最高法院。一般民事、刑事诉讼案件，实行三审终审制。

我国的社会主义法院系统，发端于我国新民主主义革命时期的革命根据地。新中国成立后，在总结新民主主义时期根据地和解放区司法实践的基础上，中央人民政府于1951年9月公布了《中华人民共和国人民法院暂行组织条例》，规定人民法院为国家的审判机关，设立县级人民法院、省级人民法院、最高人民法院三级人民法院，并设立专门人民法院。1954年，随着新中国第一部宪法的颁布施行，同时颁布了《中华人民共和国人民法院组织法》。人民法院的组织体系由三级改为四级，即基层人民法院、中级人民法院、高级人民法院、最高人民法院。基层人民法院又设若干个人民法庭作为派出机构。同时设立了军事法院、铁路运输法院、水上运输法院等专门人民法院。

1957年下半年出现"左"的思潮，反右斗争扩大化。1958年8月，最高人民法院、司法部召开第四届全国司法会议，撤销了铁路运输法院和水上运输法院。有些地区出现了一股合并风，如把公安、检察、法院等机关合并为政法公安部。"文化大革命"期间，我国的司法制度遭到严重破坏。

党的十一届三中全会以后，司法制度进入恢复发展时期。1979年7月1日，我国制定的新《人民法院组织法》规定设立基层人民法院、中级人民法院、高级人民法院和最高人民法院四级法院，并设立军事法院、铁路运输法院、水上运输法院等专门人民法院，组织体系完备起来。

最高人民法院。我国是单一制的国家，法院体系也是单一的。最高人民法院是我国的最高审判机关，设刑事审判庭、民事审判庭和其他需要设立的审判庭。最高人民法院审判的案件包括：具有全国影响的重大案件；高级人民法院、专门人民法院判决和裁定的上诉案件和抗诉案件；最高人民检察院按照审判监督程序提出的抗诉案件。同时，最高人民法院监督地方各级人民法院和专门人民法院的审判工作，并对审判过程中如何具体应用法律、法令的问题进行解释。

地方各级人民法院。地方各级人民法院分为基层人民法院、中级人民法院、高级人民法院。基层人民法院设于县、自治县、市辖区及不设区的市，并可根据地区、人口和案件情况设立人民法庭。基层人民法院审判刑事、民事和行政的第一审案件，但法律、法令另有规定的除外。基层人民法院还可处理不需要开庭审判的民事纠纷和轻微的刑事案件，及指导人民调解委员会的工作。

中级人民法院设在省、自治区、直辖市的较大的市和自治州。中级人民法院设刑事审判庭、民事审判庭及其他需要设立的审判庭。中级人民法院审理的案件包括：法律、法令规定由它管辖的第一审案件，如涉外案件；基层人民法院移送审判的第一审案件；基层人民法院裁判的上诉案件和抗诉案件；人民检察院按照审判监督程序提出的抗诉案件。

高级人民法院设在省、自治区和直辖市一级。高级人民法院受理全省（自治区、直辖市）性的重大案件；下级人民法院移送审判的第一审案件；对中级人民法院判决和裁定不服的上诉和抗诉案件；人民检察院按照审判监督程序提出的抗诉案件。

专门人民法院是全国人大常委会根据需要加以解释而决定设立的特殊管辖法院。我国的专门人民法院主要有军事法院、海事法院和铁路运输法院。目前，除了军事法院以外，其他的专门法院陆续废除。

我国是单一制的国家，所以审判权也应集中统一，我国的法院组织体系也是依此目的而建构的。然而，长期以来，我国法院的管理区域与地方权力机关、地方行政机关的管理区域完全重合，人民法院过于依附地方或部门，导致地方保护主义与部门保护主义对人民法院正常司法活动的干扰，这不仅严重阻碍社会主义市场经济的发展，而且影响了人民法院依法独立公正行使审判权。要维护国家法制统一，使人民法院真正成为国家的法院，必须防止地方人民法院成为地方保护主义的工具。

2013年党的十八届三中全会通过的《中共中央关于全面深化改革若干重大问题的决定》指出，省以下法院实行由省法院垂直管理。司法权体现的是国家意志，因而必须具有“国家性”。也就是说，这种改革的方向是符合司法权本身的规定性的。

二、法院的职权

1. 司法审判权

司法审判权是法院所专有的、具有排他性的职权，其他任何机关、团体和个人都无权行使。现代国家均将司法审判与行政区分开来，将司法审判权赋予法院独立行使。

我国《宪法》第一百二十三条规定：“中华人民共和国人民法院是国家的审判机关。”第一百二十六条规定：“人民法院依照法律规定独立行使审判权，不受行政机关、社会团体和个人的干涉。”可见，“审判权属法院所专有”在我国也是一项重要的宪法性原则。

与西方资本主义国家有所不同，我国实行人民代表大会制度，一切权力属于人民，各级人民法院是由各级人民代表大会产生的，对其负责、受其监督。我国的审判制度，有利于充分保障广大人民行使国家权力，有利于保障审判工作为人民服务、充分体现人民的意志，也有利于维护我国人民民主专政的国家性质。但在人民法院行使审判权的过程中，也出现了一些问题，主要是对法院依法独立行使审判权的干涉问题，如地方保护主义对审判活动的影响。党在十五大报告中提出，要推进司法改革，从制度上保证司法机关依法独立公正地行使审判权和检察权。对审判制度的改革，应当包括审判人员任免制度、人民代表大会对审判工作的监督方式等方面的改革。我们必须坚持保障“审判权为人民法院依法独立享有，其他任何机关、团体和个人都不得干涉原则”的切实贯彻执行。

对民事案件和刑事案件的审判权，是各国法院司法审判权的最主要内容，这一职权一般由各国的普通法院行使，可称之为普通审判权。

(1) 依所审理案件的性质，可分为民事审判权和刑事审判权。在我国，各基层人民法院、中级人民法院、高级人民法院以及最高人民法院都享有民事、刑事审判权，各法院内部设有民事审判庭和刑事审判庭。

(2) 依是否对案件有初次审理的权力，审判权又可分为初审权、上诉审权及终审权。初审权即对案件初次审理的权力。上诉审权即法院对于不服初审判决而提出上诉案件的审理权。终审权即对案件作出终审判决的权力。

我国实行四级两审制，最高人民法院、高级人民法院、中级人民法院、基层人民法院都有初审权，其中最高人民法院管辖的第一审案件是全国性的重大案件，实践中，除“四人帮”反革命集团案件外，最高人民法院初审的案件几乎没有。最高人民法院、高级人民法院和中级人民法院都有上诉审权。最高人民法院享有终审权，而高级人民法院、中级人民法院对判处死刑以外的案件，也可以作出终审的二审裁决。

一些专门法院如海事法院、军事法院、铁路运输法院等，也有自己的专门管辖权，对某种类型的案件行使专门审判权。

2. 法律制定权

法院在行使审判权的过程中，除了解决争议以外，还产生了一种重要的“副产品”，即发展法律法规以适用于未来的案件。因而，法律不仅由立法机关出台，也由法院制定，法院享有法律制定权。

在英美法系国家，法官立法已成为一种普遍的现象，并且获得了公开的认可。

我国更接近于大陆法系国家，不采用判例学说，也不承认法院有制定法律的权力。在我国，对法律进行解释、改进和发展，主要依靠立法机关，即全国人大常委会。我国最高人民法院拥有法律解释权，但其与英美法系国家法院拥有的法律制定权有着显著区别。我国法院的法律解释权仅限于最高人民法院行使，其他法院均无此项权力；我国最高人民法院可以就如何具体适用某一法律自行作出解释，也可以咨询性地对来自某一地方高级人民法院或专门法院的对某一案件如何适用法律问题的请示作出回答。我国最高人民法院的司法解释因其广泛性及在审判过程中的权威性，已成为我国法律体系中特殊而重要的一部分。这种司法解释既不同于制定法，不是由立法机关制定的；也不同于判例法，不是在案件裁决中形成的。当然，在形式上它更接近于制定法。

3. 行政裁判权

行政裁判权是指法院审理和裁判有关行政诉讼的权力。我国没有设立行政法院，而是在普通法院中设立行政审判庭，审理行政诉讼案件，行使行政裁判权。《中华人民共和国行政诉讼法》规定，人民法院依法对行政案件独立行使审判权，不受行政机关、社会团体和个人的干涉。根据我国《行政诉讼法》的规定，我国法院只对具体行政行为是否合法进行审查，而不能受理下列行为：国防、外交等国家行为；行政法规、规章或者行政机关制定、发布的具有普遍约束力的决定、命令；行政机关对行政机关工作人员的奖惩、任免等决定；法律规定由行政机关最终裁决的具体行政行为。与其他国家相比，我国法院受理的行政案件的范围狭窄，没有对国家行为、抽象行政行为、行政机关内部行为及行政机关最终裁决的行为的合法性进行审查的权力。

综上可知，我国法院享有的职权与其他国家相比相对较小，这与我国的政治制度有关。我国实行人民代表大会制度，人民享有一切权力并通过各级人民代表大会来行使权力。我国不像西方国家那样实行立法权、行政权、司法权的三权分立，而是实行一权之下的分工。因而，在我国，如违宪审查权等重要权力是由全国人大行使的。但是，应当注意的是，法院狭小的职权已经不能适应我国社会主义法治国家建设的需要。对于行政法规、地方性法规、单行条例、规章及各部门有关法律的规定、解释，法规的制定和履行，宜经过最高人民法院审查，避免出现与宪法、法律相抵触或者互相矛盾的情况，以保障我国法律、法规系统的统一。

在实践中，我国法院在行使各项职权的过程中，还存在一些问题。我国宪法规定了法院独立行使审判权的原则，这与世界各国是一致的，但在实践中这一原则受到了一定程度的威胁和破坏，其中最突出的就是地方保护主义对法院独立行使审判权的影响。这主要是由我国司法体制中的问题和弊病导致的。我国地方法院由同级人大产生，司法管辖区与行政管辖区完全重合，法院的人、财、物受制于地方，这很大程度上导致了司法权的地方化，从而易受到地方势力的干涉。另外一个比较严重也颇受关注的问题是司法腐败。随着改革开放的深入进行，金钱至上等思想也在泛滥，加上封建腐朽思想的长期影响和体制上的不完善，使腐败现象渗入司法活动之中，从而极大地威胁着司法公正乃至整个统治秩序。这些问题的解决，最重要的在于司法体制的改革和完善。

4. 司法行政权

我国法院司法行政权的行使比较分散，由人民代表大会、司法行政机关以及人民法院共同管理法院的司法行政事务。

在法院的司法行政事务中，人民代表大会主要负责人事的任免。根据我国《宪法》和《人民法院组织法》的规定，最高人民法院院长由全国人民代表大会选举产生；副院长、庭长、副庭长、审判员由全国人民代表大会常务委员会任免；地方各级人民法院院长由地方各级人民代表大会选举产生，副院长、庭长、副庭长和审判员由地方各级人民代表大会常务委员会任免。

我国的司法行政机关属于国家行政机关体系。目前我国已经建立了从中央司法部到基层司法助理员的组织体系。各司法行政机构都受同级人民政府的领导，而下级司法行政机关还要受上级司法行政机关的领导。但是，我国的司法行政机关对法院的司法行政事务涉及并不多，主要是管理司法干部培训、指导人民调解委员会工作、开展司法行政理论研究与法制宣传工作等。

人民法院在司法行政中也起着重要的作用。各人民法院中一般都设有办公室、政治处等办事机构，负责本院的司法行政工作。最高人民法院设有办公厅、司法行政厅、研究室、人事厅等办事机构。最高人民法院有权对在审判过程中如何具体应用法律的问题进行解释，以监督地方各级人民法院和专门人民法院的审判工作。最高人民法院院长有权提请全国人民代表大会常务委员会任免本院的副院长、庭长、副庭长和审判员。地方各级人民法院有权监督其下级法院的审判工作。地方各级人民法院的副院长、庭长、副庭长、审判员由本院院长提请任免，地方各级人民法院院长有权任免本院的助理审判员。另外，人民法院设法官考评委员会，委员会由5～9人组成，本院院长担任委员会主任。法官考评委员会负责指导法官的培训、考核、评议工作。

三、法院的审判组织

法院审判案件，必须通过一定的具体组织形式进行，这种代表法院对案件进行审理和裁判的组织形式，就是审判组织。

1. 独任庭

独任庭是由法官一人独任审判案件的组织形式。在我国，基层人民法院和它的派出法庭审理事实清楚、权利义务关系明确、争议不大的简单的民事案件，由审判员一人独任审理；而基层人民法院管辖的适用简易程序的刑事案件，由审判员一人独任审判。

2. 合议庭

合议庭即由法官数人或法官与其他人员共同组成的法庭集体审理案件的审判组织形式。它是世界各国法院最主要的审判组织形式，也是适用最广的审判组织形式。

合议庭也是我国法院审判案件的主要组织形式。根据我国《人民法院组织法》的规定，人民法院审判第一审案件的合议庭，由审判员组成或者由审判员和人民联审共同组成；人民法院审判上诉和抗诉案件的合议庭，只能由审判员组成。合议庭评议案件实行少数服从多数的原则，合议庭的成员必须是单数。合议庭由院长或者庭长指定审判员一人担任审判长，院长或庭长参加审判案件的时候自己担任审判长。审判长主持法庭的审判活动，并且负责指挥法庭人员、司法警察维持法庭秩序。合议庭的成员，在依法审判案件时，享有同等的权力。合议庭评议案件的时候，如果意见存在分歧，应当实行少数服从多数的原则，但是少数人的意见应当写入笔录。评议笔录要由合议庭的组成人员签名。

人民陪审制度，即人民法院在审理第一审案件时，可以由审判员和人民陪审员共同组成合议庭。根据有关法律规定，凡年满 23 岁有选举权和被选举权的公民，都可以被选举为人民陪审员，但被剥夺政治权的人除外。

3. 其他审判组织

在其他审判组织中，我国的审判委员会是具有代表性的组织之一，这是我国比较有特色的一种审判组织，也是存在着诸多争议的一种审判组织。审判委员会是人民法院内部对审判工作实行集体领导的组织形式。《中华人民共和国人民法院组织法》第十一条规定：各级人民法院设立审判委员会，实行民主集中制。审判委员会的任务是总结审判经验，讨论重大或者疑难的案件和其他有关审判工作的问题。各级人民法院审判委员会的委员，均由院长提请同级人民代表大会常务委员会任免，本院无权决定。每个法院只设一个审判委员会，其成员不能任意变动。对于疑难、复杂、重大的案件，合议庭认为难以作出决定的，由合议庭提请院长决定提交审判委员会讨论决定。如果合议庭的意见与审判委员会的意见存在分歧，合议庭应当服从并执行审判委员会的意见，按照审判委员会的意见制作判决书或裁定书，但判决书或裁定书仍由合议庭成员签名。可见，审判委员会与合议庭之间，具有领导与被领导的关系，审判委员会具有对重大疑难案件的讨论决定权。审判委员会会议由院长主持，同级人民检察院检察长可以列席，但没有表决权。

审判委员会作为我国特有的审判组织，其设立以来发挥了一定的积极作用。首先，审判委员会能够发挥集体智慧，弥补法官素质的不足；其次，由于我国法制建设比较落后，我国的立法及立法技术都还有一定的缺陷，审判委员会通过研讨案件，可以更好地理解立法的精神，弥补立法上的一些不足，有助于正确理解、适用法律；最后，我国的整体法治环境还不十分理想，法院审理案件常常会遭到来自其他国家机关、个人的干预或社会舆论各方面的压力，影响法官秉公执法，审判委员会在某种意义上可以分组对抗这些压力，以保障法官依法办案。

然而，随着社会主义法制的不断发展和完善，尤其是近年来强调依法治国、司法公正特别是程序公正的呼声不断高涨，审判委员会审理案件的不足和缺陷更为突出地暴露出来。第一，审判委员会决定个案的处理在客观上造成了“审判分离”的结果，违背了司法活动的基本原理；第二，审判委员会决定个案处理，使当事人丧失了参与、申辩和申请回避等诉讼权利，违反了公开原则；第三，审判委员会委员各自从事的专业不同而对其讨论决定的案件质量造成隐患。另外，审判委员会决定个案在某种程度上为合议庭逃避责任提供了便利。我国法院普遍实行“错案追究制”，一些合议庭或法官为了保障自己不出“错案”，避免承担责任，对于一些能决定的案件也上交审判委员会讨论决定，这一方面增加了审判委员会的工作量，另一方面导致合议庭执法责任感的降低，同时也与我国正在推行的庭审方式改革背道而驰。实践中，各级法院的审判委员会都把主要精力放在了对个案的讨论决定上，而忽略了其他职能的发挥，长此以往，不仅不利于审判委员会的发展和完善，也不利于我国司法体制的进一步发展和完善。

第三节　人民检察院

我国现行检察机关的设置及性质定位依然沿袭了1996年刑事诉讼法修改以前的状况，体制上来源于苏联，检察机关不仅与审判机关平行，同称为司法机关，实行上命下从式行政管理，上级检察官对下级检察官从事的检察事务有职务收取权和移转权，而且赋予了检察机关包括对审判具体活动进行监督的法律监督职能。因此，我国现行检察机关既是实行行政管理的司法机关，也是专门的法律监督机关。

一、检察机关的组织体系与领导体制

我国检察机关组织体系的设置实行与国家行政区划、权力机关体系、审判机关体系以及检察工作的需要相一致的原则。根据这一设置原则，现行《中华人民共和国人民检察院组织法》第二条第一款规定：中华人民共和国设立最高人民检察院、地方各级人民检察院和军事检察院等专门人民检察院。

最高人民检察院是我国最高检察机关，由全国人民代表大会产生，对全国人民代表大会及全国人民代表大会常务委员会负责并报告工作。

地方各级人民检察院是指设在省及省以下地区的人民检察院。我国地方各级人民检察院按行政区划设置，并与地方各级审判机关的设置相一致。根据《中华人民共和国人民检察院组织法》第二条的规定，地方各级人民检察院包括：省、自治区、直辖市人民检察院；省、自治区、直辖市人民检察院分院，自治州和省辖市人民检察院；县、市、自治县和市辖区人民检察院。此外，省一级人民检察院和县一级人民检察院，根据工作需要，提请本级人民代表大会常务委员会批准，可以在工矿区、农垦区、林区等区域设置人民检察院，作为派出机构。

专门人民检察院是指根据检察工作需要，在特定的组织系统内设置的、具有专属管辖权的法律监督机关。它是人民检察院的重要组成部分，在最高人民检察院的统一领导下，独立行使检察权。专门人民检察院与其他人民检察院的主要区别在于：首先，专门人民检察院的机构是在特定的组织系统内设置的，并与该组织系统中的专门公安机关、专门人民法院的设置相一致。而地方各级人民检察院是依照国家的行政区划设置的，并与地方各级人民法院的设置相一致。其次，专门人民检察院在履行各项法律监督职能中具有对特定范围案件的专属管辖权，而地方各级人民检察院对这类案件一般没有管辖权。

目前我国设置的专门人民检察院包括军事检察院和铁路运输检察院。军事检察院是国家在中国人民解放军系统内设置的法律监督机关，是属于军队建制的人民检察院，是我国检察机关的组成部分。军事检察院实行双重领导体制，即中国人民解放军军事检察院在最高人民检察院和中华人民共和国中央军事委员会总政治部的领导下进行工作；其他各级军事检察院在上级军事检察院和本级军队政治部的领导下进行工作。军事检察院按照专属管辖的原则，行使对下列案件的检察权：(1) 现役军人的犯罪案件；(2) 军内在编职工的犯罪案件；(3) 非军人参与的军人违反职责共同犯罪案件。

铁路运输检察院是国家在铁路运输系统内设置的法律监督机关，也是我国检察机关的重要组成部分。铁路运输检察院由其所在的各省、自治区、直辖市人民检察院领导。其主要任务是通过依法行使检察权，保障国家法律、法规在铁路运输系统内的统一与实施，打击在铁路运输系统所辖区域内发生的各种违法犯罪活动，维护铁路正常秩序，保护铁路财产和铁路运输物资，保护铁路旅客和铁路职工的人身权利、财产权利、民主权利和其他权利。

人民检察院的派出机构，是指人民检察院根据工作需要，依照法定程序在特定区域、场所内设置的法律监督机构，是地方人民检察院的组成部分。根据《人民检察院组织法》和检察工作实践，派出机构目前有派出检察院和派出检察室两种基本形式。

根据《中华人民共和国人民检察院组织法》第二条第三款的规定，派出检察院是由省一级人民检察院和县一级人民检察院根据工作需要，提请本级人民代表大会常务委员会批准，在工矿区、农垦区、林区等特定区域设置的派出机构。派出检察院在派出它的人民检察院的领导下进行工作，在所辖区域内依法独立行使检察权。派出检察院内依法设立检察委员会和其他业务机构，其检察长、副检察长、检察委员会委员和检察员，均由派出的人民检察院检察长提请本级人民代表大会常务委员会任免。

根据法律的规定，我国检察机关的领导体制是双重领导体制，在业务上，我国上下级检察机关之间是领导关系，下级检察机关在业务上必须服从上级检察机关的指挥，因而我国检察机关具有一些集中性特征。但与此同时，由于我国检察机关是按行政区域设置的，地方党委、人大及政府部门控制着检察机关的人事及财政权力，甚至有权对检察机关进行业务上的领导。具体而言，这种双重领导体制包括如下内容：

第一，根据宪法规定，我国各级人民检察院对同级人民代表大会和它的常务委员会负责并报告工作。就是要接受同级人民代表大会及其常务委员会的领导并报告工作，接受其监督。国家权力机关对检察院的领导、监督主要表现为选举、任免、批准各级人民检察院检察长、副检察长、检察委员会委员、检察员；听取和审查人民检察院的工作报告；对人民检察院提出质询；审议人民检察院检察委员会存在意见分歧的重大问题；监督人民检察院正确行使检察权等。

第二，根据宪法规定，我国检察机关上下级之间具有领导关系，即最高人民检察院领导地方各级人民检察院和专门人民检察院的工作，上级人民检察院领导下级人民检察院的工作。检察机关组织系统的这种领导关系，主要表现在以下几个方面：(1) 全国和省、自治区、直辖市的人民检察院检察长，有权向本级人民检察院常务委员会提请批准任免和建议撤换下一级人民检察院检察长；(2) 当下一级人民检察院在办理重大案件遇到特殊困难时，上级人民检察院应当及时给予支持和指示，必要时可派人协助工作，也可以将案件上调由自己办理；（3）上级人民检察院可以了解和掌握下级人民检察院干部的政治素质和业务素质，帮助培养检察干部，总结、交流检察工作经验，以便逐步建立一支正规化的精通业务的检察队伍。

我国检察机关的现行领导体制是在总结长期历史经验的基础上逐步形成的，适应我国地域广阔，各地政治、经济、文化发展极不平衡的现实国情。但随着我国社会的发展及法制建设的深入，这种领导体制也暴露出不少问题：一是由于我国地方各级检察机关的人事权和财政权掌握在地方党委、人大和政府手中，而上下级检察机关之间除有业务上的联系外，上级检察机关对下级检察机关并无实际的控制权，这导致我国检察机关在实际运作过程中地方化的倾向非常严重。各级检察机关往往非常注意配合地方国家机关实现特定时期的政治、经济等方面的任务，而不注意国家法律的统一实施，特别是当国家法律与本地局部利益发生冲突时，许多地方的检察机关往往极力维护地方利益，而置国家利益于不顾。各地检察机关在侦控贪污贿赂犯罪过程中一旦涉及地方上的重要党政领导干部，往往不了了之，与此也是不无关系的。二是个别党的领导干部出于地方保护主义或维护个人私利的需要，不正当地干预检察机关办理具体案件，侵犯了检察活动应有的独立性，破坏了国家法律的统一实施，这也是导致检察活动地方化的一个重要原因。为了克服这些问题，有必要采取以下措施：

第一，将我国检察机关的领导体制由双重领导体制恢复为垂直领导体制，理顺中央与地方的关系。

第二，改革和完善党的领导，保护检察机关依法独立行使检察权。江泽民同志在党的十五大报告中对依法治国和党的领导问题作了专门论证，对正确认识和处理党的领导与检察工作之间的关系具有重要指导作用。他指出，依法治国，是党领导人民治理国家的基本方略，是发展社会主义市场经济的客观需要，是社会文明进步的重要标志，是国家长治久安的重要保障。党领导人民制定宪法和法律，并在宪法和法律范围内活动。依法治国把坚持党的领导、发扬人民民主和严格依法办事统一起来，从制度和法律上保证党的基本路线和基本方针的贯彻实施，保证党始终发挥总揽全局、协调各方的领导核心作用。要维护宪法和法律的尊严，坚持法律面前人人平等，任何人、任何组织都没有超越法律的特权。要推进司法改革，从制度上保证司法机关独立公正地行使审判权和检察权。

二、我国检察机关的机构设置

1. 我国检察机关的内部领导机构

检察长是人民检察院的最高首长，对外代表人民检察院，属于人民检察院的领导机构。我国《人民检察院组织法》规定，各级人民检察院设检察长 1 人，副检察长若干人，检察长统一领导检察院的工作。

2. 我国检察机关的内部决策机构

检察委员会是人民检察院的法定决策机构。检察委员会实行民主集中制，在检察长的主持下，讨论决定重大案件和其他重大问题。检察委员会由检察长、副检察长和部分检察员组成，检察委员会委员须由检察长提请本级人民代表大会常务委员会任免。

我国检察机关的检察委员会是一种集体领导的组织形式，这种组织形式一方面是检察委员会实行民主集中制、少数服从多数的原则，集体讨论决定重大案件和其他重大问题。当检察长不同意多数委员的意见时，按多数委员的意见决定。这样有利于充分发挥集体智慧，防止检察长独断专行，从而保证正确、有效地实现对检察工作的领导。另一方面，检察长又拥有一种法定的特别权力，即当检察长的意见与多数委员的意见不一致时，或者说检察长不同意多数委员的意见时，虽然检察长不能否定多数委员的意见，但检察长有权将自己的不同意见报告上级人民检察院决定。这种制度较国外检察机关内部领导机构的议事制度更有优势，既能保证充分发扬民主，又能保证正确进行集中。

3. 我国检察机关的内部职能机构

检察职能机构是按照人民检察院法律监督的不同对象和分工设立的工作机构。目前我国各级人民检察院主要设立下列检察职能机构和综合职能机构：

刑事检察机构。刑事检察机构是人民检察院对侦查机关和人民法院在刑事诉讼中的侦查活动和审判活动实行法律监督的职能部门。

贪污、贿赂检察机构。贪污、贿赂检察机构是人民检察院对贪污、贿赂等经济犯罪行为实行法律监督的职能部门。其主要职责是对人民检察院直接受理的贪污、挪用公款、受贿、单位受贿、行贿、对单位行贿、介绍贿赂、单位行贿、巨额财产来源不明、隐瞒境外存款、私分国有资产、私分罚没财物 12 种犯罪案件进行立案、侦查等工作。

法纪检察机构。法纪检察机构是人民检察院对国家机关工作人员的渎职犯罪行为、国家机关工作人员利用职权实施的特定的侵犯公民人身权利的犯罪行为以及侵犯公民民主权利的犯罪行为实行法律监督的职能部门。

监所检察机构。监所检察机构是人民检察院对执行刑事判决、裁定的活动和监管改造机关的活动实行法律监督的职能部门。

民事、行政检察机构。民事、行政检察机构是人民检察院对人民法院的民事审判活动和行政诉讼活动实行法律监督的职能部门。其主要职责是负责对人民法院已经发生法律效力的民事、行政判决、裁定，发现确有错误或者违反法定程序，可能影响案件正确判决、裁定的，依法提出抗诉等工作。

控告申诉检察机构。控告申诉检察机构是人民检察院通过受理申诉、控告、举报、报案、自首以及处理来信、来访等事务，实行法律监督的职能部门。

检察技术机构。检察技术机构是人民检察院运用科学技术手段，对案件证据进行收集、检验、鉴定及复核的职能部门。

研究机构。研究机构是人民检察院对检察业务及其有关法律、政策进行调查研究的综合性业务部门。

三、检察机关的职权

1. 检察机关的一般法律监督职责

检察机关的一般法律监督对象包括社会各阶层的公民、国家机关、社团组织及其工作人员等一切从事法律规定的社会活动的公民和社会组织。我国虽未具体列举检察监督的对象，但宪法、刑事诉讼法、民事诉讼法、行政诉讼法以及检察院组织法都规定检察机关是法律监督机关。因而，其监督对象非常广泛。

2. 刑事功能

检察院的刑事功能主要包括侦查、提起公诉和抗诉。

侦查权。各国在肯定警察是侦查主体的同时，无一例外地赋予检察机关对某些案件的直接受理权和自行侦查权。根据法律规定，我国检察机关对贪污贿赂犯罪、国家机关工作人员的渎职犯罪、国家机关工作人员利用职权实施的侵犯公民人身权利和民主权利的犯罪以及利用职权实施的其他重大犯罪案件，有权直接立案侦查。可见，检察机关直接侦查的案件，一般是公务人员利用职权实施或涉及政府、司法廉洁的案件，是那些直接对国家利益或社会公共利益、公民合法权益造成严重危害的案件。

提起公诉。检察机关代表国家决定起诉或不起诉。根据法律规定，对符合起诉条件的案件决定起诉；根据法律规定，对不符合起诉条件的案件作出不起诉决定，或行使一定的自由裁量权对符合起诉条件的案件作出不起诉决定。因此，如何控制检察机关的自由裁量权是各国的一个共同任务。

抗诉。根据法律规定，检察机关对其认为不当或错误的司法裁判有权提出上诉或抗诉。

第三部分

政治关系与政治过程

国家与社会关系：从全能主义到国家统合主义

重点问题

- 我国一体化的国家与社会关系是如何形成的？
- 如何评价一体化的国家与社会关系？
- 经济改革对国家与社会关系有什么样的影响？
- 如何认识市场经济条件下单位体制的政治性质与单位功能？
- 如何认识国家与新兴社会组织的关系？

“国家与社会”是学术理论界颇为流行的研究范式，国家与社会研究的是传统上所说的“官府”与“民间”的权力的界定、变化或交换，进而发现关于社会秩序的制度与规范的变化。在中国的制度环境中，用“党和国家与社会”或许更能准确地表达国家与社会的关系。但是不管如何称谓，国家与社会的关系事实上就是政府与社会的关系。

政府是一个国家为维护和实现特定的公共利益，按照区域划分原则组织起来的、以暴力为后盾的政治统治和社会管理组织。这里的政府不仅包括广义上的立法、司法和行政机关，在中国还应该包括党的体系，包括官方的意识形态和文化教育系统。政府的行为主要发生在公共领域，为维护公共秩序，政府可以合法地使用暴力。

社会是与政府相对应的一个概念，是在一个民族国家的范围内个人之间结成的各种非政府的组织和关系的总和。社会既是政府权力的承受者，同时又影响和制约着政府权力，因此是与政府相对应的另一种人类组织形式。社会所调节的主要是私人活动领域，因而是自愿结成的组织。

关于公域与私域的界定是西方政治学的传统，但是在中国历史文化中，国家和社会的界限并不是那么清晰，甚至浑然一体。

新中国成立以后的国家/政府与社会是什么样的关系呢？众所周知，以始于 1978 年的“第二次革命”为标志，中华人民共和国的历史大致可以分为两个时期，这两个时期的国家/政府与社会的关系也有着革命性的变化。

当然，我们并不满足于一般性地描述国家/政府与社会关系的演变，在国家与社会的视角下，我们还将探讨在城市社会中作为国家与社会联结点的单位体制和在农村社会中作为国家与社会焦点的村民自治问题，以及新兴社会组织问题。无论是城市的单位体制还是农村的村民自治，都是“非政府政治”，是国家与社会的最为典型的范畴。

第一节　当代中国国家与社会关系的演变

从政治体制上看，古代中国是一个高度中央集权的官僚制帝国。[①] 但是从国家与社会的视角观之，我们发现帝国的政权系统只达于县这一级，在县以下的民间社会中则是士绅起着关键性的作用，因而形成了某种意义上的“蜂窝状结构”[②]。皇权与绅权的并举使得中国出现了表面上看来令人费解的状况，一方面专制主义与大一统高度发达；另一方面国家的行政组织能力与动员能力又极其低下。后者在近代中国与西方列强的相互冲突中得到了淋漓尽致的展现。

马克思主义对治疗“一盘散沙”的社会结构有特殊的功效。列宁指出，在社会主义国家，全体公民都成了一个全民的、国家的“辛迪加”的职员和工人，并服从这个国家；整个社会将成为一个管理处，成为一个劳动平等和报酬平等的工厂。[③] 毛泽东指出：我们应当将全中国绝大多数人组织在政治、军事、经济、文化及其他各种组织里，克服旧中国散漫无组织的状态。因此对近现代中国而言，无论是从国家独立还是从国家富强的意义上，如何改变“一盘散沙”的局面，迅速提高国家的动员能力与行政组织能力，为中国现代化的启动创设基础性条件，便成为先进的中国人及其群体思索与探求的中心课题。

正是在这样的历史遗产与主题关怀下，以毛泽东为代表的中国共产党人在新中国成立之初就确立了高度集权的政治经济体制，整个社会从微观到宏观、从个人到组织都被纳入党—国家的权力结构中。这种国家与社会关系模式被有些学者称为“全能主义政治系统”，其基本特征是：国家权力可以侵入社会的各个领域和个人生活的诸多方面，而不受法律、思想、道德（宗教）的限制。[④] 伴随着改革开放，“全能主义政治系统”发生了很大变化。

一、高度一体化的国家与社会（1949—1978年）

在中国共产党领导的新民主主义革命中，官僚资本主义与帝国主义、封建主义一起被列为革命的主要对象。通过对农业、手工业和资本主义工商业的社会主义改造以及国民经济计划管理体系的建立和统购统销政策，新中国终于实现了党—国家对整个国民经济的全面控制，行政关系取代了市场关系的一切残余。国家对一切经济资源享有绝对的垄断地位，它不仅控制了生产、交换、流通与消费的全过程，而且直接涉及社会生活与个人生活

① 参见［以］艾森斯塔德：《帝国的政治体制》，10页，南昌，江西人民出版社，1992。
② 蜂窝状结构是指组织规模狭小、组织结构类似、彼此不相联系的状态。
③ 参见《列宁选集》，3版，第3卷，202页，北京，人民出版社，1995。
④ 参见邹谠：《二十世纪中国政治（中文版）》，206页。

的一切方面。

1. 国家对城市社会的渗透与控制

在旧中国的城市社会中，资本主义的经济关系以及相应的社会交往形式仅仅在表面上占据着主导地位，与资本主义的经济关系同时存在的还有大量传统的和前资本主义的经济关系与社会势力。这些社会势力利用帮会、宗族、行会、同乡会、宗教组织与迷信团体等传统社会关系控制着基层的普通民众。它们与残存的忠于国民党政权的人一样，是共产党和新生政权向社会贯彻其权威的障碍。20 世纪 50 年代初期，党发动了一系列的政治活动，主要有“镇压反革命”、“城市民主改革”、“三反”“五反”等，以急风暴雨般的阶级斗争方式摧毁了这些盘踞在城市社会基层的旧的社会—政治势力。这个过程的基本特点是政权力量与群众运动相结合，即通过发动群众控诉和揭发反动分子的罪行，由政府对其进行镇压和惩罚，同时向群众灌输党的意识形态并使群众拥护和服从党的权威。

根据中国共产党的新民主主义革命理论，帝国主义与封建主义、官僚资本主义一起构成中国革命的主要对象。中国的大中城市，特别是沿海城市，与资本主义有着千丝万缕的联系。因此，消除资本主义在华影响便成为新政权在城市社会贯彻其权威的一个基本方面。随着大城市的陆续解放，各地军管会开始清理西方国家在中国建立的官方或半官方的宣传机构，不允许外侨在中国兴办报纸与杂志，还停止了同新中国无外交关系的外国通讯社与外国记者的活动。新中国还着手处理外国人经办或接受外国津贴的文化、教育、卫生、救济等机构。1951 年 1 月，教育部召开了处理接受外国津贴的高等学校的会议，决定一律由政府接办，改为国家事业。对接受外国津贴的医院、救济机构，也由监督检查过渡到由政府接办。1950 年 9 月，中国基督教知名人士发表了《中国基督教在新中国建设中的努力途径》的宣言，号召中国基督教会开展自治、自养、自传的革新运动。同年 11 月，中国天主教知名人士也发表《天主教自立革新运动宣言》。① 此后成立了中国基督教“三自”爱国委员会与中国天主教主教团，成为在党和国家领导下的宗教团体。

党和新政权对革命统一战线中的同盟军——民族资产阶级与城市小资产阶级，则采取了比较和缓的手段来获得对它们的控制。党对民族资产阶级总的政策是“利用、限制和逐步改造”。旧的商会组织逐渐停止了活动，而代之以党控制下的工商联。1953 年 10 月，中华全国工商业者联合会宣告成立，它被视为“全国各类工商业者联合组成的人民团体”。知识分子是城市小资产阶级的主要组成部分，他们多数聚集于各种类型的学校中，也有一部分属于自由职业者。至 1952 年末，除了接受外国津贴的学校被接办外，所有私人控制的学校也被取消。共产党在各级学校中建立党委或支部，成为学校工作的领导核心。从小学、中学直到大学，全部采用统一制定的教学大纲与计划。此外，每一个专业集团和每一门学科都被组织到党所控制的协会中。例如，创作艺术家加入中国文学艺术界联合会。在这个联合会中，每一门学科又有它自己的组织，例如，中国作家协会或中国戏剧家协会。中国作家协会在各省和各大城市都有分会，它的北京中央机关指派各省分会的负责人和当

---

① 参见韩念龙主编：《当代中国外交》，21～23 页，北京，中国社会科学出版社，1988。

地文学刊物的编委成员。[①] 在这个联合会之上，则有中共中央宣传部的统一领导。这样，几乎所有知识分子都被纳入党控制下的组织网络中。

通过群众组织掌握群众是党向社会基层贯彻其权威的重要手段。1949 年 7—8 月，党领导的中华全国总工会在北平（即北京）召开全国工作会议，决定在一年左右的时间内把全国工人首先是产业工人组织起来，基本手段是在企业和其他就业场所普遍成立工会。1950 年 6 月，中央人民政府公布施行的《中华人民共和国工会法》规定：全国的工会组织以中华全国总工会为最高领导机关，凡工会组织成立时，均须报告中华全国总工会或其所属之产业工会、地方工会。1950 年 4 月，中共中央发出《关于加强青年团及其他群众团体工作的指示》。在各种政治运动中，工会和青年团等群众团体在社会基层迅速扩大。以此为基础，党的组织系统向一切社会基层组织延伸，并从工人中吸收了大量的积极分子入党。

除了群众组织的扩展以外，政权机关也向社会基层延伸。公安部于 1952 年 8 月公布施行《治安保卫委员会暂行组织条例》，规定在城市的机关、工厂、企业、学校、街道普遍建立治保组织，协助基层政府和公安机关监视、调查、检举、遣送反革命分子和逃犯，从而使他们所在的社会组织具有了行政功能。1954 年 12 月，全国人大常委会通过并公布施行《城市街道办事处组织条例》、《城市居民委员会组织条例》和《公安派出所组织条例》。街道办事处是城市基层政府的派出机构，它通过居民委员会这种具有行政功能的群众组织把政府的权威传达给每一户居民；公安派出所则作为公安局的派出机构将执行公共安全职能的行政组织伸向社会基层。在全国范围普遍建立起来的这些机构和组织，是共产党政权和社会的结合部，其特点是政权组织与群众组织相结合。

2. 国家对乡村社会的控制

从 20 世纪 20 年代末起，共产党就制定了一条“农村包围城市”的革命路线，在它夺取全国政权之前，大部分的精力和工作集中在农村。因此，在对基层社会的动员与控制方面，党对农村比对城市更富有经验。乡村社会中自宋代以来逐渐扩展的宗族力量是党向农村贯彻其权威的重大障碍。杜赞奇在其对华北农村的研究中指出，宗族组织以不同的面目生存在农村的区域权力网络中，是帝国的地方行政体系与非正式的社会团体的中间形态。[②] 新中国成立以后，党和国家通过各种运动来打破宗族村落的疆界。1949 年至 1952 年的土地改革运动就是为了用新的土地关系和认同取代旧的宗族土地制度和认同。“反霸”、“镇反”则旨在通过阶级划分与斗争，打破宗族在民间的社会分化格局。农业集体化则通过建立个人与国家之间的直接经济关系，打破宗族与区域的中间层。“社会主义思想教育”运动则使同一的文化直接深入至社会的个人。

此外，国家行政组织的触角也向乡村社会基层延伸。政务院于 1950 年 12 月颁布了《乡（行政村）人民代表会议组织通则》和《乡（行政村）人民政府组织通则》，确认行政村和乡为一级地方政权机关。不过，村的地位有所反复。1954 年 9 月，一届全国人大一次

---

① 参见［美］F. R. 麦克法夸尔、费正清编：《剑桥中华人民共和国史（1949—1965 年）》，146 页，北京，中国社会科学出版社，1992。

② 参见［美］杜赞奇：《文化、权力与国家》，81～110 页，南京，江苏人民出版社，1994。

会议通过了《中华人民共和国宪法》和《中华人民共和国地方各级人民代表大会和地方各级人民委员会组织法》，规定县以下农村基层行政区划为乡、民族乡和镇，撤销了行政村建制。但是在农村的实际工作中，村政仍然是不可缺少的。在农村合作化运动中，初级社的组建范围是自然村，高级社的组建范围则是行政村。1958 年北戴河会议通过了《中共中央关于在农村建立人民公社问题的决议》。① 1962 年"七千人大会"上，中共中央发出《中共中央关于改变农村人民公社基本核算单位问题的指示》，宣布：在我国绝大多数地区的农村人民公社，以生产队为基本核算单位，实行以生产队为基础的三级集体所有制。这样，以生产队为农村集体经济的基本核算单位、以生产大队为政社合一的农村社会基本单位的村政格局，终于显现出一个大致稳定的轮廓。

政社合一的大队建制最终得以形成的一个关键是中共党支部在大队一级的普遍建立。国民党统治中国 20 多年，仍未能在农村普遍建立起区级党部。中共党组织的网络延伸至最基层的农村，并不是一件轻而易举的事情，从区级到乡级再到大队一级，用了 10 年左右的时间。1954 年第一次全国农村党的基层组织工作会议前，全国 22 万个乡中，已有 17 万个乡建立了党的基层组织。② 1956 年中共八大明确提出在农村乡以下建立党的基层组织。到 20 世纪 60 年代初，生产大队一级普遍建立了党支部，大队党支部成为村政的核心组织和决定性力量，党的权威被贯彻到农村社会的每一角落。政社合一的生产大队成为农村中唯一的合法组织。

国家政权就这样延伸到乡村社会的家庭层面。农村的街道、房屋等外表形象没有什么变化，但农民发现自己带上了某个阶级的标签，并被要求参加集体劳动、群众大会和其他集体活动。集体是他们现在唯一的依靠，因为他们不再拥有也不能再出租或租赁自己的耕地、农具、劳动或产品。革命把农民从封建制度和其他束缚之下解放出来建立起政权的合法性，现在却通过户籍制度把农民固定在土地和出生地上，农民离开土地就意味着不仅失去了社会身份，也失去了赖以生存的口粮。对农民流动的限制，使国家成了最直接的控制者。③

3. 社会成员对国家的依附

随着党—国家对社会资源全面垄断地位的确立，社会成员对党—国家的依附关系也最终形成。这种依附关系主要是通过劳动就业制度、户籍制度、身份制度以及单位制度这些制度安排实现的。

（1）劳动就业制度。

新中国成立之初，政府对劳资争议的仲裁和解雇工人的程序作出了一系列的明确规定，对资方自由解雇工人的权利作出了程序上的限制，同时政府还直接扮演了仲裁人的角色。1952 年 8 月公布的《政务院关于劳动就业问题的决定》进一步规定，一切公私企业，对于因实行生产改革、合理地提高了劳动效率而多余出来的职工，均应采取包下来的政策，仍由原企业单位发给原工资，不得解雇。同年，政务院在关于处理失业工人的办法中

---

① 参见张乐天：《告别理想——人民公社制度研究》，537～539 页，北京，东方出版中心，1998。

② 参见沈延生：《村政的兴衰与重建》，载《战略与管理》，1998（6）。

③ John K. Fairbank，*China*：*A New History*，pp. 353－354，Harvard University Press，1992.

规定，凡需要雇用工人职员的公私企业，须先拟具雇佣人员条件及待遇办法草案交送当地劳动局审查核准后，由劳动力调配机关统一介绍，或由雇佣人员的企业在劳动局指定的已经登记的当地失业人员中自行选择，经调配机关审查批准后乃雇之；非经劳动局批准，不得采用登报或出布告等自由招雇的办法。从1953年起，政府在工业部门正式实行统一的新劳动保险制度，要求企业对个人承担无限责任，而个人则基本上不承担责任。根据1953年1月修正公布的《中华人民共和国劳动保险条例》，职工享受劳动保险必须通过政府、企业当局和工会组织的行政程序，劳动者个人如果脱离这种组织过程（例如自主更换就业场所）就会冒失去劳动保险的风险。这种规定还导致了阻止工人在企业之间自由流动的工龄制度的形成。这样，工人与企业之间的职能联系被日益限定在政府行政管理程序内。由于国家强迫企业对工人承担的义务后来被国家直接承担起来，这种关系最终就演变为工人与国家之间的直接联系。

社会主义改造完成以后，国家同企业及其职工的关系在全社会范围内发生了根本变化。继新中国成立初期把被接管的人员"包下来"以后，1956年国家又把公私合营企业的职工"包下来"。这时，高等学校、中等专业学校、技工学校的毕业生作为工业化的技术骨干和国家干部的来源已经由国家统一分配工作，复员转业军人也由国家统一安置。于是，从1955年到1957年，新中国形成了这样的劳动制度：国家对每年新成长的劳动力承担起安排就业的义务，用统一招收的方式将他们分配到企业和其他机构中；对于由国家安排就业的人员，企业当局不得随意辞退，成为固定工。后来它被称作"统包统配"的劳动制度。

（2）户籍制度。

户籍管理在中国有着悠久的历史，它在历史上的主要功能是为政府征收提供统计依据。新中国的户口登记制度是在1953年为准备普选而进行的第一次全国人口调查登记的基础上建立起来的。1955年6月，国务院公布了《关于建立经常户口登记制度的指示》，决定在全国范围内建立户口登记制度，并规定了居民迁居时必须履行的行政手续。1958年1月，国家公布《中华人民共和国户口登记条例》，政府发给每户居民一本"户口簿"，并规定户口簿所登记的内容具有证明公民身份的法律效力。户口登记又分为城市户口与农村户口两大类。对城市人口实行居民口粮等定量并发给供应凭证的供应制度，对农村户口则由生产队按当年收获和向国家交售的情况分配口粮。因此，两类户口的最大区别就是具有不同户口登记的居民按不同的渠道和数量获得必需品。由于居民的生活必需品供应被纳入国家的计划，又由于这些必需品始终短缺，所以，人口的迁移（主要是从农村流向城市）就被置于国家的行政控制之下，而且变得越来越困难。即使均为城市户口，夫妻两地分居等现象也很普遍。

（3）身份制度。

改革前的中国社会中实际上存在着四大身份系列。一是政治身份系列。处在这个系列两端的，就是理论上的无产阶级和资产阶级，但是在中国的实际情况下，这两部分包含着十分混杂的成分，特别是在原有的资产阶级已经消失的情况下，"资产阶级"这个概念实际上包括了所有被认为是"与社会主义敌对"的人，甚至包括某些权力斗争的失意者。二是城乡身份系列。户籍制度将城乡居民分割成两种截然不同的社会身份。三是"干部"与

“工人”的职业系列身份。“干部”与“工人”的身份是相当固定的，“以工转干”是非常困难的。也正因为如此，所以才有“以工代干”现象的广泛存在。依据这种身份系列，实际上是将城市中的所有职业划分为两大类，一类是只有“干部”才能从事的职业，另一类是只有“工人”才能从事的职业。四是所有制身份系列。在1956年社会主义改造基本完成以后，所有制身份主要表现在全民所有制企业与集体所有制企业之间。“全民所有制工人”与“集体所有制工人”，都是不可轻易变更的社会身份。每一个社会成员在由身份系列所构成的社会结构中的位置都是由党—国家赋予和确定的。

（4）单位制度。

在由劳动就业制度、户籍制度、身份制度等一系列制度安排所构成的制度环境中，在城市中特别是在国营部门中产生了一种特殊的组织形式——单位。单位形成的主要制度因素包括：第一，由于国家一方面尽力削减市场联系并用行政手段控制资源的分配，另一方面又强迫企业承担起劳动者永久性就业和福利的责任，因而造成劳动者对就业场所的全面依附，其实质是个人对国家的依附。第二，决定新中国国家组织过程的政治结构和原则使法律没有成为国家管理社会的主要手段，因而实现了公有制为基础的被纳入行政组织结构的经济组织，成为国家对社会进行直接行政管理的组织手段。第三，由于同样的原因，当国家政治生活中居于绝对领导地位的党组织延伸到一切社会基层组织之后，劳动者的就业场所同时成为他们参与政治过程的主要场所。第四，对于个人来说，就业场所的党组织和行政当局不仅是劳动过程的管理者，而且在政治上和法律上都实际代表了党和政府。在社会生活受到国家行政权力全面控制的条件下，离开就业场所就失去了党政当局的认可和证明，个人的许多社会活动就无法进行（例如婚姻登记、户口登记、工作调动等）。这样，单位掌握着个人的基本生活条件，大到个人的政治态度、工作积极性，小到子女的生育、夫妻间的关系，甚至业余时间的安排，都是在单位（实际上也就是国家）的直接控制之下。

农村社会中的人民公社或生产大队都不是严格意义上的单位，国家对之“只管不包”。虽然国家像对城市单位一样对生产大队下达行政指令和生产计划，但始终没有对农民承担分配上的义务，没有在农村实行超出赈灾和救济范围的福利制度和社会保险。尽管如此，农村中的人民公社和生产大队还是构成了单位制度的组成部分，因为它体现了党—国家用行政手段组织人民的原则。在国家对社会实行直接行政管理的条件下，每个社会成员与其基本社会生活场所的官方当局都具有一种组织关系，这种关系规定了社会成员的合法地位并不同程度地决定了其生活权利。这样，社会成员对城市的单位、农村中的人民公社或生产大队的组织依附关系最终演变为对国家的依附关系。

4. 一体化结构的评价

在中华人民共和国成立后的一个时期内，共产党和新政权通过国家经济职能的极度扩展、国家对社会公域的渗透与控制以及社会成员对国家的依附最终确立了党—国家与社会的高度一体化模式。

通过各种手段所完成的国家与社会关系的一体化模式的结果是：（1）强大的政府动员能力。政府可以运用组织严密的全国性的组织系统，动员全国的人力、物力和财力资源以实现某一政府目标，“大跃进”是这种体制的典型体现。（2）社会成员高度依赖具有行政功能的单位。(3) 社会的自治和自组织能力差，社会组织结构呈现“蜂窝式状态”。个人依赖于单位的资源，而单位依赖于计划经济下的资源分配，社会的自组织性和自组织能力很差。(4) 社会缺乏中间阶层的作用，显得脆弱而不稳定。政府直接面对民众，社会秩序完全依赖于政府控制的力度，当政府控制受到削弱时，社会就会出现自发的混乱和无秩序趋向。(5) 社会生活被高度政治化和行政化。社会各系统均被纳入政府体系，缺乏独立运作的条件。(6) 身份制度使得社会流动困难，社会结构僵化。(7) 缺乏自下而上的沟通机制，民众的利益表达缺少必要的组织形式和组织渠道，因而政策输出与利益要求之间存在较大差距。①

这种高度一体化的政府与社会关系的直接目的是为了加强政府的动员组织能力，以此解决中国社会当时面临的最迫切的两个问题，即结束自晚清以来的全面的社会危机和实现工业化。高度一体化的社会结构对于解决上述两个问题起到了非常重要的作用。但是，在简单的政治动员阶段结束以后，20 世纪 50 年代中期以来，高度一体化的社会结构开始不适应社会的发展。由于社会生活的政治化和行政化，政府的行政等级制关系弥漫到社会的每一个角落，形成了普遍的个人动力不足的局面，整个社会发展缺乏足够的动力机制。

不仅如此，此模式的塑造势必引起不同社会群体利益分配格局的变化，国家对社会的高度整合不可避免地招致一些社会阶层的不满、反对乃至反抗。特别是对农民及其创造的经济剩余进行无偿的强制转移，严重损害了农民的直接利益，不仅农民表示不满与反对，许多党内高层领导和党外的知名人士对此做法都持有程度不同的反对意见。因此，当面对如此普遍的不满与反对时，国家单纯动用军事、政治与经济力量的代价必定是极其高昂的。为了降低国家整合社会的成本，国家有效地运用了意识形态的力量。从 20 世纪 50 年代开始，国家运用政治动员与思想教育相结合的方法，通过政治宣传、学习、讨论、辩论、“斗私批修”、自我反省、检举揭发、组织处理等各种方式，大力宣传社会主义的优越性，陆续发动了批判武训运动、批判俞平伯运动、反胡风运动、反右运动、反右倾运动、“总路线”教育、农村社会主义“四清”教育、“农业学大寨”等一系列意识形态运动，直至发动打倒“党内走资本主义道路的当权派”的“文化大革命”，从每个社会成员的“世界观改造”入手来保证国家整合社会的顺利进行。

但是，所有这些仍然不能解决整个社会的发展动力问题。在个人动力不足的制度中，引发了个人民生的危机，而在高度一体化的社会结构中，民生的危机其实就是国家安全的危机。为了国家的安全以及党的前途，执政党必须进行改革。高度一体化的社会结构的经济基础是中央高度集权制下的计划经济体制，因此，经济体制的改革必然会带来国家与社会关系的转型。

二、经济改革与国家—社会关系的重构

邓小平领导的改革实际上是一场新的革命，它给中国带来的变化并不亚于毛泽东领导

① 参见中国战略与管理研究会“社会结构转型”课题组：《中国社会结构转型的中近趋势与隐患》，载《战略与管理》，1998 (5)。

的那场把半殖民地半封建的旧中国改造为社会主义新中国的伟大革命。经济体制变革的影响已远远超出其经济意义，而辐射至社会生活的各个方面，并导致社会结构的重组。

1. 经济改革的影响

首先，经济改革导致社会主体分化。企业开始享有一定程度的自主权，不再完全是政府的附属物。农村家庭也成了独立的经济单位。企业和农民的这种主体地位的形成，必然伴随着新的利益要求和新的权利的产生。为此，新的利益主体要寻求新的联结方式。过去，企业从政府那里获取经济信息；今天，作为独立的商品生产者和经营者，面对的是竞争的市场和国外商品的压力。因此，它们就需要以新的方式沟通和联结起来，以保护自己的利益。社团组织形式就将分化出来的社会主体联结成新的群体，形成了新的社会沟通渠道和利益保护机制。

其次，改革促使社会结构分化。经济改革之前，社会主义是以消灭阶级差别为目标的。改革肯定了在社会主义初级阶段社会经济成分多样性的必要性和必然性。个体经济、私营经济以及外国资本和人员参与的合资与独资企业，都是全新的社会经济成分。这些新的社会经济成分在原来的组织体系中没有既定的位置，它们就成立新的社会组织保护自己的利益，如个体劳动者协会、私营企业主协会。

最后，经济改革引起了剧烈的利益分化。市场的发育打破了以往由政府决定人们利益的状况，拉大了收入差距。在个人之间，一部分人先富起来；在地区之间，一部分地区先富起来。

利益分化在组织上的表现，就是形成和强化了人们的群体观念，出现了群体认同。观念的一致促使人们联合起来，为成员谋取利益。社会分化的结果导致了组织的分化，党与政府、政府与企业之间责、权、利的重新调整和功能的重新配置成为 20 世纪 80 年代中国组织变迁的重要内容。与此同时，新型社会组织的发育，突破了旧有组织体系自我发展的不足，作为与改革后新的经济社会条件相吻合的组织形式，成为组织分化的一个重要内容。

2. 国家与社会关系重构的基础

在改革开放过程中，社会出现了“自由流动资源”与“自由活动空间”，在此基础上社会正在成为一个与政府并列的、相对独立的提供资源与机会的源泉。因此，“自由流动资源”与“自由活动空间”是改革开放时期国家与社会关系重构的基础。但是，无论是“自由流动资源”还是“自由活动空间”的形成与发展，都离不开政治环境的变化。因此，政治环境是国家与社会关系重构的制度基础。

(1) 自由流动资源的形成。如前所述，在改革开放以前，几乎所有的资源都是由国家垄断的，社会成员从国家之外的其他途径获得这些资源是不可能的。改革开放的目标和结果之一，就是国家控制资源的范围的缩小和力度的减弱，这样就使一部分资源从国家的垄断中游离出来，成为自由流动资源，进入社会或市场。对这些资源的拥有权是可以转让的，而不再从属于某种行政权力。

自由流动资源首先出现于农村。农村中生产责任制的实施以及人民公社的解体，虽然没有改变土地所有权的性质，但是农民获得了两个极其重要的东西，一是土地耕作和经营的相对自主权；二是对自身劳动力的支配权。这两个自主性的权利，成为改革开放后农民所拥有的两项最基本同时也是极为重要的自由流动资源。农民对这两项自由流动资源的拥有，意味着国家资源垄断体制最薄弱的环节发生了裂变，从国家垄断几乎所有资源的体制中，游离出了最初的自由流动资源。

在城市，自由流动资源首先是由于国家对生产资料和资金管制的放松而出现的，特别是生产资料价格双轨制的实行，使相当一部分生产资料脱离了国家的控制而进入市场。外资的进入和政府财政税收体制的改革，都增加了拥有资源渠道的多元化，其结果就是个体、私营企业、“三资”企业和乡镇集体企业等各种非公有制工商企业的出现。非公有制企业的出现，加上国有企业用工制度的改革，形成了契约式的就业制度。这种就业制度不是由国家提供的，而是由社会以市场的形式提供的。

（2）自由活动空间的扩展。自由活动空间的形成和扩展，既是体制改革的结果，也是政府政策调整的产物。自由活动空间就是“在政策允许的范围内”，人们利用和使用自由流动资源的具体场所。如果只有自由流动资源而没有自由活动空间，自由流动就不具有实质性的意义。

在农村，自由活动空间包括对种植的选择、集贸市场的活跃、乡镇企业所带动的农村的工业化以及农民进城务工的自由，形成了非国家控制的空间。在城市，自由活动空间的形成也有一个过程。第一阶段是知青返城的就业压力使政府开辟了商品零售市场；第二阶段是 1984 年政府在启动城市经济体制改革的同时倡导的第三产业的发展；第三阶段是 1992 年邓小平南方谈话以后掀起的干部、知识分子和工人的“下海”潮以及社会主义市场经济体制方向的确立，为非公有制企业的发展提供了更加广阔的空间。

“自由流动资源”与“自由活动空间”的形成与发展，为重塑国家与社会的关系提供了可能。

（3）制度基础。1978 年经济改革以来，中国在政治上没有推行西方学者所期望的政治改革，实行多党制和代议制。但是，政治体制的变化是不容忽视的。如前所述，中国在法制和法治建设、党政关系、行政体制、领导体制、选举制度、监督制度以及中央与地方关系等方面，都发生了重要变化，这些变化直接或间接地促进了社会的发展。

第一，政府日益重视法制和法治，公民的结社自由不再是纸上的规定，而具有了一定的实践意义。公民结社自由的权利得到重视，公民申请成立非政治性社团很可能得到批准。

第二，政府大幅度放权。经济改革其实就是政府放松控制的过程，是政府向社会放权。首先是政企分开，政府将经营权、人事权下放给企业，将大部分经济权力下放给社会；其次是中央政府大幅度地将权力下放给地方政府，无论在干部管理权、行政管理权和社会管理权方面，还是在政治决策与经济决策方面，以及在税收、财政和金融等方面，改革开放以后各级政府的权力大大增加；最后，政府对公民的管理逐渐放松，公民自由活动的空间前所未有地增大。党和国家将部分权力返还社会后，管理社会秩序的功能由社会组织来填补，例如农村的村民自治。

第三，政府职能开始转变。改革开放前是一个控制一切的全能主义政府，在 1978 年以后政府职能发生了重大变化。一个总的趋势是，政府不断弱化其经济职能和社会职能，而不断强化其行政管理职能。在大部分生产、经营、民事以及文化、艺术和学术等领域，政府不再单纯地直接管理，而是将部分职能交给非政府的行业协会、同业组织等。

上述经济环境和政治环境的变化使得社会组织迅速兴起并成长，传统的单位体制发生了重大变化，基层民主政治兴起，这些使得国家与社会的关系得以重组。

三、新兴社会组织

1. 社会组织的发展

从1949年到1978年，社团发展的选择性很强，在全国性社团中，影响比较大的有工会、共青团、妇联、科协、文联等八大人民团体。而高度统一的政治与经济体制，政治上的一元化领导，造成党群不分、政群不分，群众性的政治团体被纳入了国家编制。1949年以前，一些政治倾向比较明显的政治团体被定义为"民主党派"，转化为政党组织。共产党领导下的多党合作制，联络和团结了各种社会力量的政治组织，容纳了带有各种政治倾向的政治团体。因此，其他政治性社团失去了存在的基础。经济上实行高度集中的计划管理体制，使政府成了生产活动的管理者，产品生产者（企业）缺乏明确的责、权、利，缺乏应有的独立性。这样，没有独立经济利益的生产者也就失去了争取利益的动力，更没有社团在经济领域争取利益的空间。高度统一的政治与经济体制，再加上单位功能的无所不及，把每一个人的政治、经济和社会生活全部融入组织体系，使得代表不同群体的其他政治社团的产生成为不可能。

经济改革使原来隶属于党政体系的企事业单位及个人逐渐趋于独立，利益主体的多元化和上述政治环境的宽松使得社会组织飞速发展。到1997年，全国县级以上社会团体发展到181 318个，其中在县域范围内活动的102 063个，在地区范围内活动的56 003个，在省域内活动的21 404个，在全国范围活动的1 848个。①

民政部把数以万计的社团分成四类：一是学术性团体，指从事自然科学、社会科学及交叉学科研究的团体；二是行业性团体，指同行业的企业自愿组成的团体；三是专业性团体，指由专业人员组成的或以专门技术、专门资金从事某项事业而成立的社会团体；四是联合性团体，指人群的联合体或团体的联合体。②

这种分类法对于观察国家与社会的关系显得不够，因为社团的分类要么以行业为标准，要么以利益的性质为标准，也可以以组织形态为标准。由于国家与社会的研究实际上就是界定权利的变化与转移，因此，在实践中，普遍的做法是根据团体的利益性质而划分社团的类型。为此，有学者将中国的社团主要划分为：兴趣活动组织（登山协会、作家协会等）、经济利益组织（工会、个体和私营企业协会、行业组织、农民利益群体等）、社会服务组织（教育和卫生领域的福利基金会）、社会自助组织（村民委员会、业主委员会等）、社会公益组织（妇联、共青团、红十字会等）和科学技术领域的社会组织等。

---

① 参见《中国民政工作年鉴（1998）》，274页，北京，中国社会科学出版社，1999。

② 参见吴忠泽主编：《社团管理工作》，7～8页，北京，中国社会出版社，1996。

2. 社会组织的特点

迅猛发展的中国社会组织具有如下特征①：

（1）社会组织的发展，有赖于自上（政府）而下的拉动和自下（社会）而上的推动。要把新组织发育的客观需求变成现实的组织发展，需要人们有意识的自觉行动。在改革过程中，个人利益的增强激发了人们参与社会组织活动的积极性。例如，为保护个体劳动者利益而组成的个体劳动者协会。

社会组织的发展还有赖于自上而下的拉动。在改革开放的年代，党和政府更是重视行业组织的建立和发展。因为经济改革弱化了政府的职能，如何管理新的利益主体和社会成分，如何协调利益冲突，都是党和政府要面对的问题。因而，党和政府为了加强政治管理，总是支持一些行业性的社团组织，以协助政府管理。自下而上的努力和自上而下的拉动的合力，就形成了今天社会组织蓬勃发展的局面，并在社会主义政治过程中起着十分重要的作用。

（2）社会组织是上下合力的结果，与政府关系密切，因而具有明显的官民两重性。其一，按照我国的社团登记法，社团登记注册的条件是，必须有一个主管单位，主管机关的权力部门必须对该社会组织负政治领导责任。各级工、青、妇组织直接由各级党委负责，其他社团则由相关党政部门负责。例如，个体劳动者协会和私营企业协会的主管单位是工商行政管理局，行业协会的主管单位是经委，科协的主管部门是科委，文联的主管部门是党委宣传部。由于社团在法律上的从属性质，各社团在章程中都规定了"助手"条款。例如，共青团是"党的助手"；个体劳动者协会必须"协助税务和工商行政机关督促会员依法缴纳税金"；私营企业协会要"协助政府及有关部门做好私营企业的监督管理工作"；科协有义务"接受政府委托，提供科技咨询和服务"。可见，大多数社团都有相当程度的行政职能。正因为如此，社会组织的活动才得到各级政府和新闻媒介的支持。中国社会组织活动的特征就是，凡具有重大社会影响的活动，国家与社会都会参与进来，而且也只有如此，才能形成有重大影响的社会活动。

其二，绝大多数有重要社会影响的社会组织都是由政府自己创立的，尽管它们最后从组织关系上逐渐脱离了其创办者，但两者之间依然有着极为密切的联系，创办者依然是这些社会组织的主管部门。例如，行业协会组织的成员企业在行政上受主管部门的领导，而不是受协会的领导；行业协会本身在组织人事、活动经费和业务上也要受政府主管部门的制约。

其三，1998年中央政府发布文件规定现职处以上党政机关干部不得担任社会组织的主要领导，但是几乎所有重要社团组织的主要领导都是由现职领导职位退下来的或机构改革后分流出来的原政府党政官员担任。

其四，按照政府的有关规定，社会组织的经费原则上自己筹集，但事实上还有一些重要的非政府组织的活动经费由政府财政拨款，在经济上完全依赖于政府。

（3）与官民两重性相联系，社会组织不够规范。1998年民政部颁布了试图规范社会组织的新的管理条例，但规范化进程还刚刚开始。从组织体制上看，第一，传统上

---

① 有关社会组织特征的描述主要参照王颖、孙炳耀的《中国民间组织发展概况》。

的共青团、工会、妇联、文联、社科联等社团组织依然是高度的行政化，它们与行政机关没有什么差别，不受社团登记管理条例的约束，直接受各级党政机关的领导，享有一定的行政级别，其领导人的任免由各级党委决定。第二，相当行政化的社团，如工商联、消费者协会等各种行业管理组织，它们有一定的编制并享有一定的行政级别，承担部分行政管理职能，其主要领导人实际上也由各级党政部门任免，享受干部待遇。第三，基本上民间化的学术团体，其中极少数也享有人员编制和行政级别待遇。

(4) 社会组织的中介性质。在体制转型中，社会组织日益发挥政府与社会之间的桥梁和纽带的作用，被称为“社会中间层”。在旧体制无法容纳越来越多的非行政隶属关系的社团组织和个人的情况下，政府主动敞开自己的组织系统，通过挂靠关系、业务主管关系、党组织延伸、官办和半官办全国性社团组织扩展与延伸的关系，将各种社会组织联系在扩张了的行政组织系统之下。例如，司法部通过其创办的全国律师协会来管理律师事务所。由此可见，社团被整合进国家之中，或者说社团形式使国家和社会在公共领域内重新整合起来。

(5) 社会组织正在走向成熟，社会化色彩不断加深。中国社会组织在产生之初，官办性极强，协助政府的社会管理职能大于服务和维权职能。但是，随着社会组织自身的经济来源增强，社会关系广泛建立，社会和新闻媒介监督作用的加强，社会组织不再仅仅是挂靠于行政系统的依附性组织了，它们独立开展活动的能力越来越强，自治程度越来越高，自我管理、自我服务、保护成员利益的能力逐渐加强。例如，在中国加入世界贸易组织后，2002 年 3 月底，国家邮政总局颁发的 64 号文件规定，除了“进出境的单件重量在 500 克以上（不含 500 克）”的寄递之外都应该由邮政专营。该文件一方面在制造市场壁垒；另一方面对限价的规定也是对市场行为的直接干预。但是，在国际性快运公司和国内快运协会的坚决抵制下，国家邮政总局的 64 号文件最终作废。可以说，中国社会组织正在走向成熟。

需要指出的是，社会自治是重要的，因为任何政府都不可能管理好百姓生活的所有方面。但是，社会自治是地方的公共性，而地方的公共性并不必然带来全国的公共性，而民主政治是全国的公共性。也就是说，社会组织与民主政治的关系不是直线的，其中有好有坏，关键视“民情”而定。“民情”是关心公共利益、守法而又理性的，则有利于民主和治理；相反，则不利于好的民主政治，比如意大利南部、印度、菲律宾等的“恩主庇护型文化”的公民社会，就不利于民主政治，即基于这种民情的公民社会不会带来好的民主政治。

四、从全能主义到国家统合主义的国家—社会关系

计划经济时代的国家社会关系是典型的全能主义式的，即国家权力不受法律和道德约束而渗透到社会的每一个角落。但是，改革开放以来的国家社会关系已经演变为国家统合主义式的。

作为一种重新发现的理论，统合主义强调政府通过与相关利益者直接对话、谈判和协商来解决重大的社会问题。因此，统合主义关注利益的代表与协调，强调国家在其中的积

极角色，并重视组织在政治过程中的作用，主张适度的国家干预和政府与公民间相互信任的合作关系。

事实上，我国学者比如康晓光、韩恒也正是在这个意义上来解释当下的国家—社会关系的。① 在已有的国家与社会关系研究中，方法论上的一个共同特点是把政府管理社会组织的方式作为考察国家与社会关系的切入点。从整体上来看，政府管理社会组织的手段不是“单一的”，而是“多元的”，即对不同的社会组织采取不同的管理方式。这种“多元化的管理策略”可以称为“分类控制”，并用其概括当前中国的国家与社会关系的基本特征。

对政府而言，社会组织具有“双重属性”，一方面，它是一种挑战力量，因为社会组织是最有力的集体行动的载体之一；另一方面，它又是一种辅助力量，因为社会组织可以为社会提供公共物品，而这也正是政府应尽的职责。同时，不同的社会组织挑战政府权威的能力不同，而且为社会提供的公共物品也不同。所以，作为暴力合法垄断者的国家必然会根据各类社会组织的挑战能力和提供公共物品的种类对它们实施不同的管理方式。显然，这仅仅是政府的“主观愿望”，要想使这种“主观愿望”成为现实，还需要政府具有足够的能力。中国政府恰恰具有这种能力。中国的改革是从强国家体制起步的。在改革的初始阶段，在国家与社会的权力分配格局中，政府占据着绝对主导地位。改革并没有从根本上改变这种格局。而且改革本身就是“政府主导型改革”。改革前的权力分配格局和改革中的政府主导地位，使得政府有能力根据自身的意愿推动改革，而改革的渐进性又使得政府有时间不断调整改革的策略，从而根据自身利益建立起一套对不同的社会组织实施不同控制策略的“分类控制体系”。

根据上述理论，可以得出两个推论。如果说政府最根本的利益是垄断政治权力，而对政治权力的最大挑战来自公众的集体行动，那么政府首先将根据社会组织发动集体行动的能力选择控制手段。由此，第一个推论：对具有不同的挑战能力或组织集体行动能力的社会组织，政府将采取不同的控制手段。由于政府还承担着提供公共物品的职能，而且如果不能较好地履行这种职能，其稳定性就会受到威胁，所以政府会根据社会组织所提供的公共物品的性质选择控制手段。由此，可以得出第二个推论：对提供不同的公共物品的社会组织，政府将采取不同的控制手段。

为了对上述推论进行检验，在此选择几类社会组织进行典型调查，分别为工会、行业协会和商会、城市居委会、官办 NGO、草根 NGO、非正式组织（见表 8—1）。它们组织集体行动的能力不同，而且提供的公共物品也不同。政治反对组织的挑战能力最强。工会是劳工组织。行业协会和商会是企业主的利益集团。这些功能性团体都具有很强的组织集体行动的能力。地缘性的社区组织，一方面为社区居民提供重要的公共物品，另一方面为他们的集体行动提供组织载体。一般说来，公益性的官办 NGO 和草根 NGO 以及没有正式组织形式的兴趣团体对政治权威没有显著的挑战性。但是，对政府来说，在提供公共物品方面，官办 NGO 和草根 NGO 的重要性要大于非正式组织。

---

① 以下部分来自康晓光、韩恒：《分类控制：当前中国大陆国家与社会关系研究》，载《开放时代》，2008（2），感谢作者授权使用。

表 8—1　**调查样本一览表**

大类	小类	名称	备注	地点
功能性组织	工会	SG 总工会	国企工会	北京
		SG 炼铁厂工会	国企工会	北京
		SK 公司工会	合资工会	深圳
		SD 公司工会	外资工会	深圳
	行业协会和商会	YY 商业协会		北京
		ZB 行业协会		深圳
		WS 投资协会		深圳
社区性组织	城市居委会	SY 社区居委会	“大院”居委会	北京
		XX 社区居委会	普通居委会	北京
NGO	官办 NGO	FP 基金会		北京
	草根 NGO	XY 教育研究所	本土组织	北京
		FZ 简报	海外组织	北京
非正式组织	兴趣组织	RD 书画研究会	单位内组织	北京
		SY 腰鼓队	单位内组织	北京
		QN 兴趣组织	公园内组织	北京

通过分析组织类型与政府控制手段之间的关系，我们能够得出五种对应模式（见表 8—2）。

表 8—2　**组织类型与控制方式的对应关系**

对应模式	组织类型	政府对社会组织的控制方式						
		成立控制	业务管理部门的设置	治理结构控制		资源控制		日常活动控制
				重大决策的制定	负责人的任命	经费控制	人力资源控制	
Ⅰ	政治反对组织	禁止成立	政府指定业务管理部门	社会组织自主决定	社会组织自己决定	政府通过行政手段限制组织的经费获取	组织自主决定	自主开展
Ⅱ	工会、社区居委会	政府自上而下强制组建	政府指定业务管理部门	业务管理部门制定	业务管理部门任命；所依附的单位任命	政府通过法规对组织的经费来源做出明确规定，并予保证	业务管理部门决定；所依附的单位决定	主要实施主管部门交代的任务；日常活动依附于所在单位

续前表

对应模式	组织类型	政府对社会组织的控制方式						
		成立控制	业务管理部门的设置	治理结构控制		资源控制		日常活动控制
				重大决策的制定	负责人的任命	经费控制	人力资源控制	
Ⅲ	协会、商会、官办NGO	鼓励成立	协商决定业务管理部门	社会组织提出，但须经主管部门审批	业务管理部门任命；所依附的单位任命；社会组织和主管部门协商决定	政府通过行政手段支持组织的经费获取；政府不干预经费来源，但组织需向主管部门上报经费来源情况	所依附的单位决定；组织自主决定，但需上报主管部门	日常活动由组织决定，但实施后需要向主管部门汇报
Ⅳ	草根NGO、兴趣组织	以企业形式存在；政府无直接干预	没有专门的业务主管单位	自主决定	自主决定	自主解决活动经费；受到所在单位的资助	自主决定	自主开展

上述资料分析显示：对具有不同挑战能力的社会组织，政府确实采取了不同的控制策略。比如，对政治反对组织（表现出公开的现实挑战），政府的策略是禁止和取缔。对工会和社区居委会组织（具有较强的潜在挑战能力），政府的策略是将其作为“准政府组织”。对协会、商会和官办NGO（潜在挑战能力较弱），政府的策略是鼓励和支持。对草根NGO和兴趣组织（潜在挑战能力很弱），政府的态度是不加干预。在保证社会组织不对自己的权威构成威胁的前提下，政府会根据社会组织提供的公共物品，对社会组织实施不同的控制策略。比如，对于协会、商会、官办NGO等社会组织，政府对其采取鼓励和支持的策略，因为这些组织所提供的公共物品是政府所急需的。对那些所提供公共物品并不是政府所急需的社会组织，政府对其采取的控制策略或是限制其发展，或是采取放任政策。也就是说，政府确实是根据社会组织的挑战能力和提供的公共物品，对不同的社会组织采取不同的控制策略。

对经验资料的分析表明，在改革的过程中，伴随着政治控制的放松以及经济领域的市场化改革，社会领域会出现多元化的利益需求，涌现出大量的社会组织。面对如此众多的社会组织，原有的国家支配社会的全能主义一体化模式逐渐瓦解，取而代之的不是社会的自治，而是一套新的国家支配体制——分类控制体系。在这种新的国家与社会关系中，“国家控制社会”是其根本的特征。当然国家的控制并不僵化，需要严格控制的就严格控制，需要放松控制的就放松控制，不需要控制的就放任自流。在新的控制体系中，实施什么样的控制策略和控制强度，取决于政府的利益需求以及被控制对象的挑战能力和社会功能。实际上，这是一套国家利用“非政府方式”，在新的经济环境中，对社会实行全面控制的新体制。

分类控制体系不但更为准确地描述了当前中国国家与社会关系的本质特征，而且确立了一种全新的国家与社会关系的“理想类型”——国家统合主义，即国家决定着社团生存的空间与行为方向，而社团也乐于与国家合作并从中获得更多资源。

经过30多年的市场化改革，市场已经取代计划成为主导性的资源配置方式，全能主义体制也随之让位。国家不再全面控制经济活动，也不再干预公民的个人和家庭生活，但仍然严密地控制着“政治领域”和“公共领域”。分类控制体系就是在这一大背景下形成的国家控制公共领域的基本策略及其组织系统。在这一体系中，国家允许公民享有有限的结社自由，允许某些类型的社会组织存在，但不允许它们完全独立于国家，更不允许它们挑战自己的权威。同时，国家也有意识地利用各种社会组织提供公物品的能力，使其发挥“拾遗补阙”的作用。其结果，尽管公民自由获得了前所未有的发展，但是权威和秩序并未受到根本性的挑战。当然，30几年的时间的确太短，根据如此有限的经验，还无法预测分类控制体系的长期效应，也无法预测社会领域的进一步组织化将给中国带来什么样的后果。同样，我们也无法预测，分类控制体系究竟是一种短命的过渡性安排，还是一种具有持久生命力的终极性体制。

第二节　单位体制

一、单位的政治性质

“单位”是中国社会中使用频率极高的一个词，人们把自己所就业其中的社会组织或机构——工厂、商店、学校、医院、研究所、文化团体、党政机构等——统称为单位。这样，在中国，尤其是在城市社会中，在经济体制改革以前，几乎每一个人都和“单位”有紧密的联系。经济体制改革以后，传统的单位体制受到冲击，但是对于城市中的大多数人来说，生活中仍然离不开单位。那么，什么是“单位”呢?

“单位”所包含的内容不是英文“unit”所能表达的。按社会分工区分，可以分为行政单位、事业单位和企业单位，其中事业单位和企业单位是行政单位的附属物。在中国，无论是事业单位还是企业单位，都有固定的行政主管部门，这些行政主管部门也就是行政单位。在政治学上，行政单位就是官僚机构，是国家的统治机构。因此，虽然行政单位是单位的一大类别，但是并不是政治社会学所要讨论的典型，典型的单位就是我们社会中的企事业组织机构。①

撇开行政单位，一般的企事业单位具有如下特征：

第一，单位组织资源的公有制或国有制。社会资源的公有制或国有制，是中国社会占主导地位的资源占有制度。尽管三资企业和民营企业有了很大的发展，对国民生产总值的贡献在2000年以后甚至超过了国有企业，但是在资源的占有上，绝大部分社会资源仍然由公有制单位或国有制单位所有。公有制即传统上的全民所有制，是指直接受到国家或政

---

① 尽管涉及的是企事业单位组织，但是我们讨论的出发点不是社会学而是政治学意义上的单位组织，或者说是政治社会学，尽管有时社会学和政治学在某个问题上的区分并不是很明显。

府控制的单位，国有制单位即集体所有制由基层地方政府控制。

第二，非独立性。因为这些单位所拥有的资源及各种可支配的机会和利益大都来自国家或政府，所以必然要受到代表国家的上级主管部门的规制，接受上级单位的指令，成为国家和政府的附属物。这样，国家是全部活动的中心，单位实际上是实现国家和政府目标的工具。单位的利益和可供控制的资源的多少取决于国家或政府的供给，由此形成了单位对国家和政府的依附性。

第三，功能多元化。因为单位的上述性质，它在社会中承担着包括政治、经济、社会等多方面的功能，起着政府管理的作用。一旦进入了单位，个人的利益就要通过单位得到保障，形成了个人对单位的依附性。

第四，单位组织之间的"行政式"差别。根据单位支配的资源的多少和资源的重要性，形成了单位的不同等级，上至副部级单位，如事业单位中的以北京大学和中国人民大学为代表的22所大学，下至科级单位。但是，企事业组织之所以被称为单位，在于其不管是什么样的行政级别，必须是财务上独立核算的法人组织。这样，我们可以明白，大学内的各个系所不是"单位"，因为它们既不是独立的法人组织，也没有权力在银行开设独立的账户。

由单位组织的基本特征我们可以看到，单位是国家和个人的一个连接点，形成了单位依附于国家、个人依附于单位的依附链条。同时，国家有赖于单位组织控制和整合社会。这样，单位体制就成了中国政治区别于苏联模式的关键。在原苏联东欧国家，单位组织是人们的劳动场所，但并不是所有资源的再分配之处，比如住房并不都是由单位提供的，虽然也有单位提供住房的情况。①

单位组织既然在社会结构中起到这样的连接作用，那么单位事实上就有了政治统治的性质。根据马克思主义的国家理论，国家是实现在经济上居优势地位的阶级的利益的强制性工具。典型的强制机关包括军队、警察、法院和监狱。但是除了强制力，国家还需要有政治管理和社会管理，而实现这些管理职能的机关就是各种官僚机构。官僚机构是辅助于强制力量而存在的。在经典的马克思主义看来，政治统治实际上是通过主宰社会的政治强制力量来完成的。

在某种意义上，国家控制力的加强也正是马克思主义者的治国设计。针对当时资本主义发展过程中的种种弊端，列宁开出了克服资本主义生产无政府状态的药方，提出在社会主义国家，整个社会将成为一个管理处，成为一个工厂，"全体公民都成了一个全民的、国家的'辛迪加'的职员和工人"②，并服从于这个国家。根据马克思主义对旧世界的批判，尤其是针对中国社会100多年以来的全面的社会危机和一盘散沙的社会格局，毛泽东提出要将全社会组织起来，克服旧中国散漫无组织的状态。

这样，革命胜利以后的社会主义国家既是权威和强制性命令的统治者，又是财产所有者，基于财产上的利益统治和基于政权命令权力的统治结合在一起，是政权与产权的合一，国家在经济上处于绝对的垄断地位。在这种统治形式下，国家的力量异常强大，所有

---

① 参见李忠杰等：《社会主义改革史》，北京，春秋出版社，1988。

② 《列宁选集》，3版，第3卷，258页。

的社会组织和个人必须依赖国家、向国家提供服务才能得到所需要的利益。

但是，经济利益在任何时候都是存在的，如何满足社会成员的基本需求？通过隶属于国家行政机构的各种单位组织。我们可以看到，行政机构不但具有传统的实现政治统治的功能，还替代了满足人们经济利益的经济组织的基本职能，或者说，隶属于行政机构的单位组织此时就具备了国家行政机构的基本功能，成为国家实现目标的一种组织化手段，是国家实现统治的一种组织化形式，单位组织成为国家统治的一个最基本的机构。“人们不将中国的社会组织称为‘组织’而称为‘单位’，即是因为‘单位组织’的实质是维持国家统治即命令统治的手段或工具。在这个意义上，中国的‘单位组织’不仅仅是组织化的政治控制手段，也不仅仅是分配社会资源的制度，其本身就是整个社会统治结构的一个组成部分。”①

在这样的国家结构下，在日常的生活中，一般意义上的强制性权力机关相对于单位组织而言变得不重要了，因为单位几乎承担着国家所有的命令权力或国家的统治功能。国家通过单位组织，将自己的统治延伸到社会各个方面，从而实现对社会的统治。

这样，建立在生产资料公有制基础上的统治关系，是一种更为严格或更为集中的政治关系。因为，第一，国家掌握着经济强制工具，将工作场所和几乎所有的工作条件的支配权集中于一个中心，其规模不是单独资本家和公司所能相比的。第二，国家能够将经济“强制”和政治强制直接结合起来。从整体上看，这种政治关系呈现出依赖性状态，即下级对上级的依赖，个人对单位的依赖，是一种自下而上的“依赖性向量”。国家将一切权力都集中到自己手中，国家基本上完全取代了社会，并难以从社会中分离出来。②

二、市场经济中的单位体制

市场经济对单位体制造成的冲击有目共睹。首先，在城市社会中，人们不再单一地依赖单位而生存，人们的生活中出现了替代性资源，离开了国家的单位，还可以到外资企业、民营企业中工作，甚至还可以自己创业，新的社会分层已经出现。其次，单位体制本身也发生了巨大的变化，单位组织的人、财、物的自主性扩大，无论是企业单位还是事业单位，其内部都在进行趋向市场的改革，工作终身制制度正在被打破。最后，单位资源的来源发生了变化。过去，作为政治统治一环的单位组织的资源全部依赖于国家的分配，今天，单位不但要从国家那里获得资源，还要从市场那里争取资源，在某种意义上单位由“行政人”变成了“经济人”。③ 作为政治统治意义上的“行政人”在资源获得上是被动地接受，在政治上是无条件地执行上级的命令。而作为经济学上的有理性的以自己单位利益为最大化目的的“经济人”，不但要主动地从国家和市场那里争取资源，在政治上也可以有经济上的考虑。

因此，无论是从社会学上还是从经济学上看，市场经济对单位体制的冲击都是巨

① 李路路、李汉林：《中国的单位组织：资源、权力和交换》，18页，杭州，浙江人民出版社，2000。

② 参见［波］W. 布鲁斯：《社会主义的所有制和政治体制》，北京，华夏出版社，1989。

③ 参见刘建军：《单位中国》，第13章，天津，天津人民出版社，2000。

大的。

虽然单位与国家之间的关系发生了重大变化，市场经济也塑造着新的社会结构，但一个不容否认的事实是，城市中的绝大多数人仍然生活在单位体制之中，而且单位组织生存的资源基础并没有根本性地改变，从组织数量、资源和财产结构、就业场所上看，大部分资源特别是重要的资源或财产，仍然由国家控制。①

不仅如此，在市场经济中，国有企业离开了国家在资源配置上的特殊安排就无法生存，这一点在前面部分得到了充分证明。国家每年在财政上拿出几百亿元补贴国有企业，把有限的上市融资的机会专门分配给国有企业，把银行贷款等生产要素垄断性地配置给国有企业。所有这一切都说明，虽然国有企业对国民生产总值的贡献不到50%，但却垄断性地占有着最重要的资源。

事业单位也更加依赖国家的眷顾。虽然市场经济中的大学可以从市场上得到一些资源，但是，与国家分配的资源相比，前者简直微不足道，如国家实施的“211工程”、“985工程”，对大学的发展和竞争力有着决定性的影响。

既然城市中的绝大多数人仍然生活在单位组织之中，既然单位组织对国家的依赖性关系没有改变，那么单位组织的政治属性也就依然如故。

第一，单位组织的行政隶属关系不变。

在市场化的经济改革中，国家行政机构改革和现代企业制度的建设都没有改变政权与产权合一的根本性的政治—经济关系。产权上的国家所有其实就是各级政府或政府部门所有，而政府又不可能亲自经营自己的产权，只能依赖下属的各种企事业单位。我们可以看到，尽管改革已经实行了30多年，但没有哪个单位组织没有主管部门的，只不过有的从隶属于部委变成了隶属于更高的国家权力机关而已，例如中共中央大型企业工作委员会和中共中央金融工作委员会直接统辖着决定中国国计民生的所有大型企业。在现代企业制度建设中，虽然有股份制改造，但最大的股东仍然是国家，股份制企业仍然由国家控股并由国家直接控制。况且，即使不是最大的股东，当涉及股权变更时，都需要地方或中央国有资产主管部门的批准。因此，国家对企业单位组织具有法律上的控制权和实际上的支配权。而绝大部分事业单位只是发生了经营体制上的改革，产权的改造尚未提上议事日程。

从这个意义上说，单位组织的性质还没有改变，几乎所有的单位组织还是国家的一个组成部分，单位组织与政府或上级主管部门之间，完全是行政隶属的关系。单位组织规模越大，行政隶属关系就越紧密、越明显。较小的或较不重要的单位组织的行政关系可能有所淡化。

这样，没有主管部门的单位组织几乎是不存在的。依附于国家权力，既是国家权力机关的意志，在某种意义上也是单位组织所追求的，因为这种特殊的政治经济关系可以使既存的企事业单位组织获得垄断性的利润，通过行政审批式的政府管制，排除了其他市场主体的“进入”。

由于行政隶属关系的不变性，我们可以看到，隶属于国家权力系统的企事业单位组织

---

① 参见李路路、李汉林：《中国的单位组织：资源、权力和交换》，20～24页。

都是有行政级别的，大学校长是副部级或局级，院长或系主任是处级，在待遇上教授相当于副处级。

第二，单位组织的政治特征不变。

改革开放前后，单位组织都具有政党政治的特征。党和国家的领导体制在非政府系统的落脚点是单位组织，在每一个一定规模以上的单位组织中，都设有与党政主管部门相对应的党的部门，党的三大部门组织部、宣传部和统战部一应俱全。这样，无论是党的组织人事功能、宣传动员功能还是政治协商功能，政党政治在各单位都得到了充分的体现。前述的党的政治动员体系的落脚点就是各个单位。但是，和党政部门或行政单位不同的是，由于党政体制的一定程度的改革，在企事业单位中，行政首长负责制基本上全面建立起来，党委和党的三大职能部门的工作主要表现在党的政治领导、组织领导和思想领导上，党政不分的局面基本上不复存在。不仅如此，在企事业单位中，党的职能部门在很大程度上是为企事业单位的管理服务的，例如，有些大学的党委宣传部的另一个名字是新闻中心。这样，党的部门就行政化了，这是在市场经济条件下的积极的转变，党的宣传部门不再仅仅为了传达和落实上级部门的政策与指示而存在，它还要为单位的对外形象和资源获取作出一定的贡献。

政党政治在单位中的突出地位，淡化了代表职工利益的工会、职工代表大会等组织的作用。

第三，控制单位的基本手段不变。

由于单位组织的主要资源依然由国家提供，最重要的是单位组织的产权是国家的，作为产权所有者的国家当然有法定的权力通过人事任免而直接控制单位组织。在市场化改革中，作为所有者的国家，关心的可能不再是直接经营和管理，而是资产的增值。但是，谁去管理通过单位组织占有而体现的国有资产，依然是国家或政府部门最为关心的问题。国家对单位组织的人事任免权的控制，体现了国家对单位组织的所有者权力。

在这个意义上，在经济体制改革和政治体制改革中，单位组织的自主权虽然扩大了，但是改变的仅仅是国家对单位组织控制的范围和程度。作为所有者，国家一直没有放弃对单位组织的最直接的控制形式：单位组织领导人的任免权。这种权力和由公司的大股东组成的董事会有权任命公司的高级管理人员一样正常。因此，在可以预见的将来，国家不可能放弃这种因所有权而衍生的人事控制权。借助于对人事任免权的完全控制，就形成了一个单位组织对国家的完全依赖性结构。

这样，在实际生活中，各类各级单位领导人的选择，基本上是通过上级主管部门的直接任命、强制性推荐和将选举过程形式化的做法来加以控制的。这种办法基本上保证了被任命人员对上级主管部门的服从，原因很简单，他们的政治前途由主管部门决定。尽管在现实中，单位组织和主管部门可能存在一种博弈关系，但是主管部门有各种办法和资源来控制单位组织的领导人。

既然单位组织的资源属于国家，单位组织对国家还有行政上的隶属关系，在市场经济条件下，国家控制单位组织的主要手段即人事任免权依然不变，对国家的依赖性结构不变，那么单位组织的政治功能也就基本不变。

三、单位组织的政治功能

根据前述的单位组织的政治性质，我们已经知道，单位组织是政治统治结构的一个组成部分，行政性的单位组织因取代经济组织的功能而使中国形成了一个单位依赖国家/政府、个人依赖单位的依赖性结构。在这种结构中，单位组织的职能具有全能性，或者说全能国家的功能在很大程度上是通过单位组织的全能性来实现的，形成了企业办社会和学校办社会的局面。一个大型单位，除了殡仪馆什么都有。社会学家的调查证明了中国单位组织的全能主义功能特征（见表8—3）。

表8—3　　对下列项目，您认为单位应在何种程度上对您负责？

项目与实际样本数	单位应该负责（%）	单位不应该负责（%）
退休保险（2 105）	96.6	3.4
医疗保险（2 152）	97.5	2.5
文化教育（1 962）	89.3	10.7
技术培训（1 940）	88.5	11.5
调解纠纷（1 979）	85.5	14.1
子女上学就业（1 952）	82.3	17.7
生活服务（1 964）	86.7	13.3
住房（2 129）	91.8	8.2
文体活动（1 891）	77.7	22.3
政治思想状况（1 951）	89.6	10.4
计划生育（1 808）	79.3	20.7
党团组织生活（1 822）	87.4	12.6
离婚（1 657）	45.1	54.9
婚姻恋爱（1 703）	37.2	62.8

注：样本总数=2 348。
资料来源：李汉林：《中国单位现象与城市社区的整合机制》，载《社会学研究》，1993（5）。

全面和一般性地描述单位组织的全能主义功能不是本书的任务，从政治关系上看，单位组织具有下列显著的政治功能：

1. 行政管理

由于政府与企事业单位合一的体制，很多由政府管理的事项转由单位组织承担。很多单位组织都设有与政府部门相对口的部门，诸如计划生育、交通管理、社会治安、环境卫生、植树绿化等，政府管理部门将这些指标层层分解到各个单位，由单位负责指标的落实。在执行政府政策的过程中，行政主管部门通过各种途径和方式，督促检查指标的落实情况，并及时将有关情况和问题向上级部门汇报，为上级部门制定和修改政策提供可靠的依据。

2. 政治社会化和政治动员

任何组织都有一定的政治社会化功能，西方的学校是最典型的政治社会化组织。但是，和西方组织的社会化过程不同，中国的单位组织除了具有组织的一般的政治社会化功能外，还具有特殊的政治社会化系统，这就是前述的政党政治在单位中的具体体现。根据规定，每个单位即使是医院，每一个星期都要安排一定时间（一般是半天）的政治学习，学习党的政策和最新的形势发展。而在重大事件时期，则必须安排更多的专门时间进行政治学习和思想整顿。例如，在1989年政治风波以后，北京的各单位组织尤其是大学和新闻单位，集中在1989年的8—9月进行政治学习和思想整顿。由此可见，这种政治社会化具有强制性灌输特征。其实，这也正是马克思主义的基本理论在社会主义国家的具体体现。列宁有经典的政治社会化理论，即对于工人阶级的思想教育要进行灌输，因为他们不能自觉地接受先进思想；无产阶级不去占领思想阵地，资产阶级就会去占领。因此，政党政治在单位组织中的体现，决定了中国的企事业单位的政治社会化功能与西方社会组织的政治社会化有着根本性的区别。没有单位组织的政治社会化过程，党的政治动员和政治思想教育目标很大程度上就会落空。而政治社会化过程在很多时候就体现为政治动员。

3. 政治参与

无论是行政管理、政党政治还是具体的政治社会化，都是单位组织在中国政治中政治权力自上而下的一种单向性行使的过程，与此同时，作为国家与个人的重要连接点的单位组织，还有自下而上的政治参与功能。值得指出的是，在中国，区分主动参与和动员式参与在一定意义上是没有意义的，因为中国主导型的参与就是党政部门安排的。明白了这一点，就可以看到形形色色的政治参与是通过单位组织完成的。最明显的是，中国选举制度中的“选区”有的就是单位。例如，北京市海淀区人民代表大会的代表名额按比例分配给有关单位，北京大学、清华大学和中国人民大学一般有3个代表名额，每次海淀区人大换届选举都主要是由各个单位组织起来的。因此，单位是政治参与的主要场所。

不仅如此，各个单位还是一个政治参与整体，力图影响政府的宏观政策或争取对自己有利的具体的政策安排。例如，在美国轰炸中国驻南斯拉夫大使馆后的特定时期，除了党政功能部门以外，有关大学和研究所事业单位都向政府提供政策性建议。更常见的情况是，单位组织的领导经常为了本单位的利益而向政府主管部门游说，以便得到更多的资源。在实行市场经济的今天，单位组织与行政主管部门的密切程度拉大了单位之间的资源配置比例。

另外，根据党的组织制度和其他有关规定，党员或一般民众的意见表达和利益要求首先应该通过本单位的党组织或有关部门渠道，然后由本单位的有关部门向上级主管党政部门反映。否则，就被本单位认为是“越级上访”而有损本单位的形象和利益。

总之，全能主义的单位组织在政治上与政府有着相似的功能，只不过是程度的区别而已。但是全能主义单位组织的弊端也是很明显的。第一，由于单位组织是一个功能齐全的、封闭的体系，所以阻碍了作为人类文明象征的分工的发展。社会越进步，分工就越专业化，例如医疗、保险、就业、教育等都由专门的社会机构去从事，而不应该由一个单位去承担。可喜的是，单位的这种全能化职能正在逐步化解。第二，作为一个封闭的体系，每一个单位事实上都相当于一个“独立王国”，使得对单位组织行为的监督制约异常困难，因而容易产生腐败。例如，改革开放以后，单位组织在人财物支配权上的自主性，使单位组织的工程建设并没有实行市场化的招标。不能说没有招标的工程就一定有腐败，但肯定容易导致腐败，或者说具有腐败的倾向。

第八章

政治与市场的关系

重点问题

- 改革开放中国家如何推进了市场化进程？
- 行政机构与市场经济的关系。
- 地方政府与市场经济的关系。
- 政治经济关系意义上的利益集团有哪些？
- 利益集团如何影响公共政策？如何治理利益集团？

第一节　中央政府——行政机构与市场的关系

一、中央政府与社会主义市场经济

作为国家代表的中央政府在改革开放中有两个基本考虑：一是社会和政治的稳定；二是在经济上通过市场经济提高效率进而实现社会产出和税收的最大化。没有社会和政治的稳定，经济改革就难以实行；而没有社会产出的最大化，例如改革开放之前的状况，就不能保证民众利益和国家安全，也就没有真正的社会和政治稳定。这两大因素决定了，中央政府要在保证社会和政治稳定的前提下推动社会主义市场经济。

由于政治经济的一体性特征，在传统国家中，政治领导权的经济支撑是国有企业。因此，30 多年的经济改革的过程中，对国有企业的保护行为是很明显的，也是可以理解的。但是另一方面，政治学上的一个一般原理是，任何一个政党或政府都必须同时是全社会利益的代表者，如果全社会的利益得不到实现，政治统治就会被动摇。因此，政府要最大限度地保护、实现全社会的利益，力图达成各种利益的一致。

就中国而言，以国有经济为基石的计划经济管理体制实现了全社会利益的统一。但是，这种经济体制形式上所表现出的利益高度统一最终既不是共产党的根本利益，也不是人民的根本利益。因为这种体制既威胁到民众的生存，进而也威胁到国家的社会安全及国家在全球的地位。因此，放弃这种经济体制就成了必然的选择。

选择什么样的经济体制才能重新整合不同阶层的利益？经过十几年的探索，国家最终选择了社会主义市场经济。中国改革开放的实践证明，只有社会主义市场经济才能使社会产出最大化。

选择市场经济是一个痛苦的过程，选择过程中激烈的意识形态争论所表现出来的利益之争深刻说明了抉择的不易！因为这种抉择从国家权力结构上看是对国家权力赖以存在的经济制度的动摇，是与权力主体的根本利益相矛盾的一种选择。

但是，如果固守既定的政治—经济所编织的国家权力结构而不顾民众的利益要求和国际环境的压力，共产党的政治权力就有可能被颠覆。如果连统治权力都不复存在，还谈什么根本利益？而选择社会主义市场经济并使社会产出最大化，虽然冲击了传统上的国家权力组织结构，但结构上的非并联性并不等同于利益上的完全矛盾或冲突。毕竟，社会产出最大化意味着为国家提供了更多可供汲取和支配的资源。

因此，虽然市场经济与既有的国家权力存在一定的结构性矛盾，但市场经济产出的更多的经济资源又弥补了国家权力所赖以生存的国有经济产出之不足，是一种国家和社会公众双赢的选择。与传统的国家权力结构所导致的后果相比较，这种选择也可以被认为是损失最小而收益最大的战略，是代表国家根本利益的战略选择。对于国家根本利益的认识，任何权力主体都不可能取代中央政府。地方政府只代表当地选民的利益，行政机构有其自身的部门利益，议员只代表本选区选民的利益，这种因所处位置不同而代表不同利益及由此形成不同意见的情况，在任何国家都是一样的。

正因为只有中央政府才是国家利益的唯一代表者，所以推动符合国家利益的市场经济就是中央政府的唯一选择。纵观中国经济改革进程，几代领导人的市场化倾向的追求是很明显的，并最终将市场经济制度纳入体现国家秩序的宪法之中。具体表现在以下几方面：

其一，建立保护市场经济的法律。这是中央政府代表市场化倾向的根本标志。

对 1982 年宪法进行过 3 次修改，每次修改都与民营企业的合法性有关。1988 年，宪法修正案基本上确立了私营企业的合法地位，规定国家允许私营经济在法律规定的范围内存在和发展。私营经济是社会主义公有制经济的补充。国家保护私营经济的合法权利和利益，对私营经济实行引导、监督和管理。1988 年修宪还规定土地使用权可以有偿出租、转让，第一次承认了私有财产。1988 年宪法修正案基本上反映了当时的实际情况，私营经济只是社会主义公有制经济的补充。

1993 年宪法修正案标志着经济体制的根本变革，明确提出国家实行社会主义市场经济，国家加强立法，完善宏观调控。以“农村中的家庭联产承包为主的责任制”取代了“农村人民公社、农业生产合作社”，确立了农村的基本经济制度。

1999 年宪法修正案第一次把非公有制经济作为合法的经济主体，与公有制经济平等地列在一起。这是一个相当重大的突破。

除了在宪法上就私营经济的法律地位进行规定外，国家还于 1999 年颁布了《中华人民共和国个人独资企业法》，赋予了个人独资企业与其他企业同等的市场主体地位，对于保护个人独资企业和投资人的合法权益，意义重大。

其二，放权让利。为了推进中国的市场化改革，20 世纪 80 年代初，中央政府开始了大规模的放权让利。虽不能简单地将放权改革视为行政性分权，但事实上在分权过程中给予了地方政府管理公共经济的权力，使得地方政府有权力决定本地的经济形式，从而极大地推动了中国市场经济建设。当然，在放权让利的过程中，中央政府企图直接给予企业的自主权被各种企业主管部门或实际所有者截留了。① 这是因为，中国的计划经济体制是条块分割的管理制度，中央所做出的放权让利，不是被以政府部门为主线的“条”所拿走，就是落实到代表“块”的地方政府头上。所不同的是，由于利益驱动不同，地方政府往往能够利用得到的权而放更多的权，而一些行政部门则主要利用所得到的利而进行行政垄断。这一判断将在“地方政府”和“行政机构”中加以讨论。

其三，推动市场化的具体措施。从 1984 年《中共中央关于经济体制改革的决定》提出的改革城市经济体制，到 1999 年《中共中央关于国有企业改革和发展若干重大问题的决定》所要求的对国有企业实行公司制改革，再到 2013 年中共十八届三中全会通过的《中共中央关于全面深化改革若干重大问题的决定》，都表明中央政府为启动市场化和推动市场化改革而殚精竭虑。但是，中央政府的放权让利也好，推动市场化的决定也好，直至将市场经济写入宪法，都还只是强制性制度变迁的表现，至于制度变迁的结果、效能如何，还取决于各种制度/机构的主体的意志和利益。

1978 年以来的改革开放实践表明，在市场与权力的博弈中，中央是站在市场一边的②，是推动制度变迁的主导力量。但是又不得不承认，出于对前述两大因素的考虑，中央政府在推动市场经济的过程中还必须考虑政治上的因素，保护国有企业。(1) 为了不让国有企业破产，国家每年拿出几百亿元的财政收入补贴国有企业。③ (2) 把上市融资的机会专授予国有企业，国家期望以此缓解国有企业的困境。④ 这就意味着不大可能将上市额度分配给最有资格、最有需求的公司，因而浪费了资本市场资源，降低了资本市场的效率。在计划经济式的安排下，非国有企业不可能靠分配得到上市指标，于是买壳上市便流行起来，很多民营企业便是通过买壳而上市的，从而增加了交易成本。(3) 对贷款等生产要素的垄断。1999 年全国金融机构各项贷款年末余额合计为 93 734 亿元，其中短期贷款为 63 887 亿元，占全部贷款比重的 68%。而在短期贷款中，乡镇企业、民营企业和三资企业贷款所占比重分别只有 9.6%、0.9%和 4.7%，而它们对国民生产总值的贡献却超过了 51%。这就意味着，83.8%的银行贷款都流向了对国民经济贡献不到一半的国有企业。银行是国家的，银行的性质决定了其主要资金只能流向国有企业。

总之，无论是推动市场经济的行为，还是保护国有企业的举措，都是国家维护社会政治稳定与提高效率的需要。说到底，公平与效率，是任何一个政府都不能轻视的大问题。

---

① 大量的经济学研究都证实了这一判断，比如有关“诸侯经济”、“条块分割”的大量讨论。

② 参见李景鹏：《试论我国行政改革的动力》，见王浦劬、徐湘林主编：《经济体制转型中的政府作用》，北京，新华出版社，2000。

③ 参见国家统计局：《2001 中国统计年鉴》，247 页，北京，中国统计出版社，2001。

④ 1998 年中国证监会《关于重点支持国有大中型企业上市的通知》指出：“为了支持国有大中型企业的改革和发展，各地在选择 1997 年计划内企业时，除优先推荐地方所属的 512 家重点国有企业外，还应优先推荐当地符合上市条件的中央直属企业中的 512 家重点国有企业。”

二、行政机构与社会主义市场经济

行政机构是推行国家权力的功能部门，从这一意义上说，行政机构是代表国家利益的。但是，在推行国家权力（无论是国家政策还是国家法律）的过程中，行政机构在解释着政策和法律，从而又起到立法部门的作用。正是由于执行国家权力过程中的复杂性，所以行政机构形成了特殊机构的特别利益，即部门利益和部门利益中的个人利益。这一特征早已为官僚政治理论和公共选择理论证明。

不仅如此，行政机构在执行国家法律与政策的过程中，其部门功能又决定了行政部门要成为事实上的立法者和政策制定者，利用信息不对称而扩大自己作为代理人的权限，从而形成了所谓的官僚自主性（bureaucratic discretion），即行政机构和个人超越其法定的地位和职能，超越政治家的控制，在公共决策过程中发挥主导作用的现象。

由于天然的信息优势，作为政治代理人的行政机构必然会去扩展其部门的权力和影响力。官僚部门往往能够“通过运用被授予的权威，来取得对未被授权的某个领域的控制，权威得到了扩展”①。不论是直接的或间接的，权威经常能够扩展开来，取得超出最初授权范围的权力。

官僚自主性的本性和权威扩展的自然性决定了经济转型中的中国行政机构的问题可能远非官僚政治理论家和公共选择学说理论家所能想象的。由于行政机构改革尚不到位、不彻底，有的行业性行政机构成了翻牌公司，而有的依然存在，从而成为行政性垄断的维护者、审批权的拥有者和追求者，进而造成了行政机构的运作“黑箱”，自由裁量权的运用较为随意。

在中国，部门主义式的政府管制早已成为一种既定的制度安排，这不仅清楚地表现在政府部门制定的条例中，还为一般性的法律所承认。中国立法中存在部门立法的事实，结果很多部门利益以法律的面目出现并得到法定化保护。这就意味着，微观市场主体从事任何由政府主管部门主管的经营活动，几乎都需要得到相应主管部门的审批。从事卫生医药的经营需要得到卫生主管部门的审批，而从事环境保护的经营事先要得到环保局的审批。中国经济的审批范围是如此之广，审批项目又是如此之多，因此，中国的经济体制又有审批制经济的特点。目前改革的重点就在于此，以让市场在资源分配中发挥决定性作用。

在审批过程中，“内部人”当然优先。外界要进入某领域，首先要找内部人或相应的政府主管官员。审批事实上是对进入的排斥，以保持本行业中的国有企业的垄断性经营。由于进入限制总是对原有企业有利，故而代表原有企业利益的集团可能会利用各种方式，通过政治程序迫使政府做出并非必要的行业进入限制。事实上，中国各行业性政府主管部门正是本系统的国有企业的所有者，同时又是其政治代言人。

审批制不仅直接带来经济资源的浪费，也直接增加了政治制度的运营成本。审批制存在的首要问题是要设立审批的机构，为其安排人员编制。这显然影响了效率，因为要从社

---

① ［美］查尔斯·林德布洛姆：《政治与市场：世界的政治—经济制度》，30页，上海，生活·读书·新知三联书店、上海人民出版社，1991。

会资源中分出承担审批任务的机构和人员。如果这些机构和人员不是用来审批企业、投资项目和其他本来可以由自由市场完成的事务，而是用作社会生产和再生产的其他领域，社会总资源的效率就会提高。这可以看成是无审批经济“多出来的效率”，也可以看成是有审批经济“丢失掉的效率”。所以，无审批经济的效率高于有审批经济的效率。

审批制存在的另一问题是，多一个政府机构不仅多一层管制，多一块“管制成本”，而且为了实现审批者的意愿，审批制与微观经济主体之间需要协调，协调中既要付出协调成本，又有可能产生“权钱交易”。在对审批者的行为缺少严格制度规范的情况下，审批者很容易滥用权力，将属于“公共物品”的权力变为实现个人权益的资源。而事实上，要对一个审批过程、审批的权力范围（包括将得到项目的权力批给谁等）做严格的制度规定，是非常困难的事情。

审批所涉及的资源配置、政府效率、交易成本、权力寻租等术语，说到底就是制度成本和垄断租金的问题，而制度成本的高低和垄断租金的多少则直接关系到国家经济发展的快慢，因而直接关系到支持国家权力的基础性资源。

我们已经知道，几乎所有的行政部门都是有审批权的，这也是它们致力于维护和追求的。这就与市场经济的要求形成了矛盾，市场经济要求尽量少的行政干预。而在走向市场经济的过程中，中央政府不可能亲自制定各种关于市场经济的条例，而必须由其政治代理人去完成。而官僚政治的本质又决定了任何行政机构在制定相关的法律法规时，都不会主动地削减自己的权限，而总是要在法律法规中加上本部门的权限、增加审批程序的复杂性。考察中国的经济法规不难发现，所有的部门规章都充斥着部门利益。

正是由于部门利益的存在，所以才使得行政改革缺乏动力，因而使得垄断和层层审批依旧存在。这种体制严重阻碍了中国的市场化进程。正如李景鹏教授所说：“在市场与行政权力的博弈中，中央是站在市场一边的，是‘替天行道’的，而各级国家机关则主要是站在体现旧的体制与政策的行政权力一边的。正是因为中央与各级国家机关在改革政策上的博弈是行政部门权力与市场之间的更大的博弈的反映，所以中央在推行改革政策、冲破各级国家机关对改革政策的抵制和反对时，借助于市场的力量是完全应该的，这恐怕也是中央能借助的唯一的力量源泉了。”①

需要指出的是，在我们指出审批体制的弊端时，并不是一概否定必要的国家管制，对一些重大事项，在任何时候和任何地方都需要国家的管制和行政审批。例如，涉及国家安全、社会治安的事项，涉及国家重要资源的开发利用和保护的事项，涉及城市规划、建设以及环保的事项，涉及特种行业如食盐的专卖等。

由上可见，对行政体制的进一步改革是必然的。审批制下不可能有完善的市场经济，因此，1998年机构改革本身是减少了审批机关。但是还有大量的行业性审批部门存在。中国的改革实践说明，行政审批部门越少，越有利于市场经济的形成。

当然，仅有机构改革是不够的，还应该相配于法律的全面审查和修改，因为我们的很多法律法规既是计划经济时代的产物，又是部门利益的体现。

在仍然以国有资产为主体的国民资产构成中，作为所有者的国家和部门不可能不对其

---

① 李景鹏：《试论我国行政改革的动力》，见王浦劬、徐湘林主编：《经济体制转型中的政府作用》。

资产加以监管。① 但问题是如何监管？是以市场的方式还是以行政审批的方式？比如，关于什么样的企业能上市这一问题，既可以由中国证监会把关，也可以转变为由市场中的保荐人举荐，将责任推向市场。另外，30 多年的改革实践表明，改革实际上是一个不断放权即减少审批权和缩小审批规模的过程，中国因此而获得的经济绩效远远大于改革前。因此，与其说审批制是必要的，不如说是部门利益决定了审批制的存在。

为了最终建成市场经济体制，中央政府必须以更大的决心废除阻碍市场经济建设的一些行业性主管部门，加强政府综合部门、监督部门和政治法务部门的建设。我们不能说机构改革到位就是市场经济的形成，但无论从理论上的结构—功能主义、官僚政治途径或公共选择学说来看，还是从中国的实践来看，改革行业性主管部门都将极大地推进社会主义市场经济建设。

三、地方政府与市场经济

作为一级政府，各级政府也必须兼顾稳定与效率问题。与中央政府不同，由于在经济改革中各级地方政府已经成为一个利益主体，而不单单是公共行政的管理者，因而为了自己本地区的利益，地方政府的一些行为既阻碍了统一的市场经济的形成，同时其制度创新的行为又推动了市场经济的发展。

地方保护主义。在中央政府放权让利的过程中，因本地的利益保护和自身的利益需求使地方政府似乎成为经济秩序的破坏者并进而分割了国家权力。第一，各地追求“自成体系”，搞“大而全”、“小而全”的经济体系，造成国民经济投资结构失调；第二，相互封锁，导演了“棉花大战”、“羊毛大战”、“蚕丝大战”和商品流通不畅；第三，从 20 世纪 90 年代中期起，地方保护主义表现为地方政府与当地法院合谋使本地企业破产逃债以保护本地利益。从 1989 年至 1993 年，我国的破产案件平均每年只有 277 起，到了 1994 年就上升到 2 100 起，1997 年高达 5 640 起，以后每年都在增加。② 一些地方政府出于自身或局部利益的考虑，公开干预法院对破产案件的审理，甚至组织企业实施违规违法破产而“逃废债”。2001 年，引起国务院高度重视的湖南省宁乡县石化总厂破产案和四川省中江县丝绸公司破产案就是地方党政部门直接干预企业破产而导致企业“逃废债”的典型。③

新型的地方保护主义与地区封锁式的地方保护主义不同的是，后者让外地产品不得进入、本地资源不得外流，而前者使外地的投资者不敢再进入，但二者的结果都是一样的，即阻挠了统一的市场经济的形成。

地方政府的制度创新。中国经济转型以来，国民财富急剧增加，经济增长与当地政府的制度创新能力呈正比例关系。

（1）土地制度的创新。1980 年在全国范围内开展的农业联产承包责任制是安徽省凤阳县小岗村农民的创举，是地方政府保护和中央认可的结果。而在 1979 年召开的七省农

---

① 参见樊纲：《论市场中的政府》，载《改革》，1993（5）。

② 参见《法律服务时报》，2002-05-31。

③ 参见《法律服务时报》，2002-04-26、2002-05-31。

口干部会议上，当时的中央主管领导基本上否定了农民分田到户的愿望，但是在1980年中央召开的各省市第一书记会议上，各地都力争把本地的经验写进中央政策，最后会议通过的政策文件允许生产队实行多种责任制安排，其中包括包产到户。

（2）发展模式的创新。在改革过程中，地方政府结合本地情况，创造了江苏发展乡镇企业的苏南模式、浙江发展私营企业的温州模式、广东吸引外资的外商合资企业模式。这些模式都是由地方创造、后来得到中央肯定并推广的。到20世纪90年代中期，全国外商投资额的70%集中在广东、江苏、上海、福建、山东，这些地区之所以先发展起来不仅是由于外资的涌入，而且更主要地应归功于外资所带入的产权模式和管理经验。

无论是土地制度的创新还是发展模式的创新，说到底都是产权制度的创新，即非国有产权制度的创新。是个人选择创造了新制度还是地方政府保护了个人选择？如果说一开始是地方政府保护了个人的一些行为的话，那么，作为一种合法的制度存在，是离不开地方政府支持的。尤其是，当财政体制改革使地方政府成为独立的利益主体时，当经济增长成为衡量地方政府政绩的主要指标时，地方政府的利益与当地居民的利益事实上一体化了，地方政府具有了强烈的创新动机。

正是由于这些不同于传统的国有企业产权模式的出现，才使得地方经济得到巨大增长。世界银行的研究更进一步证明：各地区经济增长率与各地区非国有经济产值在总产值中所占的比重，呈明显的正比例关系。① 这种研究也间接地证实了地方政府对市场化改革的贡献。

地方政府的市场化行为模式有着不容忽视的政治制度上的意义：

第一，地方政府的市场化行为是在中央政府下放了公共经济管理功能的条件下出现的，这使得中央政府不再具体管理市场。在地方政府管理市场的过程中，地方政府的主要追求是保护和扩大本地的市场力量——虽然地区封锁是反市场化的行为，因为这样能够实现其追求经济发展与繁荣的目标，而这一目标的实现又可能为其带来政治上的利益，发展经济事实上成为一种政治激励机制。什么样的产权组织有利于本地的经济发展，外地和本地的经验都证明了是新的产权制度的经济形式，而不是传统的国有企业。因此，地方政府事实上起到激励和保护非国有经济发展的作用。目前，不少地方政府的财政开支就是以非国有经济为基础的，这也正是“三个代表”重要思想现实的政治经济关系背景，这种现实背景实际上就是一种建立在市场制度上的政治关系。

第二，地方政府与市场互为依存的新型政治关系是对集权力量的制约。经济转型意味着中央政府是市场化的主导者。但是，不应该忽视的是，无论是土地制度的创新还是发展模式的创新，事实上都是微观主体、地方政府与中央政府多方合作博弈的结果，是微观主体引导地方政府、地方保护微观主体并争取地方模式普遍化的过程。中央政府虽然具有市场化动力，但是从理论上看，中央政府所处的垄断地位使任何中央政府尤其是中央集权制下的中央政府都有先天的集权倾向，并且有控制整体经济的潜在能力。20世纪80年代中国经济的“收—放”循环典型地说明了中央政府的控制潜能。因此，与有必要制约地方政

① Xiao Geng, “State Enterprises in China: Dealing with Loss-makers,” Transition, The World Bank, vol. 2, no. 11, Dec. 1991.

府的非市场化行为一样，制约中央政府的非市场化控制也是必要的。在产权和政权一体化的制度下，没有任何力量能够制约中央政府的行为。因为计划经济体制下的地方政府不是独立的利益主体，没有管理经济和配置资源的权力，其主要职能是维护中央计划的执行，其政绩也体现为完成中央计划的程度，地方政府没有动力与地方企业共谋来抗衡中央计划，在有些时候，地方政府甚至有可能以牺牲地方利益的方式来完成中央计划，“大跃进”就是典型的案例。在体制改革的过程中，地方政府的角色发生了重大变化。税收制度的改革意味着地方政府有可能或事实上与地方企业合谋对付中央政府，这已经是无须论证的事实。尤其是在产权和政权逐渐分立的政治经济关系中，依赖于非国有经济的地方政府可能有不同于中央政府的目标追求。例如，在 20 世纪 90 年代，中央政府对待国有企业的政策是“抓大放小”，而有的地方政府则采取一律“放”的政策。在实践中，地方政府总是企图突破中央政府的控制或具有计划经济色彩的法律法规。总之，地方政府在分权过程中产生的积极动力，“没有一项动力是与中央政府完全相同的。这就使地方政府与中央政府之间不会产生‘合谋’行为，而只会形成互相制约的关系。从这个意义上说，地方政府行为方式的变化，是对中央政府垄断整个经济控制权的潜在能力的一种制约的力量”①。当有效的经济组织已经成为推动经济增长的主体力量时，其最大化行为与社会产出的最大化融为一体并与政府的最大化目标息息相关时，就会对中央政府的干预行为构成现实的制约。在这种情况下，地方政府要保持经济的稳定增长，就必须对有效的经济组织提供产权保护。这种地方政府与地方企业利益的一致性，使得传统的中央与地方之间的行为模式得到改变，并最终导致一种趋向均衡的国家结构。②

第三，建立在新型产权制度上的政治关系和均衡的国家结构将是我国市场经济的最为坚实的政治基础，使市场经济成为一种不以个人意志为转移的不可逆转的制度选择。在实行法治之前，国家的方向往往取决于领袖个人的偏好和意志，尤其在政企合一的政治经济关系中。而在产权和政权逐渐分立的今天，虽然法治仍然是一个建设的目标，但是已经没有任何个人能够改变基于新型政治经济关系的市场经济方向。中国正在彻底改变“人亡政息”的周期循环，以实现稳定性的政治发展。

可以认为，地方政府的制度创新不仅极大地提高了国家权力赖以存在的国民财富，同时也在根本性地重新塑造我国的政治经济关系，而新型的政治经济关系不仅能实现政治稳定，也保护了国民经济的稳定增长。

第二节　政治经济过程中的利益集团问题

20 世纪初，政治过程论的创始者本特利指出，“如果能解释利益集团，那么一切都可以解释清楚了”③。尽管目前中国的利益集团还没有达到理解一切政治现象的重要程度，但是利益集团已经成为中国政治过程中的重要变量。在 20 世纪 80 年代政治改革高潮时

---

① 周振华：《体制变革与经济增长：中国经验与范式分析》，179 页，上海，生活·读书·新知三联书店、上海人民出版社，1999。

② 参见赵成根：《转型期中的中央和地方》，载《战略与管理》，2000（3）。

③ 转引自［日］十中丰：《利益集团》，13 页，北京，经济日报出版社，1989。

期，中国官方文件和媒体多次谈到“利益集团”。① 2006年10月中共十六届六中全会以后，当中国提出建设社会主义和谐社会时，提出必须防止“既得利益集团”的出现，“利益集团”又一次在官方文件中出现。与此相呼应，官方权威媒体新华社《瞭望新闻周刊》2006年10月关于“利益集团”的文章引起广泛关注，认为中国近年来突出的社会不公正问题与“特殊利益集团”有着直接关系，“利益集团”在中国政治中的出现和作用已经处处可见。那么，中国的利益集团以什么样的形式组织起来？在政治过程中有什么样的作用？中国政府拟如何应对利益集团政治所带来的问题？在1978年改革开放之前，共产党在意识形态上强调全国人民在根本利益上的一致性，否认利益差别。在计划经济体制下，尽管存在城乡差别、地区差别，但是基于农村中的人民公社体制和城市中的国有企业体制，把人民事实上分为工人阶级和农民阶级。但是，改革开放给中国带来革命性变革：原来单一的经济结构演变为多元化的经济结构，在此基础上，形成了众多利益不同的社会阶层。不仅如此，在工人阶级、农民阶级和知识分子内部也多层次化了。这种新的经济结构和社会结构是产生利益集团的基本社会条件。

经济体制和经济结构的变革必然带来政府管理体制的变革。在计划经济时代，所谓的经济主管部门主要是依据行业和产品而设立的，以至于到1978年国务院下的部委多达100个。可以想象，建立在行业和产品之上的政府部门事实上成为本行业和本产品的利益代言人。例如，即使在不讲部门利益的计划经济时代，主管钢铁工业的冶金部则依然在鼓吹增加钢铁产量。在过去30多年里，中国对政府管理体制进行了七次大规模的改革，大大减少了国务院下属的行政管理部门，提高了行政效率。但是，政府改革并不彻底，很多政府部门依然是计划经济的产物，它们依然建立在行业和产品上。在市场经济的时代，它们的利益代言人角色就更加突出。我们对利益集团作的界定是：基于共同利益或态度而组织起来的、在政治过程中进行利益表达的行动性群体。这里侧重强调当代中国利益集团的两个主要特征：一是从当代中国政治过程中起实际作用的角度，强调利益集团的组织化特征的同时，也强调实际政治过程中存在的利益集团，因为后者可能比前者的影响力更大，这是与西方典型意义上的组织化利益集团不同的；二是强调利益集团的政治影响，即是指那些有意识地去推动特定方面的公共政策的团体。这把它与那些成员具有共同态度，却不关心公共政策的团体区分开来。

一、利益集团的性质与类型

利益的多元化或利益性质的不同决定着利益集团的多样化：政治性利益集团，比如中华全国台湾同胞联谊会；公共利益型利益集团，比如环保组织；特定人群权益型利益集团，比如中国残疾人事业联合会；经济利益型利益集团，比如中国纺织品协会。在现实政治中，规模最大、数量最多的利益集团就是经济利益型利益集团，而且它们也是中国政治社会问题的一个重要变量。因此，这里主要考察中国治理中的经济利益型利益集团。

---

① 1988年中共中央在十三届二中全会工作报告里第一次承认中国社会存在着不同的利益集团：“在社会主义制度下，人民内部仍然存在着不同利益集团的矛盾。”为此，党内理论权威郑必坚在《人民日报》上发文分析经济结构的变化所带来的利益关系调整和利益集团问题。（参见《大变动，再认识》，载《人民日报》，1988-05-20）

对于利益集团的简单界定是：为特定利益而组织起来的一种社会组织。在大多数国家，利益集团主要指社团型利益集团，即专门为利益表达而建立起来的行业性组织，比如各种各样的“协会”。其他类型的利益集团包括机构型利益集团和非社团型利益集团。① 在政策过程研究中，美国政治学家把官僚机构当作一种利益集团，他们更多的是从部门政治或官僚政治而非利益集团路径来研究美国的政策过程。中国社会的发育状况决定了不能简单地用现存的利益集团类型和标准来审视中国的利益集团。根据中国的利益集团的组织状况及其在政治经济过程中的作用大小，我们把中国的利益集团分类为：机构型利益集团（institutionalized interest group）、公司型利益集团（enterprised interest group）、社团型利益集团（associational interest group）和无组织型利益集团（unorganized group）。但是，具有明确的政治经济关系意义的利益集团则主要是机构型利益集团和公司型利益集团，为此这里只介绍和考察这两类，而社团型利益集团则在国家—社会关系部分得到阐释。

第一，机构型利益集团。

作为国家代表的政府部门，本应是公共利益的代表者。但公共选择理论的研究表明，政府官僚机构与官员并不必然是公正无私的“道德人”，有可能具有追求自身利益最大化的“经济人”特征。据此，西方学者和一些国内学者把政府官僚机构当作一种利益集团，起着利益表达与综合的作用。② 我们不同意这种划分方法。不能因为任何时间和地点都存在本位主义和部门利益，而把作为国家权力建制的有机组成部分称为利益集团，因为利益集团是特指国家权力机构之外的政治社会力量，如果把存在组织化利益的团体都归类为利益集团，利益集团就成为解释一切政治现象的概念，国家权力等经典概念就失去了应有价值。尽管如此，什么是国家权力的有机组成部分，在经济转型时期需要进一步界定。一般而言，维持国家正常运转的政务部门（如司法部、外交部、民政部、文化部、教育部等）和宏观经济调控部门（如央行、财政部、发改委、国资委等）是任何国家都必须有的，不能因为它们或许存在部门利益而把它们称为利益集团。我们的问题是，中国目前的政府部门设置依然具有计划经济的特征。例如，在国务院下属的行政管理部门中，还有各种以行业和产品为基础的主管部门。正常来说，中央各部委应该是中央政策的执行者，自身保持政治中立，只努力追求政策执行的效率。但是在经济转型时期，因为中央决策机制的不健全，在很多场合，很大程度中央各部委成了中央政策的决策部门。这就使它们有能力将自己的部门利益凌驾于社会公共利益，乃至国家利益之上。不仅如此，由于行业和产品的交叉性，因行业和产品而设置主管部门必然导致部门的重叠和功能的交叉与利益冲突。以文化领域为例，最高主管部门是中共中央宣传部，在国务院则有文化部、国家新闻出版广电总局、国家文物局；以交通为例，有主管水路交通和陆路交通的交通运输部，也有只管水

① 从组织形态上看，在常态政治中，美国政治学家把利益集团主要分类为：(1) 机构型利益集团，比如官僚机构、立法机关、军队、政党、教会及公司；(2) 社团性利益集团；(3) 非社团性利益集团，它们以共同的种族、语言、宗教和职业为基础，但是没有组织起来。详细内容参见阿尔蒙德、鲍威尔：《比较政治学：体系、过程和政策》，202～207 页。

② 日本学者十中丰认为，在集团理论中，除了利益团体之外，官厅组织、军队和政党等也都同样作为压力团体而构成一种过程。参见［日］十中丰：《利益集团》，40 页。也有一些西方学者在讨论中国政治时，把中国军队作为一个利益集团，并分析了它在中国外交决策过程中的角色和影响力。参见 Harry Harding，“The PLA as a Political Interest Group,” in *Chinese Politics from Mao to Deng*，Victor Falkenhein ed.，New York：Paragon House，1987。

利而无权管理水上交通的水利部；再以水污染为例，国家环保部和水利部都在管理，都在争夺管理权。这些部门的行政级别相同，而功能和利益存在交叉，利益冲突是常见的现象。在市场经济的今天，这些行业主管部门很容易演变为该行业或产品的利益代言人，利益冲突导致机构之间的矛盾。

因此，这里特别把那些建立在产品和行业基础上的所谓经济主管部门称为机构型利益集团。在经济转轨过程中，有些部门的存在具有时代的合理性和必要性，比如20世纪末为了加快信息产业的发展而组建的信息产业部，有的没有被改革则因为国家当时没有足够的资源去同时解决那么多的部门政治难题，因此，一下子撤销13个部委的朱镕基总理在1998年说，此改革是过渡性的，还不够，还要改。进一步的行政改革已经非常迫切、必要，因为在市场经济体制基本建立的条件下，有的部门的历史使命已经完成，有的已经成为市场经济的阻碍力量，代表着特殊的行业和利益。从这个角度来看，可以说一些产品和行业主管部门是最强大的利益集团。如果缺少外部竞争、外部约束、缺乏内部的自觉性，有些主管部门会有非常强烈的动机去争取自己的利益最大化、法定化、国家化甚至是国际化。① 对于这种现象，决策者已经有充分的认识，因此中共十七大政治报告明确提出实行大部门制。

第二，公司型利益集团。

在中国，很多公司本身就是利益集团，或者至少起着利益集团的作用。“行业”、“特定利益”和“官商关系”等关键词意味着，并不能把绝大多数公司归类为利益集团，能被视为利益集团的公司主要有两类：

一是垄断行业的大型国有公司，诸如石油行业的中国石油总公司、中国石油化工总公司和中国海洋石油总公司；电信产业的中国电信、中国移动和中国联通；电力行业的国家电网公司和几家发电公司；邮政行业的中国邮政总公司；铁道行业的中国铁路总公司；燃气行业的中国天然气总公司；等等。很多其他国家的行业垄断是一种自然垄断，并在国家的干预下实行反垄断。但是在中国，行业垄断其实是一种行政垄断，行业垄断公司的背后都有行政主管部门，因而是行政权力保护着垄断行业的垄断利益。在这种条件下，垄断公司本身就是庞大的利益集团，它们不需要以社团型利益集团即“协会”的形式而组织起来，它们对政府的影响比“协会”更直接、更有效。

二是暴利行业的公司。在中国，暴利行业特指房地产业和采矿业。这些行业的产权多元化，既有国有也有私有。与垄断行业相比，暴利行业的利益集团在数量上更多，在形态上更隐蔽但却是公开的秘密，在影响政策的方式上合法与非法并存。

二、政治经济过程中的利益集团

和任何国家一样，在中国政治过程中，不同的利益集团在具体的公共政治过程中的角色、行动资源与策略、影响力等方面存在明显的差异。考察利益集团作用的最有效的起点是看其如何参与公共政策设置的，是如何影响公共政策执行的。

第一，政治过程中的机构型利益集团。

---

① 参见江涌：《警惕部门利益膨胀》，载《瞭望新闻周刊》，2006（41）。

机构型利益集团，本身具有组织制度、资源与权力上的天然优势，同时又是政策的决策者，对政策的议题、议程和决策起着决定作用，甚至在多数情况下还是政治过程的垄断者。因此，这类利益集团对中国政策的制定、执行、反馈等各个阶段、政策的价值取向等方面的影响最大。2006 年 10 月，《瞭望新闻周刊》刊文指出包括机构型利益集团在内的行政部门利益极度扩张，在决策或履行职能过程中，有些部门过多从本部门利益出发，过于强调、维护与谋取本部门利益，影响了决策的战略性、全局性和前瞻性，损害了社会公正与大众利益，增添了国家经济及政治风险。① 在我们看来，建立在政府部门、行业和产品基础上的机构型利益集团利用法定的国家权力而扭曲着公共政策。

首先是使部门利益国家化、制度化。尽管是建立在行业和产品的基础上的经济主管部门，它们毕竟是国家权力机关。官僚政治的一个规律是，每个部门都会在已经获得授权的基础上而扩展自己的权力，行业主管部门更是如此，时常以“国家利益”之名而实现部门利益，并且将部门利益制度化。在中国，将部门利益升格为国家利益的渠道之一是行业报纸，每个部委都有自己的机关报，行业报纸是部门利益的有力鼓吹者。将部门利益制度化的渠道之一是行政部门立法权。中央机构广泛存在借法律规章来巩固、谋取部门利益的现象。如通过“职权法定”、“行为法定”与“程序法定”使部门利益法定化。由于立法机构本身的因素，导致人大常委会审议的法律草案多由政府部门起草。这样，有些政府部门就利用政策资源优势，在制定有关法律草案时，千方百计为部门争权力、争利益，借法律来巩固部门利益，获取法律执行权，进而获得相应的机构设置权和财权。在全国人大通过的法律中，由国务院各相关部门提交的法律提案占总量的 75%～85%，此外还有大量由行政部门制定的行政法规、部门规章，同样具有法律约束力。② 如此一来，通过立法过程这些机构型利益集团就将自己的利益法律化，进而将部门利益制度化。因为很多法规都是由部委起草，然后人大通过，很多时候，通过几乎成了一种形式，负责起草的部委对内容的自主度非常大。

其次是阻碍公平竞争。建立在行业基础上的行政机关自然要保护其属下的垄断利益，排斥他人进入，阻碍公平竞争。在电信、电力、邮政、铁路、石油、银行、保险、证券等几乎于国计民生比较重要的所有行业都有主管部门或者监管机构，国有垄断行业和主管部门结合在一起，自然会形成一股巨大的阻碍公平竞争的政治经济力量。这就是被称为“经济宪法”的《反垄断法》争论了 13 年才能出台的主要原因。

最后是制造社会不公。行政垄断必然导致很多负面效应，比如增加行政成本，效率低下，妨碍技术创新，等等。这里所关注的是行政垄断所带来的社会不公问题。(1) 在收入水平上，2005 年电力、电信、石油、金融、保险、水电气供应、烟草等垄断行业共有职工 833 万人，不到全国职工人数的 8%，但工资和工资外收入总额估算相当于当年全国职工工资总额的 55%。③ 据国家统计局 2006 年初公布：垄断行业的平均工资是其他行业的 2～3 倍，加上工资外收入和福利，是其他行业的 5～10 倍。这些垄断企业经常以亏损为由

① 参见江涌：《警惕部门利益膨胀》，载《瞭望新闻周刊》，2006 (41)。

② 参见杨军：《部委“利益分殊”进行时》，载《南风窗》，2006 (24)。

③ 参见《中国经济时报》，2007 年 6 月 28 日。

涨价，以维持垄断收入，而成本由民众买单。(2) 社会不公不仅表现在收入分配上，还体现为教育和医疗制度的扭曲，但是相关的问题政策并不能得到及时调整。(3) 社会不公还赤裸裸地表现为这些行业对消费者的剥夺。例如，由于电信垄断，中国消费者打国际长途的话费高于其他一些国家。

第二，政治过程中的公司型利益集团。

公司型利益集团中的国有垄断公司主要通过影响政府主管部门或监管部门而形成有利于自己的政策。如"金融（四大银行、一大保险)、能源（电力、石油)、邮电（邮政、电信)、运输（铁路、民航)、基础建设等领域的国有垄断企业，长期依托行政垄断，拥有强大的博弈能力。为维护龙头地位、持续获得垄断利润，有些垄断企业在政界、学界、传媒界网罗代言人，影响甚至操纵话语权，为其垄断地位辩护，极力排斥行业竞争与民营经济介入，抵制《反垄断法》等于己不利的法律政策出台，或以本行业的特殊情况（如自然垄断、国家安全、为政府赚钱等）为由要求从相关法律政策中得到豁免，维持垄断"①。另外，它们还利用强大的经济资源和政治优势，组成更大的利益集团，企图产生更大影响。②

同时，一些资源开发型行业如采矿和土地开发等行业以合法或非法的形式在政治过程中发挥着影响。例如，土地开发中既有合法行为，也有非法行为。土地开发已经成为地方政府政绩的重要来源。浙江省一项调查表明，如果征地收益是100%，各利益关联方分配比例是：地方政府20%～30%，开发商40%～50%，村级组织25%～30%，农民5%～10%。③ 在房屋价格中，政府的税费收入占房价的50%，房地产利润占25%以上，而地产商的资金则来自银行贷款。

大权在握的公司型利益集团，不仅利用各种资源将自己偏好和利益要求输入政治过程，影响政策决策的指向，而且当它们成为政策目标时，还极力采取选择性服从，即支持对自己有利的政策，抵制甚至是暗中改变不利于自己的政策。例如，地产开发商不但可以通过非法手段而实现具体项目的开发，还有能力通过合法手段而形成有利于自己的行业政策，推动国务院认可房地产业是"国民经济的支柱产业"，以抵消不利于自己的行业政策。④ 国务院的文件至少为地方政府土地开发提供了支持政策，在客观上甚至为官商同盟提供了合法性借口。正是因为地方政府与地产商的结盟，和采矿业一样，中央政府近年控制房价的政策失效，很多城市的房价不降反升。

三、治理利益集团政治

利益集团在政治过程中扮演的角色似乎有些矛盾。一方面，它们能为政府与社会之间

---

① 江涌：《警惕部门利益膨胀》，载《瞭望新闻周刊》，2006 (41)。

② 参见马秋莎：《比较视角下中国合作主义的发展：以经济社会团为例》，载《清华大学学报（哲学社会科学版)》，2007 (2)。

③ 参见汝信等主编：《2005年：中国社会形势分析与预测》，6页，北京，社会科学文献出版社，2004。

④ 2003年6月13日央行出台了《关于进一步加强房地产信贷业务管理的通知》，要求商业银行对开发贷款、土地储备贷款、建筑贷款垫资和个人住房贷款严格控制，被认为是"房地产的冬天"。与此同时，在地产商的推动下，全国工商联与众多地产商一道上书国务院，促成了国务院18号文件的出台，该文件指出，"房地产业关联度高，带动力强，已经成为国民经济的支柱产业"，并且发展是健康的。[参见李曙光：《立法背后的博弈》，载《中国改革》2006 (12)]

的政治沟通提供一种垂直的渠道，利益团体的中介角色可以保护公民免受国家机制的压迫。另一方面，利益集团就是代表部分人的利益，从而有可能与国家利益和公共利益形成冲突。大多数严肃地对待利益集团的人，都同意詹姆斯·麦迪逊的观点，即利益集团是一种必要的恶，最好是控制它而不是消灭它。①

在当代中国利益集团是国家放权和市场经济的一种必然结果，但是从它在中国社会政治经济全面转型中的实际作用来看，不同的利益集团扮演着不同的角色，同一集团在不同方面也起着或积极或消极的作用。概而言之，中国的利益集团兴起不久，利益集团政治远未成熟，其利益表达能力有限，不同利益集团之间的权力与资源分配严重不均衡。中国利益集团政治的此种状况对中国治理的影响越来越深刻，就正面影响而言，它为社会中的一些利益集团，主要是强势集团，提供了表达和实现集团利益的垂直渠道；就其不利影响来说，主要是各利益集团之间权力与资源分配的极度不均衡造成了严重的社会不公正和腐败，特别是在转型中国，弱势群体还没有政治资源或能力、激励去组织起有效的利益团体的情况下，在一些关键性政治过程中，这种现象已经发展得相当严重。因此需要认真对待利益集团政治，对之进行治理。

根据前述中国利益集团政治的现状与存在的问题，我们认为，利益集团的治理基本目标是通过制度建设，抑制利益集团的不良影响，扩大其有利影响。

首先，改革政府体制、立法体制。在政府设置上，除了保留和加强任何国家都需要的政务部门和宏观经济调控部门外，彻底废除建立在行业和产品基础上的政府经济主管部门，相关部门的规制功能由国家发展和改革委员会执行；实行大部门制度，合并功能交叉或功能相近的部门，比如由文化部统一行使广播电视、新闻出版、文物等事务的规制权。在行政决策程序上，实行决策权、执行权和监督权的部门分立，行政过程透明化，最大限度地减少官商同盟。立法体制必须改革。在全国人大常委会成立立法室，专门负责各种法律的起草工作，取消各行政管理部门的法律起草权，它们的立法权限只限于为执行法律而制定的规则。这些制度建设，可以减少部门或机构型利益集团之间的利益纷争，消解这类利益集团用法定的国家权力而扭曲公共政策、侵蚀公共利益的行为，规避机构型利益集团利用立法过程中的信息、权力优势，谋求自身利益，置国家利益与公共利益而不顾的行为。

其次，完善市场机制建设。由于市场机制本身不会给经济社会中各个集团带来公平的结果，更为关键的问题在于，处于转型过程中的中国市场经济存在比较严重的行业垄断和官商同盟，这些利益集团在市场经济运行和相关政治过程中，拥有制度、组织资源、权力资源等优势，并由此引发严重的社会不公正。为此，需要进一步完善市场机制和制度建设。比如依据《反垄断法》，打破垄断，实行投资主体的多元化，促进公平竞争，提高弱势集团的议价能力。建立国家部门退出市场的制度，使国家和政府在市场经济中真正能够扮演裁判员，而不是运动员的角色。

---

① Frank R. Baumgartner and Beth L. Leech, *Basic Interests: The Importance of Groups in Politics and in Political Science*, Princeton University Press, 1998.

中央—地方关系

重点问题

- 如何认识中国中央—地方之间的民主集中制原则？
- 如何认识中国政府结构中的“条块关系”？
- 如何认识中国中央—地方之间的经济关系？

大国之治的关键之一在于处理好中央—地方关系。在传统理论上，中国是单一制形式，地方政府的权限由中央政府授予。改革开放以前，我国在经济上实行中央高度集权的计划经济体制，在政治上实行中央集权的一体化管理。改革开放以后，中央政府和地方政府的经济与政治关系发生了不同程度的变化。

第一节 关于中央—地方关系的政体结构与利益结构

一、政体结构

在政治学理论上，单一制是一个不断式微而联邦主义是一个不断张扬的概念，但是对于转型时期的中国而言，制度变迁所体现的政治一经济形态更为复杂，既不能简单地将中国定性为单一制国家，更不能定性为联邦主义国家。但是如果进行政治和经济的二元化处理，我们很容易发现，中国兼具单一制和联邦主义的特征。

或许是因为看到经济改革带来的巨变，或许是因为香港和澳门回归带来的新因素，或许是因为宪法中关于民族区域自治的规定，政治学和法学界的一些学者开始不满足于传统的中国国家结构的单一制定性，因此提出了各种样式的新看法，比如民主集中单一制说、复合式单一制说①、混合制说②，甚至还有联邦制体制的政治制度说③，等等。笔者认为，

① 参见艾晓金：《中央与地方关系的再思考：从国家权力看我国国家结构形式》，载《浙江社会科学》，2001（1）。

② 参见杨宏山：《府际关系论》，北京，中国社会科学出版社，2005。

③ 参见［以色列］伊拉扎：《联邦主义探索》，53页，上海，生活·读书·新知三联书店，2004。

认为，将中国的国家结构（这里暂且还借用"国家结构"概念）笼统地定义为各式各样的单一制①，只是看到了政治关系而忽视了经济关系的重要性；因香港和澳门的特殊性而规定为混合制，模糊了中国政治的主体性质；而因民族区域自治的宪法规定将中国视为联邦制体制，表明作者伊拉扎缺少中国政治的基本常识，尽管他对联邦主义理论有重要贡献。

认识中国政治的第一个前提是，在政治结构基本不变的前提下，中国的经济关系已经发生了革命性变革，这一常识要求我们必须对政治关系和经济关系进行二元化处理，尽管不能忽视二者之间的互动关系。认识中国政治的第二个前提，也是最为基本的常识是，共产党领导和党政关系是理解中国政治的基本入口。这一常识就要求我们，考察中国的国家结构，不但要理解宪法上的规定，更要解读党章上的规定。与第二个前提相联系，关于中国政治的第三个前提是，不但要从结构上即法律关系上理解国家结构，更要从程序上即事实关系上理解国家结构，比如宪法上关于共产党的领导就一句话即坚持共产党的领导，而事实上共产党的领导体现在政治生活的每一个层面。另外，关于中国政治历来有正式政治与非正式政治（informal politics）② 之说，非正式政治在一定程度上就是描述事实上的程序问题。

上述三个方面是我们认识中国中央—地方关系的出发点。在中央—地方的政治关系上，我国《宪法》第三条规定，"中华人民共和国的国家机构实行民主集中制的原则"，即"一府两院"都由人民代表大会产生，对它负责，受它监督；中央和地方的国家机构职权的划分，遵循在中央的统一领导下，充分发挥地方的主动性、积极性的原则。《宪法》第八十九条规定中央政府即国务院的职权之一是"统一领导全国地方各级国家行政机关的工作，规定中央和省、自治区、直辖市的国家行政机关的职权的具体划分"。上述两条以中国特色的民主集中制表述了人民代表大会与政府关系以及中央政府与地方的单一制性质。

那么在党章中关于党政关系是怎么规定的呢？每一个党员耳熟能详的规定就是"下级服从上级，全党服从中央"这样一个民主集中制组织原则。为了确保"全党服从中央"，党章及其相关文件规定了党委制、党组制、归口管理制以及党管干部制度和原则。这些制度规定既是法律上的结构，又是事实上的程序。宪法的民主集中制组织原则详细规定了人大与政府的关系，党章中的民主集中制原则详细规定了党与人大、党与政府的事实性关系。在党—人大—政府关系中，涉及的政治关系是复杂的、多方面的，但是最能体现民主集中制原则的是党管干部制度。

根据 1998 年中共中央颁布的《中共中央管理干部名称表》，所有副省级以上的干部均由中央直接考察和管理，地方主要正局级岗位的干部向中央备案。应该说，干部名称表延续了 20 世纪 80 年代的干部管理体制。1984 年中央将对地方干部管理的权限由下管两级（省部级和正局级）改革为下管一级，即直接管理副省级以上干部的考察和任免。这样中央直接管理的干部人数由原来的 15 000 人左右下降到 3 000 人左右。与 1990 年颁布的

---

① 在此需要指出的是，如果在单一制前面附加各种前缀，作为社会科学的国家结构理论变成了无限繁衍的化学分子式。社会科学的生命力在于对理论的简约性处理进而具有的通识性，如果就一个问题得出众多的命题式概念，该理论就失去了应有价值。

② 有关中国非正式政治的集中研讨，参见 Jonathan Ubger，*The Nature of Chinese Politics*，M. E. Sharpe，Inc.，2002。

《中共中央管理干部名称表》相比，中央对地方干部的管理权限基本没有变化。但是，在20世纪90年代初期，随着地方政府作为利益主体的角色凸显，地方保护主义倾向日趋明显，地方人大否定中央推荐的候选人而选举本地人为副省级干部的事并不只是发生在一两个省份，维护和加强中央权威也就成为当时的重要议题。加强中央权威的最为便捷的办法就是加大对地方干部管理的力度。

中共中央组织部于1999年6月颁发了“干部交流规定”，在地方领导选拔上实行非本地原则和定期调换制度。关于省级领导的具体规定是应更加频繁地调到另一个省或调到中央任职。现行领导班子的构成模式是，作为正职的省委书记和省长从别的省或中央部委调来，而副职则主要出自本省。在实行中国传统上的回避原则的同时，中央对省级正职领导的任期也有严格的控制，20世纪90年代末以来地方领导的任期更短，更替更快。

总之，自20世纪90年代末以来，中央政府对地方政府的省级核心领导干部的管理大大加强了，这样做的主要目的是遏制地方主义和宗派主义，加强中央政府的权威，以便保持政治上的统一和稳定。在中国的经济转型中，控制地方核心领导干部成为中央约束地方政府行为的一种主要手段，也是政治单一制的核心特征。

二、民主集中制政体下的条块关系

系统考察从中央政府到基层政府的基本机构与职能以后，我们可以清楚地看到中国政府体制的条块结构。①

“条”是指从中央政府到县政府，所有的政府部门的设置都是对应的，即下级政府都是按照上级政府的结构而设置政府部门，实行分口管理。从中央到地方，政府一般都有八大口，即综合口、计划口、工交口、财贸口、农林口、文教卫口、科技口和政法口。这些口的设置和领导体制上的特征是：第一，一级政府中的部门和机构与上下相互对口的部门和机构组成专业性条条，这种条条中的部门和机构以本级政府领导为主，受上级对口部门和机构工作指导为辅。很多专业经济部门属于这种情况。第二，一级政府部门或机构是上级部门或机构的派出机关，人事、财务和业务归本系统的上级部门和机构主管，所在地的地方政府协管，例如税务和金融机构。第三，事业单位和国有大中型企业的管理权直接归上级政府甚至中央有关部门。可见，垂直性的机构设置不但有政府主管部门之间的，还有金融、监督系统之间和企事业管理单位之间的条条安排。

“块”式结构很容易理解，各级政府的职权几乎无所不包，辖区内的政治、经济和社会文化生活都处在政府的管理之下。为此，各级政府设置了数十个机构和部门，分门别类配置其职能，实行对口管理。

中国政府体制条块特征的优势众所周知，那就是能够集中力量，政府的组织动员能力无与伦比，这就是我们通常所说的社会主义制度的优越性所在。

但是，条块结构的问题也是很明显的，其中最大的问题是管理权限归属不清，有时很

① 参见谢庆奎等：《中国地方政府体制概论》，7页。

多有关部门都要管，每一个部门都有行政执法权，为了收取“服务费”，几乎所有的部门都要重复执法，导致管理环节脱节，并造成权威资源的浪费。在现实生活中，无论是经营什么，几乎所有的有关部门都以行政执法的名义对厂家的同一种商品重复检验以收取“服务费”，造成企业难以承担的制度成本或交易费用。就政府部门之间的关系而言，实行的是多头领导制度。以县政府的能源部门水利局为例，有权对县水利局进行管理的至少有四个部门，即省水利厅、县委、县政府和县水利局党委，这种复杂的政治关系见图 10—1。

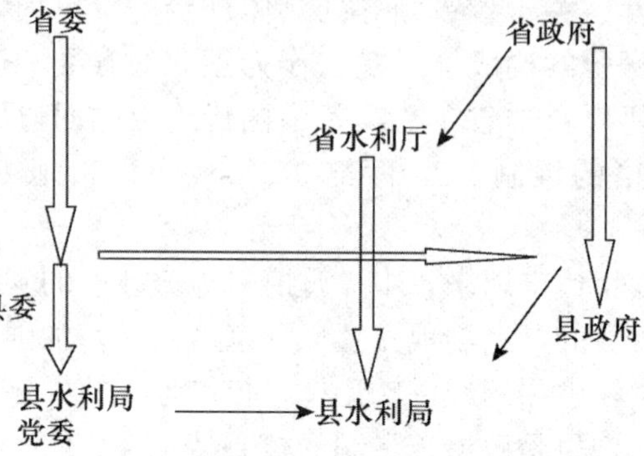

图 10—1　中国政府条块结构示意图（以县水利局为例）

从图 10—1 可以看出，作为县政府职能部门的县水利局不但要服从县政府，还要服从省水利厅。与此同时，县政府还要对县委和省政府负责，而县委组织部决定着县水利局局长的升迁机会，同时，局长作为一名党员干部，还必须服从水利局党委的决定。

事实上，上下级政府部门之间的关系绝不止于“领导关系”和“业务关系”，很多机构或个人都可以通过不同的渠道就某个问题施加影响。结果，一个部门要解决一个问题，往往牵扯到很多部门；如果是利益，很多部门和机关都会通过不同的渠道参与进来。这样，权威资源被大大分散了。事实是，在中央集权下的各级政府及其部门，很难明确官员个人到底对哪些单位和部门享有领导权威。

这样，尽管中国是单一制的国家，看上去是一个高度的威权主义结构，但实践中的条块关系决定了中国的政府体制及其权威具有高度的分散性，这种条块结构中的权威的分散化，很容易使不同的部门和个人抵制政策的贯彻和执行，造成行政效能低下，并导致行政腐败。因此，必须进行进一步的政治改革，建立现代化的国家治理体系。

第二节　中央—地方的经济关系

一、经济分权与治权共享

在“大跃进”期间的 1959 年和准备打仗的 1969 年，中央政府曾两度对地方政府实施大规模的经济放权，但由于效果不理想又收回了权力。20 世纪 80 年代中国所进行的经济改革是以分权让利为指导思想的行政性放权改革，最终形成了今日中国的地方分权，重塑了中央与地方政府间的关系。中国的经济改革必然是从放权开始的，因为国家发展的停止实际上是以计划经济为基础的中央集权制的失败，而改革这种体制的出发点自然就从分散权力开始。

以分权为主要特征的经济改革虽然走过了30多年，经济生活中中央政府的权力和计划性调配权还是无处不在，突出表现在以下几个方面：第一，对国土资源的直接管理权。首先，《土地管理法》中规定的国务院对于土地资源利用上的管理权，2003年以来，国务院撤销了很多地方以“经济开发区”为名的商业“圈地”。其次，在矿产资源方面，中央政府享有直接的计划性质的调配权。以西煤东送为例，西部每年向东部输送5 000万吨煤，每吨补贴是10元，收入是5亿元；按市场价是140亿元；若用5 000万吨的煤发电，以火电上网价0.23元计，收入是340亿元。同样由于西气东送，当地人不可以用天然气而东部优先。① 第二，对项目投资的直接管理权。投资什么样的大项目以及当项目的规模大到一定程度时，都需要国家发展和改革委员会的批准，以避免重复建设、破坏生态或盲目上马。例如，中央政府否定了地方政府在怒江建坝的建议，各地方的地铁工程需要得到发改委的批准方能立项。第三，宏观经济调控中的强制性权力的运用。20世纪80年代的宏观调控方法主要是行政手段，20世纪90年代以来越来越以货币政策为主，但是并不排除比行政手段更为强硬的强制性权力的运用。当货币政策不能发挥有效作用时，中央就毫不犹疑地运用强制性权力，江苏“铁本事件”就是最好的例证。上述案例中的中央政府的权力和权威都不是典型的联邦主义国家所能拥有的。

尽管对事权的管理范围是衡量中央—地方经济关系的一个重要指标，但是衡量中央—地方关系的最为核心的指标体系却是财政体制。从计划经济时代的统收统支“大锅饭”财政到20世纪80年代的“分灶吃饭”的财政包干，再到1994年以后在全国实行的分税制，我国的财政体制已经发生了革命性变化。无论是财政包干体制还是分税制，说到底都是财政分权，尽管分税制大大提高了中央财政在全国财政收入中的比例，即从1992年的20%左右提升到目前的50%左右。如有些研究人员所说，财政分权，尤其是分税制的两个最明显的结果是：在中央—地方关系上，中央直接管理经济的作用下降而宏观调控能力增强，地方政府的作用加强；在政治—市场关系上，削弱了政府的作用，加强了市场的作用。②

地方政府从过去的代理人到今天的利益主体角色、市场从过去的辅助性角色到今天的主导作用，已经成为一种新的制度安排，而这样的或类似的制度安排所导致的理论话语就是“财政联邦主义”，甚至是“维护市场型联邦主义”，即“经济联邦主义”。在国内政治中，分权不等于联邦主义，或者说联邦主义也不是简单地等于分权。但是，分权是联邦主义的重要基础，当地方政府是由选民直接选举的时候，或者说地方政府通过法律规定而获得一定程度的地方性政策的自主权和自主的财政权时，中央—地方关系就可能演变成以契约为基础的合作和讨价还价关系，而这些就符合前述的联邦主义的内涵。因此，联邦主义与财政分权、政策分权和政治分权的举措呈正比例关系。③ 因此，把分税制下的中央—地方经济关系描述为财政联邦主义，并非是经济学家的心血来潮，已经是我国经济学界的一种共识。

---

①　参见2005年4月1日中央电视台《新闻会客厅》对国务院西部开发办副主任李子彬谈话的深度报道。

②　参见闫坤、陈昌盛：《中国财政分权的实践与评价》，载《广东社会科学》，2003（5）。

③　Jonathan Rodden，“Comparative Federalism and Decentralization：On Meaning and Measurement，” *Comparative Politics*，July 2004，pp. 481－500.

在比较研究其他国家和改革开放时期的中国的中央—地方关系基础上，有学者提出了“维护市场型联邦主义”（market-preserving federalism），即经济联邦制。

在温加斯特看来，传统上公认的联邦制的两个基本特征是：（1）存在一个政府内的层级体系，在政府之间存在权力划分，任何一级政府都不拥有绝对的制定政策法规的垄断权，同时又在自己的权力范围内享有充分的自主权。（2）每一级政府的自主权都是制度化的，从而使联邦主义的约束能够自我实施。所谓“维护市场的经济联邦制”是在以上两个条件外再加上三个条件：（1）地方政府对辖区内的经济事务享有主要的管理权；（2）一个统一市场的形成，使得地方政府不能利用它们的经济管理权而制造贸易壁垒；（3）各级政府都面对着硬预算约束。①

温加斯特和钱颖一认为，在引入地方政府之间的竞争时，维护市场的经济联邦制经济效果是：第一，地方政府之间的竞争会使地方政府努力提供一个良好的环境以吸纳经济要素；第二，硬预算约束意味着地方政府可能破产，地方政府因而在财政上慎重行事；第三，地区间的竞争还意味着，没有任何一级政府拥有对其经济政策制定的全部垄断权；第四，地区之间的竞争无疑会约束强大的中央政府的经济功能，但是这种约束必须建立在制度之上，仅仅依靠观念的约束是不可靠的。②

在中国的语境下，“联邦主义”是一种原始语义学上的现实性运用，意在描述在以分权为逻辑起点的改革中地方政府所享有的自治与分享治理状态，是一种完全不同于过去单一制下的地方政府的代理人角色。

二、二元结构下的国家治理

经济上的地方自治与治理分享并存的局面，是一种典型的政治—经济关系中的二元化结构。对于这种政治权力集中而经济权力分散的结构，很多学者看到的往往是问题。问题无疑是存在的，但是对于转型时期的中国而言，二元化结构下的优势也是明显的。无论是对优势的总结还是对问题的讨论都可能是不全面的，这里只选择与本题最关切的话题加以讨论。

1. 二元结构之于转型中国的优势

在从计划经济向市场经济转轨的过程中，中央政府、地方政府和市场的力量无疑都是推动市场经济的重要力量，其中制度创新的第一推动力应该是地方政府与市场力量的合力。③ 但是，不同的力量代表着不同的利益取向，如果仅有地方政府与市场主体的合力而推动市场经济，中国统一的市场经济就难于形成，市场秩序就可能处于无序状态。因此，我国经济转型中政治单一制的优势主要表现在：

第一，有利于维护国内市场的统一和市场秩序。当地方政府从计划经济下的代理人转变为市场经济下的利益主体时，其行为模式也就发生了重大变化，从过去的以执行中央计

---

① Barry R. Weingast, “The Economic Role of Political Institutions: Market-preserving Federalism and Economic Development,” *Journal of Law, Economics, and Organization*, April 1995.

② Qian Yingyi and Barry Weingast, “China’s Transition to Markets: Market-Preserving Federalism, Chinese Style,” *Journal of Policy Reform*, 1996, 1 (2), pp. 149-186.

③ 参见杨光斌：《我国权力主体的市场化动力比较研究》，载《学海》，2003（1）。

划为主转变为以实现地方利益为驱动力。其中既有来自社会的就业、社会福利等自下而上的压力，也有经济增长指标的自上而下的压力，因为政治单一制下的干部管理体制的用人标准主要是以经济增长为指标的政绩标准，从而导致地方政府行为的畸形化，比如20世纪80年代的“羊毛大战”、“棉花大战”、“大米大战”等各种资源争夺战，20世纪90年代地方政府竞争中竞相实行的政策优惠大比拼，等等，严重地危害了统一国内市场的形成，发展下去就可能形成16—18世纪法国式的地区经济，而不是统一的国家经济。

令人尴尬的是，畸形的地方行为在很大程度上恰恰是政治-经济的结构性矛盾导致的，而矫正这种畸形最终还得依赖单一制下的中央权力和权威。以整治“开发区”① 为例，2003年8月，国务院办公厅在三天之内连下两道命令，紧急叫停各类开发区的审批，号令地方清理整顿各类开发区加强建设用地管理。同月，由国土资源部等五部委组成的联合督察组，分兵十路，对全国31个省区市土地市场秩序治理整顿工作进行联合督察。

在向市场经济的转型中，仅依靠货币政策进行宏观调控是不够的，维护国内统一的市场和形成良好的市场秩序，还必须依靠国家的强制性权力，而以党管干部原则为主要特征的政治单一制就是一种立竿见影的强制性权力。尽管我们不能夸大这种强制性权力的政治和经济效力，但是它的维护市场的作用则是明显的事实，至于如何完善党管干部原则并进而健全以此为核心的政治单一制，那是另一个层面的问题。在以后相当长的时间内，在进一步健全市场机制和进行以法律、经济手段为主的宏观经济调控中，行政手段甚至是强制性权力都是不可或缺的辅助工具，而政治单一制将能有效地保证行政手段的经济效益。

第二，在保持区域平衡发展中实现多经济中心治理。由于可分配资源的有限性，我国改革开放初期实行的让一部分人和地区先富裕起来的政策是一项正确的战略选择。同样，当改革开放使我国成为世界上最大经济体的时候，“共享改革开放成果”就是一种必然的发展战略，而政治单一制能够有效地保证这种发展战略的转移。首先是开发大西北，接着是开发东北地区，这种政府主导的大战略必然会对缩小东西差异、南北差异起到相应的作用。

在保持区域平衡发展过程中还应该实行重点突破。经济全球化也是一个区域化的过程，而对于中国这样的巨型国家而言，区域化不但包括与其他邻国的经济一体化，还特别指国内经济的区域化，比如以珠三角、长三角、京津唐为代表的区域经济，国内经济的区域化特征已经很明显了，经济学家早已对此进行过深入研究。但是，仅有区域化是不够的，如果仅有区域化而无中心城市，这样的区域化就是一个低水平的地域性的概念。国内外的经验表明，只有存在一个中心城市，才能带动该区域经济的高水平发展；而多经济中心不但是一个大型国家经济发达的象征，也是均衡发展的结果。因此，在区域化的基础上，还应该实现多经济中心治理的格局。

建立多经济中心的国家理论（所谓国家理论其实就是发展共性经验的总结）的基础

---

① 到2003年中，全国有各类开发区3 837家，其中经国务院批准的只有232家，省级批准的有1 019家。据不完全统计，各类开发区规划面积达到3.6万平方公里，超过了现有城镇建设用地总量，而许多地方违法授予土地供应审批权，园区用地未批先用、非法占用、违法交易的现象十分严重。根据对10个省市的统计，在458.1万亩园区实际用地中，未经依法批准的用地就达314.6万亩，占68.7%。仅北京市的国家级、区级、乡级开发区的总数就多达340家。参见章敬平：《拐点》，北京，新世界出版社，2005。

是，几乎所有的联邦主义国家都是多中心格局，单一制是单一中心结构，而中国事实上已经具有了经济联邦主义的制度特征。在典型的单一制国家比如法国，一般只有一个中心，巴黎集政治中心、经济中心和文化中心于一体。而在典型的联邦制国家比如美国，基本格局是一个政治中心多个经济-文化中心，政治中心是华盛顿特区，文化中心是波士顿，金融中心是纽约，东部的芝加哥、西部的旧金山和洛杉矶都是经济中心。就连德国这样规模的联邦制国家，政治中心是柏林，而经济中心则有法兰克福、波恩、科隆等。中国有些不同，即使在政治和经济都是单一制的计划经济时代，不但有北京这个政治-经济-文化中心，还有上海这样的经济-文化中心，基本原因是上海曾有“东方巴黎”的辉煌以及中国的超大规模市场。在中国经济已经快速发展的今天，在区域化的基础上，建成多经济中心共享治理格局不但是人类经验的必然反映，更是一种现实需要。超大的国家规模、超多的人口数量都意味着不是两个经济-文化中心所能满足的。除了华北的北京、华东的上海，至少还应该有华南的广州、华中的武汉或郑州、西北的西安、西南的重庆、东北的沈阳或大连。当然，我们所指称的中心城市都是大都市的概念，比如“大郑州”至少应该包括距郑州只有一个小时行程的东面的开封、西面的洛阳、北面的新乡和南面的许昌。这样一个多中心格局的形成，既可以有效地减轻北京、上海作为特大规模城市的环境、资源等方面的压力，也可以实现国家整体经济的均衡发展。

2. 二元结构下的问题

第一，权威资源流失。我们曾经提出这样的观点，控制一切资源的权力并不必然是强大的，因为存在权威资源流失和权威分散化的可能。① 权威不同于权力，前者是一种让人心理认同并自愿服从的力量，而后者就是一种强制性力量。由于现行的政治单一制直接来源于计划经济时代的政治—经济单一制结构，国家的一种惯性行为就是尽量地控制，这是难以避免的。作为国家代表的中央政府并不总是直接行使控制和管理的权力，这种权力通常由其代理人即形形色色的行政机关去执行，而我们的行政机关除了拥有世界上通行的政务机关如外交部和司法部等，宏观经济调控部门如中央银行和财政部等，还有直接建立在行业和产品基础上的经济管理部门如铁道部和信息产业部等，以及各种功能交叉、重叠的执法部门。作为政策执行机关的行政部门同时又具有事实上的立法权和政策解释权，而每一个部门出台的法律性规定和政策都可能在自觉不自觉地扩展自己的权力，从而形成我们通常所说的“条条关系”之间的矛盾。由于在委托人—代理人之间的信息不对称，作为代理人的行政部门都会利用已经得到的授权而拓展自己的权力。② 在我国，由于行政部门设置的基础有问题即存在基于行业的部门，又由于存在职能交叉和重叠问题，行政部门的执法欲望更高，立法冲动更强，从而形成了以部门主义为中心的政府管制，而这种现象的直接后果就是分割或分散中央政府的政策权威，中央政府的法律/政策效力因不合理的“条条关系”而打折扣。③

不仅如此，老“条条”遇到了新“块块”，即财政联邦主义化的地方政府，使得国家

① 参见杨光斌：《中国经济转型中的国家权力》，68页，北京，当代世界出版社，2003。

② 参见［美］查尔斯·林德布洛姆：《政治与市场：世界的政治—经济制度》，30页。

③ 参见杨光斌：《制度化权利的制度成本》，载《天津社会科学》，2005（1）。

的权威资源有可能进一步流失。为了保证国家意志的实现，我国的单一制体制往往是各种职能部门垂直对应，从中央、省、市最后到县，存在一一对应的职能相同的党政部门。中央与地方的职能部门之间存在三种管理模式：中央直接管理的部门如银行；中央和地方双管的部门即中央管业务而地方管党务和人事；地方管理的部门即地方政府的各种职能部门。这样，我们看到，每一个部门既要执行上一级主管部门的命令，又要执行同级政府的政策，而每一个干部的管理权则来自上级或同级党委。也就是说，政府部门很有可能执行多重意志，从而大大降低其行政效能。

更严重的是，按政府层级而一一对应的部门设置原则，在经济联邦主义大大加强了地方政府行政管理权限的情况下，有些部门则有可能成为保护地方主义利益的工具，从而直接耗散作为国家权力基础的经济资源甚至是作为国家意志的法律权威。最典型的是司法体制和环境保护部门，由于按照政府等级设置各级法院、检察院和环保部门，司法部门的地方保护主义现象时有出现。当企业与银行发生债务纠纷的时候，法院往往执行当地政府的意志而偏袒企业，因为企业是地方的，银行是国家的。当本地企业与外地企业发生纠纷时，法院总是倾向保护本地企业的利益，因而新时期地方保护主义的一个重要表现是地方政府鼓励当地企业"逃废债"。作为一级政府职能部门的环保部门更不可能监督政府的危害环境的行为。我们看到，在现有的制度安排下，作为国家意志的法律因地方保护主义而被不同程度地虚化。

针对性的治理方案至少有三点：

一是深化行政改革，理顺"条条关系"，这已经是一个老生常谈但依然没有理清的问题。

二是改变计划经济体制下机构设置上的一竿子插到底的做法。在市场经济条件下，地方，尤其是市县一级的经济管理部门已经没有存在的必要。一则是因为市县两级的国有企业已经微乎其微，因而基于行业和产品而设置的部门随同虚化；二则是经济的运行越来越依靠国家的宏观调控政策。因此，地方政府的职能部门有很大的空间去瘦身。遗憾的是，由于传统思维的影响，一些新设的系统也实行一竿子插到底的做法。这种做法不但膨胀了政府机构，使很多地方政府的财政变成了吃饭财政，也使很多地方职能部门事实上成为地方保护主义的工具。

三是收放有度。该放权的放权，如地方行政管理权，该集权的集权，如作为执行国家意志的司法和执法系统。我们的改革是以分权为逻辑起点的，而且分权贯穿始终，但是对有些领域而言，并不是越分权越好，而是需要集权。在经济分权和行政管理权放权的时候，司法和执法系统就需要集权。行政管理权更多的具有地方性，因而需要放；而法律则更多的是国家性，因而需要集中。不要说在政治单一制的中国，就是在典型的联邦制的美国，司法和执法权力都是集权的，体现了更多的国家性，而不应该是地方性。在现行的司法和执法体制下，国家性的法权很容易为地方行政权所操纵，因此必须重组我国的司法和执法体制。

第二，基层财政状况恶化。分税制只解决中央—省的关系，但是没有涉及省与市、县、乡的财政关系。分税制无疑增加了国家财政总量，减少了一些省份的省级财政收入。在这种条件下，省级政府利用政治单一制的便利而上收下一级的财政权，而最低一级的政府是乡，而乡政府博弈的对象就是农民个人。在基层财政空壳化的同时，基层政府承担的任务空前加重，上级政府把来自“条条”的各种“达标”任务转移到下一级政府，最后是基层政府。这是一种典型的压力型体制。这样我们看到，在基层政府财政空壳化的同时，负荷却越来越重，结果不但是基层政府财政状况的恶化，还加剧了基层政府与民众的矛盾。这是20世纪90年代的普遍现象。

2003年以后，新一届政府的减免农业税等保护农民的政策大大改善了农民的境况，也改善了党群关系。这样立竿见影的政策是必需的，但还不够，因为政策是由人制定和执行的，是可以改变的。更重要的是制度建设。目前乡镇机构的人事减半的机构改革是制度建设的重要一步，这样将会进一步减轻农民负担。地方政府的机构改革应该进一步上移，减少地方政府的层级结构。

首先，在地级以上的城市中，都存在事实上的四级行政管理机关，即市政府、区政府、街道办事处和居民委员会。区政府下属的处级单位不下70个，再加上党的职能部门、人大、政协和人民群众团体，处级单位都在百家以上，很难想象很多地方政府怎么能够承担如此财政压力，地方财政也只能成为吃饭财政。有必要存在这么多的机构吗？另外一个常识是，设置地方政府的原因是因为地域的广袤性和差异性，而在市场经济体制下一个城市内设置那么多区政府又是为什么？这些都是应该省思的。

其次，在中央—地方关系的政府层级上，宪法规定有中央政府、省政府、市政府（过去是地区或行署）、县政府和乡政府五级。这种设置不但是计划经济的需要，还是20世纪50年代军事管制的需要，是国家建设中政治权力的无限延伸，因而这种世界上独特的超多的政府层级事实上是特殊历史背景的产物。现在我国已经进入常态时期，还需要这么多层级的政府吗？不但要“强县扩权”，实行省管县，最终淡化甚至取消地级市政府。

我们相信，在保持政治和社会稳定的前提下，渐进的政府层级设置的改革一定会使中央—地方的关系更加顺畅，政府体制运行更加有效，成本更加低廉，人民群众的利益因而会得到更好保障。

第三，社会公正问题。在政治权力集中和经济权力分散的二元体制下，在市场经济的大潮中，不同的政治—经济力量具有不同的价值取向和利益驱动。在现行的权力机制中，我们所看到的政治—经济主体主要是中央政府、地方政府和作为微观市场主体的企业，即直接以利润为最大化的市场的力量，那么公众的力量呢？毫无疑问，中央政府是代表国家利益和公众利益的，也是主导市场经济的主体。保护公众利益就需要公平的政策，而推动市场就需要效率的政策，这样中央政府需要在公平与效率之间进行选择和平衡，有的时期是一种两难选择。另外，尽管中央政府是以国家利益和民众利益最大化为政策导向的，但是它只是政策的制定者，而不是执行者，并不直接面对基层和民众，执行者和面对民众的机关是作为代理人的行政机关和各级地方政府，这样中央政府的保护民众的政策可能在执行中被扭曲和变形，这样的例子并不少见。

为什么呢？毫无疑问，地方政府都是人民的政府，在本质上保护民众利益的。但是我们的地方政府还是一种利益主体，和企业一道构成市场经济制度创新的“第一行动集团”。从某种意义上说，地方政府和中央政府一样，既要保护民众的利益，又要进行制度创新以推动市场经济。但是，根本不同于中央政府的是，第一，地方政府只是本地利益的代表者，如果说中央政府实行的是公正与效率相平衡的政策，那么面对公平与效率的选择时，地方政府往往有可能倾向效率而忽视公平。第二，这种行为取向的动力是，地方政府直接面对市场的力量和利益，在监督机制不健全的条件下，有的地方官员在执行政策和法律的过程中，国家的政策和法律有可能物化为官员个人的权力，从而形成权力寻租，并进而形成官商勾结，形成不正当甚至是非法的官商同盟，社会不公正由此产生。城市中的强制性拆迁而导致的种种问题、煤矿安全生产问题、发达地区工人的不合理报酬问题，都与官商勾结或地方政府的不作为有关。中国现阶段的这种现象并不是孤立的存在，比较政治发展的一般经验是，在市场经济的初级阶段或在不健全的市场经济体制下，当市场的力量急剧扩张的时候，贫富悬殊和社会不公正就会加剧，因为市场经济是一个优胜劣汰的过程，农民和工人就是市场经济中的弱势群体，因此国家的干预和保护就特别必要。

在我国，单一制体制下的中央政府虽然拥有强大的权力，但是在经济联邦主义化和官商勾结的条件下，中央政府的权威有可能被分散，国家的公平性政策有可能被扭曲而不能直达民众。我们认为，除了国家的保护性立法外，国家还应该把民众有效地组织起来而合法地保护自己的利益，否则有时只能以极端的，甚至是非法的形式进行利益表达。如何把民众组织起来？比如，改革现行的工会体制。首先是工会成分的拓展，即将工会成员扩展到农民。其次是工会领导体制的改革，作为监督性的机制，实行垂直管理，而不再隶属于各级单位内部，因为凡是执法和监督体制，都需要一种独立性存在才可能有效地运行。或者，在党和政府的组织下成立垂直管理性质的农民协会。不管以什么方法，必须进行制度创新，必须让民众合法地、有序地进行政治参与，建立政府与民众之间上下互动的渠道，建立中央政府、地方政府、市场主体和民众之间均衡互动的机制，实现社会的和谐发展。

公民参与—政策过程

重点问题

- 公民参与的主体类型有哪些？
- 公民参与的渠道有哪些？
- 如何认识公民参与对中国民主政治建设的影响？
- 公民参与对政策议程设置有什么样的影响？

中国政治的结构性变化，即前述的党政关系的变化、国家与社会关系的变化、政治与市场关系的变化，以及中央—地方关系的变化，最终都会带来公众观念—行为的变化以及由此而来的政策过程的变化。公民参与的程度、政策过程以及政策的性质最能说明一个国家的政治性质。

第一节　公民参与

经典的政治参与概念是公民通过一定的方式直接或间接地影响政府的决定或与政府活动相关的公共政治生活的政治行为。政治参与的主体一般是指公民个体，政治参与活动主要包括公民个体的投票、选举、主动接触和结社活动。中国的政治发展状况意味着不能简单地套用西方语境中的政治参与概念，其主体和活动方式都可能有所不同，且政治参与的目的指向也有“中国特色”（除了影响政府的活动，还有大量的“维权”行动）。第一，选举政治并不是中国政治过程中最为常见的政治活动，间接选举制度让一般公民不能参与中上层的人事安排，县及县以下的直接选举制度还有很多需要完善的地方，因此一般公民较难通过选举而表达自己的利益诉求。第二，中国的法治化程度有待提高，且有些制度安排并不合理，很多利益纠纷在制度框架内不能得到及时而有效的解决，被迫采取非法律或非制度性手段来捍卫自己的权益。第三，中国政府体制是由五级政府（中央—省—市—县—乡）构成的金字塔结构，且实行以“干部委任制”为支柱的政治单一制。[①] 在这种体制下，很多发生在村、乡一级的利益纠纷以及村民与基层政府的冲突不能得到有效化解，民众被迫选择非制度性的行为来表达自己的利益诉求。

特定的语境决定了不能简单地套用既定的“政治参与”概念而分析中国的政治发展与政治过程，因而选择“公民参与”概念。公民参与的主体不但包括公民个体，还包括无组织的群体、社团以及网民这样的新兴公共群体，其活动不但包括为了影响公共权力的行为，还包括因受公共权力侵害而捍卫自身权益的活动，有的甚至纯粹为发泄对社会的不满而发生。因此，公民参与是一个比政治参与外延更广的概念。

一、公民参与主体：理想型—利益型—泄愤型

在公民参与的制度环境发生变化的条件下，公民参与的主体类型也在发生着变化。中国政治发展的基本状况就决定了，公民参与的主体不但有参加选举政治的公民个体，更多的是无组织的“群体”（大学生、弱势群体以及网民）以及为实现特定利益而结成的“团体”。在某种意义上，这种主体特征是由制度环境以及由此而导致的政治行为方式决定的，可以分为制度性与非制度性的公民参与，这些参与方式决定了中国的公民参与既有影响政府的活动，也有为了直接维护参与者自身权益的活动，而有的政治性活动只是为了泄愤。根据公民参与所要实现的目的，笔者把公民参与的主体划分为理想型公民参与主体、利益型公民参与主体等类别。

1. 理想型公民参与主体

理想型公民参与主体主要是指新世纪以来的部分网民。

和大多数国家一样，中国的社会经济转型和经济增长带动了公民参与，经济增长和公民参与要求的增加又推动着政府的制度化建设。和早发达国家和早转型国家不一样的是，中国和其他国家类似的政治经济关系遇上了其他转型国家没有见过的互联网。这个前所未有的技术革命对中国的政治发展构成重大挑战，也为中国民众的公民参与提供了一个前所未有的平台。

网民是近十年来新兴的政治力量，但是不能把网民当作一个整体。不但网民之间存在巨大分歧，同一个网民还可能扮演多个角色或彼此冲突的角色，对待不同的问题有不同的态度。就作为一个群体而言，有的网民更关注理想性议题，有的网民更关心利益性话题，有的网民只不过泄愤而已，有的网民甚至同时可能在上述三个领域游走。据此，我们分为理想型主体、利益型主体和泄愤型主体。

理想型主体是指那些因公共利益或公共话题而影响公共权力的网民。21 世纪，网络技术为理想型政治参与提供了一个新的平台和契机，理想型政治参与又重新成为中国政治过程中的一种重要的政治变量。新世纪以来的理想型参与大多着眼于具体的公共议题，而非那种动辄自由民主这种抽象的诉求，因而通过网络而进行的理想型参与更能达到目的。

2. 利益型公民参与主体

由于 20 世纪 80 年代的经济改革在计划与市场之间徘徊，传统的利益结构并没有发生革命性变化。1992 年邓小平南方谈话所推动的社会主义市场经济体制使社会结构发生了

① 参见杨光斌：《转型时期中国中央—地方关系新论：理论、政策与实践》，载《学海》，2007（1）。

深刻变化，并开启了中国利益政治的新纪元。市场经济其实是一种经济权力，权力主体是企业家阶层，企业家阶层的利益最大化必然造就了一个社会弱势群体。市场经济的推进又是政府退出某些领域和政府职能转变的过程，因而一种新型社会组织出现了，替代政府而行使传统的管理职能，或者与政府一道而成为治理的主体。因此，这里的利益型主体专指具有公民属性的弱势群体和新兴社会组织，而不包括其他的具有“官”的属性的利益集团，比如行政垄断特征的企业型利益集团和官商同盟性质的企业型利益集团。①

（1）社会弱势群体。他们是一种潜在的、非组织化利益集团。这种潜在的利益集团则因为具体的特定利益而形成，具有来得快、去得快的组织特征。他们既是社会弱势群体，更是政治弱势群体，政治上处于原子化生存状态，没有组成社团的动力、能力、资源与相应而有效的法律制度支持；他们掌握的经济资源仅能维持生存，大规模地转换成为政治资源的可能性很小，几乎没有政治上和文化上的话语权。

非组织化利益集团虽然不如组织化利益集团那样明晰可辨，但并不能因此而忽视它们在中国政治过程中的重要性。部分无组织利益集团恰恰是暴利行业利益集团崛起的产物。弱势群体形成的利益集团一旦采取行动，就可能对政治过程产生重大影响。这些群体的活动已经是过去十年里最重要的一种社会政治现象，并对于公共政策的改变有着重要影响，因而是一种不可忽视的利益政治现象。

（2）自治性社团。改革开放以来，由于经济结构和社会结构的变化与国家治理的需要，党和国家也逐步而谨慎地退出一些原来严格控制的领域，交由社会实行自治，并允许一些有共同利益的群体组建社团。官方统计表明，近十年，社会组织（主要包括社会团体、民办非企业单位、基金会）迅速发展，从1996年的18.4万个增加到2005年的32万个（其中全国性社团1 500多个）。

需要指出的是，在这些社团中，有相当一部分的组织者是新兴中产阶级或企业主阶层，由于巨大的攸关利益，企业主阶层既以个体身份参与政治过程中，也以组织化的方式即组建社团而表达自己的利益。中国的社会组织不是典型意义上的政治性利益集团，但其中也包括许多能够在相关政策决策过程中起不同程度作用的利益集团。也就是说，很多全国性社团在政治过程中并没有西方背景中的社团型利益集团的作用那么大，但是在一些地区，地方性社团在地方治理中的作用已经不可忽视。

（3）利益型网民。利益型网民是指那些自身权益受到公共权力侵害而通过网络进行利益表达的网民。不同于传统的无组织的社会弱势群体，能够利用网络而表达利益的网民往往是那些受过良好教育或有体面职业的公民群体。为特定利益而通过网络参与的利益攸关者，都是典型的利益型主体。

我们将会看到，不同类型的参与主体以不同的方式表达愿望和诉求，从而也产生了不同的政治结局和政治产品，有的公民参与事实上中断了既定的政治建设方向，而有的公民参与则积极推动着政治建设，促进治道变革。

① 关于这些问题的深入讨论，参见杨光斌、李月军：《中国政治过程中的利益集团及其治理》，载《学海》，2008(2)。

二、公民参与的形式与机制

在学术界，人们习惯于把那些根据法律规定而参与政治的活动称为制度性参与，比如投票、信访、网络参与、参与政府听证会以及社会组织的公共治理行为，而把那些没有法律规定或在某种程度上与法律有冲突的行为称为非制度性参与。这种分类并不十分准确，因为所谓制度性参与含有非法律性的行为，比如网络参与中的一些违法言论；所谓的非制度性参与也并非没有合法的成分。为了描述上的方便，本书还是接受公民参与形式的“二分法”。①

1. 制度性参与

选举与信访。民主选举，尤其是村民选举是我国政治发展中的新生事物，本书已经有所交代，这里不再赘述，在此主要观察作为制度性参与的信访问题。

依据 1996 年《国务院信访条例》，信访是指社会成员利用来信、来访等形式，向社会组织管理者（包括党政机关、人民团体、企事业单位及其领导）反映情况、提出要求和建议、申诉问题以及检举揭发，并依法由相关机关进行受理和处理的活动。可见，信访既是公民因自己的利益而主动接触公共权力机关的一种渠道，也是上级了解社情民意、监督下级的一种制度安排。

信访制度在新中国成立时就有了，只不过那时是为了了解民意，而到改革开放以后信访制度才具有更多的利益表达功能。处理信访的重要原则是“分级负责、归口管理”，做到“小事不出村、乡（车间），大事不出县”。但是，在实践中，信访制度的功能出现变形。比如信访条例规定的“回避制度”（即案件有关的政府一方当事人应该回避案件的处理）不能落实。

社会组织的公共治理。在一定程度上可以这么说，信访是弱势公民个体或弱势公民群体的非组织化的制度性活动，而改革开放中的新兴阶层（比如企业主阶层和其他中间阶层）则以组织化的方式成为公共治理的主体，比较有效地表达和实现自己的利益。

作为新出现的现代社会组织，社会组织在保持基本自治的基础上积极地与国家进行互动。同时社会组织面临法律、人力、资金、信任和知识技术方面的困境，在政治过程中处于弱势地位。因为，国家对社会组织的态度具有二重性，即国家意识到必须让这些社团承担一定的功能，以减轻政府的负担，促进政府职能的转换，也有利于实现“良治”。同时，由于中亚国家“颜色革命”以及国内不良组织的影响，执政者自然担心一些社会组织的政治性目的。因此，可以理解的是，国家对社会组织必然要实行“分类控制”，限制其自主性和在具体区域或行业内的数量与密度。

在地方治理中，尤其是沿海发达地区，一些社会组织扮演了聚合、表达其成员利益的角色。在温州，2002 年至 2003 年间，82.3%的温州商会向国家或当地政府有关部门提出过建议；超过 50%的温州商会中有 1～3 人甚至多达 15 人参与人大和政协。② 另外，在外

---

① 除了这里列举的参与形式外，还有公民加入社团（党、团）、党政系统的利益表达等机制。因篇幅的限制，本书只评论那些影响较大的活动。

② 参见郁建兴：《行业协会：寻求与企业、政府之间的良性互动》，载《经济社会体制比较》，2006（2）。

经商的温州商人也纷纷在经商地组建商会，并以其独特的组织优势公开地介入当地的社会公共事物的治理之中，成为不同于国家力量的一种自下而上的组织力量，对社会的运作甚至是政府的决策和目标都产生了重要的影响。

中国新兴的社会组织不但影响和改变着政府的政策，还直接推动着治理结构的创新，从而为善治提供了可能。

网络参与。网络的出现为公共领域的重构提供了可能。网络公共领域的舆论力量有时候非常强大，足以促使事件和人物发生重要的变化，以凸显其影响力。网民的网络参与议题主要集中于公共政策、公民权利、民族主义、自身利益以及情感宣泄等方面。我们把围绕公共政策、公民权利和民族主义的活动称为理想型参与，但是其中并不排除泄愤的成分，比如利用民族主义议题；因自身利益的参与是一种典型的利益型参与；纯粹为宣泄情感的活动是泄愤型参与。

参与公共政策讨论。网民参与公共政策的讨论，既是网民的主动诉求，也是政府法治化建设的推动。当中国最高领导人说从网上了解民意后，网民参加公共政策讨论的热情更加高涨。2006 年《劳动法（草案）》在全国范围内征求修改意见，短短 1 个月的时间里就收到了 19 万件意见。网络使得公民参与公共政策的意识增强，同时也降低了参与的成本。

伸张公民权利。在现实政治中，司法不公正是诱发事端的一个重要原因。司法不公既可能表现为对弱势群体利益的侵害，也可能表现为对强势群体的不正当保护，因而网民维护公民权利的行为既可能是为受害的弱势群体伸张正义，也可能是对不当保护的强势群体的声讨，并最终改变司法结果，正义得到伸张。

张扬民族主义。2003 年被称为网络民族主义的发轫年，其突出表现是一些网站组织了包括网上签名在内的多起抗议活动。6 月，组织了登钓鱼岛的保钓活动。8 月初，在网上组织万人签名反对京沪高速铁路使用日本新干线技术，赶在日本高官来华游说前将征集到的 8 万个签名送交铁道部。8 月底，在北京和上海的日本使领馆进行小规模的示威，抗议日本政府允许本国民间人士登上钓鱼岛。“8·4”日军遗留齐齐哈尔毒剂泄漏事件发生后，又组织“声援侵华日军化学武器受害者，网站联合声明和网络签名行动”，仅仅在一个月内就得到来自国内各省市和港、澳、台及海外民众人数逾 100 万之多的签名支持。网络参与的群体容易出现“群体极化”的表现，即团体成员一开始即有某些偏向，在商议后，人们朝偏向的方向继续移动，最后形成极端的观点。[①] 在民族主义问题上，更容易出现“群体极化”现象。因此，网络民族主义虽然具有价值追求和理想主义的成分，但是其中的非理性和情感宣泄成分也是不容否认的。

维护自身利益。与涉及全国性的理想型议题相比较，维护利益型的网络参与往往限定于特定人群和特定地域，同时参与的目标更明确，网络表达也更理性。维护利益型的网络参与不仅有可能改变国家的法律法规，让作为制度的法律更合理，如前述的“乙型肝炎病毒携带者事件”，还可能直接改变政府的具体政策。网络利益表达已经构成国家立法和政府决策的不可忽视的因素。

网络泄愤行为。现实生活中的泄愤行为会有很多代价，而网络的虚拟性、匿名性和便

---

① 参见［美］凯斯·桑斯坦：《网络共和国——网络社会中的民主问题》，上海，上海人民出版社，2003。

捷性决定了很多人选择网络事件而发泄自己的情感和不满。事实上，泄愤事件往往会变异，在泄愤中否定任何权威，挑战现存秩序。美国著名学者克利福特·斯托尔所言："网络是历史上存在的最接近真正的无政府主义状态的东西。"① 因此，这种不受任何规范制约的自由参与极有可能导致政治信息的泛滥。

网络已经成为一个重要的公共领域。② 网络社会的虚拟性是网民们大规模直接参与政治的重要前提。

2. 非制度性参与

最为典型的非制度性参与是"街头政治"。"街头政治"的首要特点是无组织性，或者说是无组织化政治力量的活动——尽管每次运动都有主导者。无组织性就决定了它的无目标性，尽管每次都要求民主自由，但是民主自由这样的目标是空洞的，空洞的目标等于没有目标，没有目标的活动是不能达到其目的的。因而，无组织性和无目标性又决定了"街头政治"来也匆匆、去也匆匆的特点。

三、公民参与与民主政治的成长

公民参与不但改变着不同层次的政府政策，还直接推动着国家的制度建设和制度创新，具体表现为选举民主、协商民主和直接参与民主等的兴起。

选举民主。在公民参与的意义上，选举民主主要是指社会自治活动中所自发形成的、以村民选举和乡镇一级"公推公选"为代表的基层民主。

协商民主。选举只是解决"谁统治"的政治问题，并不能回答"如何统治"这种更具程序性的行政难题。倒是协商民主提供了救济之道，著名的浙江温岭民主恳谈会就属于协商民主的范畴。

中国存在着丰富的、多层次的体现协商民主特征的社会主义民主制度和政治实践，例如政治协商制度、听证会、民主恳谈、公民评议会、村民（居民）代表会等。协商民主的核心要素是主体在理性基础上的对话、讨论、辩论和审议。协商民主属于一种程序性民主，强调的是公共权力运行和达成共识的过程。如果将协商民主理解为"政府与公民之间的协商"，协商民主也是一种治理形式。何包钢归纳了这些制度和实践的共同特征：(1) 在下结论前，让人们到桌边并鼓励他们畅所欲言；(2) 参与者有充分的时间来参与协商过程，并有少量的时间参与讨论；(3) 在协商的过程中，尽管有不同的意见，参与者被要求在相互尊重的基础上交换意见。他认为，社会主义政治系统和文化鼓励群众参与、强调磋商的传统成为推动协商民主制度发展的重要因素。③ 因此，协商民主理论一登陆中国，就吸引了知识界和政界的关注。选举加协商的互补性民主制度是中国特色的民主政治，协商民主可以弥补选举民主的不足。

在地方实践中，协商民主以官民共治的形式体现出来。官民共治主要体现在两个领域，一是公共利益，二是参与者的切身利益。在公共利益如动物保护和环境保护上，有

---

① 转引自［美］比尔·盖茨：《未来之路》，北京，北京大学出版社，1996。

② 参见曾凡斌：《BBS的信息传播与政治民主》，载《暨南学报（哲学社会科学版）》，2007（3）。

③ 参见何包钢：《中国的参与和协商制度》，见陈剩勇、何包钢编：《协商民主的发展：协商民主理论与中国地方民主国际学术研讨会论文集》，94页，北京，中国社会科学出版社，2006。

时国家或上级政府需要社会组织的参与以制约地方政府或特殊部门的利益，如前述的金丝猴保护和“怒江争坝”项目中，社会组织与政府合作而达到初衷。但是，同样是环境保护项目，比如太湖水污染问题上，环保组织的作用就很有限。因此，社会组织在中国政治过程中的作用，因组织的类型、所处政治时空等因素而存在很大差异。整体上看，社会组织显示出一定的自主性和行动能力，仍然受到国家的控制，总体上还是属于国家统合主义。

直接参与民主。选举民主和协商民主在本质上都属于直接参与民主的范畴。美国民主理论家科恩认为，民主政治无论采取何种形式，其关键都是民众参与。① 目前，民众直接参与的民主至少有两种形式：自主性治理和网络参与。

自主性治理。在一些地区，在政府退出的领域，社会组织已经享有完全的自主性治理权，并且效果比政府的管理更好，有效地促进了地方治理的转型。例如，浙江省义乌市是中国小商品交易中心，假冒伪劣商品曾经泛滥，政府屡禁不止，不得已，1995 年，义乌市政府把治理责任交给“义乌市个体劳动者协会”所组织的“义乌市保护名牌产品联合会”，假冒伪劣产品基本得到抑制。再如，温州以烟具产品而闻名世界，曾几何时，质量低劣和价格恶性竞争让温州烟具行业处于萧条状态。②

这些案例说明，在地方治理中，一些自治性社会组织具有较强的公共参与意识，能够积极汇聚表达成员共同利益，与政府达成良性互动。这既改善了地方政府的形象，也实现了社会利益最大化，因而国家应该大力推动这类组织的发展。倡导发展这类社会组织还有更重要的政治逻辑，即根据一般经验，基于私有产权的社会组织最终必然在政治上形成自主性利益诉求并推动民主政治建设。但是也有研究并不完全支持这种政治逻辑，认为拥护社会主义的资本家虽然有自己的利益要求，但是他们更愿意在既定的体制内进行利益表达。

网络参与。公民的全面参与是网络民主区别于以往民主形式的最典型的特征。网络民主是一种成本低廉、操作简单并快捷地实现公民要求的一种民主形式。与流行的代议制民主体制比较，网络民主不需要中间环节，大大激发了公民参与的热情。因而，无论是在中国还是在西方，网络民主都是一种最受欢迎的新型民主形式。并不夸张地说，网络正在改变着中国执政党和政府的施政方式。原因在于，第一，互联网改变了传统的信息沟通体制和信息传递方式，传统的、等级式的、以行政为主导的单一信息沟通体制不再有效，信息沟通变得平面化、快捷和多元，因而“黑箱信息”越来越困难，信息更加公开化和透明化。信息沟通体制的改变在很大程度上影响着人们对政治对象的认知、情感和评价。第二，政府面对的“群众”（网民）不再是一个固定的、具有明确身份的群体，而是一个流动着的，甚至是身份不明的群体。网民的这种新型群众特征无疑是对习惯于传统“群众路线”的政府的挑战，执政党和政府必须走一条“新群众路线”。

从中央政府到地方政府，都建立起了电子政务系统，新华网、人民网、新浪网等几大

① 参见［美］科恩：《论民主》，40 页，北京，商务印书馆，1988。

② 参见余晖等：《行业协会及其在中国的发展：理论与案例》，39～42 页，43～45 页，北京，经济管理出版社，2002。

网站既是网民了解信息的渠道，也是他们表达利益和传递信息的平台；从总书记、总理到省委书记、省长，再到市委书记、市长，都直接从互联网上了解社情民意。

但是，既然是一种直接参与民主，今天的网络民主就不可避免地存在着与奴隶制社会的直接民主一样的问题，那就是“暴民专政”和无政府状态的可能。网络技术带来“数码鸿沟”，将大部分公民“拒之门外”，使公民参与处于不均衡状态，形成了少数人的“信息霸权”和事实上的“少数派权力”格局。在信息化时代，在网络民主中，似乎有无数个参与者，由于他们很难达成共识，结果整合严密的少数派异军突起。“以那些能最有效地动员自己特殊利益的部队的人为特征的时代即将到来。少数派的否决代替了多数派的表决。”① 少数派通过“信息轰炸”和“信息伪造”，使互联网成为全世界都在阅读的“一面大墙”。例如，在网络泄愤事件中，铺天盖地的“民意”并不是社会多数成员的意志；在网络民族主义事件中，以极端言行构建“我们”和故意捣乱的意识也不容忽视。② 因此，“少数派权力”可能导致无政府状态或控制的强化，“在直接民主的幌子下，建立以公民投票为基础的专政”③。必须认识到大规模的直接参与民主的痼疾。

第二节　政策过程

一、政策议程设置模式的变化

政策过程至少包括两个最为重要的阶段，第一是政策议程的形成，即什么样的问题能够进入决策者的视野而受到关注，并有可能成为政策；第二是政策决策过程。一般认为，决策过程是一个“黑箱”（black box），尤其那些事关全局的重大安全政策，任何国家都是一个封闭的、难以弄清楚的过程。在这种情况下，政策议程设置就成为理解中国政策过程的一个前提和重要方面。

一个国家的民众是多层次的，其利益需求千差万别，那么什么样的诉求能够到达决策者那里？这里的关键之一就是政策的议程问题。我们认为，谈到议程设置，必须考虑到两大方面，一是民众的需求如何传递到决策者那里，这是我们常讲的下情上达的模式。仅有此还是不够的，因为在一个信息化社会，决策者了解民意并不难，他们了解多个层次民众的不同诉求，但是决策者自己能够满足哪些诉求呢？这要看决策者所掌握的资源。我们应该认识到，任何制度的空间都是有限度的，即其不可能容纳所有的不同的诉求，必然会挤压掉一些制度难以负荷的诉求。这样，社会有什么诉求以及通过什么样的渠道传递到决策者那里，而决策者有多少资源以及制度空间去容纳相应的利益诉求，就有可能成为优先的政策议程。简单地说，社会诉求能够传递上去，而且决策者又有能力满足其诉求的部分，就是政策的优先议程。为此，在具体决策之前，政府不得不做出抉择。

---

① ［美］莱斯特·瑟罗：《资本主义的未来》，255页，北京，中国社会科学出版社，1998。

② 参见王军：《试析当代中国的网络民族主义》，载《世界经济与政治》，2006（2）。

③ C. I. Alexander and L. A. Pal, *Digital Democracy: Policy and Politics in the Wired World*, Toronto, Oxford University Press, p xiv, 1998. 另可参见刘文富：《网络政治——网络社会与国家治理》，289页，北京，商务印书馆，2002。

政策议程设置最生动地体现了官民关系以及公民参与的程度。根据公民参与程度的高低，王绍光教授将改革开放以来的政策议程设置划分为关门模式、动员模式、借力模式、内参模式、上书模式、压力模式六种模式。① 以下简要介绍关门模式、动员模式及内参模式。

关门模式。这是最传统的议程设置模式。在这种模式里，没有公众议程的位置；议程的提出者是决策者自身，他们在决定议事日程时没有，或者认为没必要争取大众的支持。在传统社会里，当一般老百姓没有什么政治参与意识时，这是议程设置的主要模式。在当代中国，这种议程设置模式也没有完全消失，当然越来越少。

动员模式。与关门模式一样，动员模式里的议程也是由决策者提出的；与关门模式不同的是，在动员模式里，确定一项议程后，决策者会千方百计引起民众对该议程的兴趣、争取他们对该议程的支持。也就是先有政策议程、后有公众议程。20 世纪 80 年代的很多政策就属于这种模式，比如“反对资产阶级自由化”、计划生育政策。今天这种模式依然存在，比如周期性的“群众路线”教育实践活动。

内参模式。在内参模式里，议程不是由决策者提出的，而是由接近权力核心的政府智囊们提出的。形形色色的智囊通过各种渠道向决策者提出建议，希望自己的建议能被列入决策议程。他们往往不会努力争取民众的支持，而更看重决策者的赏识；他们有时甚至不希望所讨论的问题变成公众议程，因为担心自己的议案可能招致民众的反对，最终导致决策者的否决。在这个模式里没有民众与决策者的互动，只有智囊们与决策者的互动。

新中国成立以后，建立了一整套十分完备的内部信息交流机制，其中“内参”最为典型。不同于政府部门的工作报告，“内参”是不宜公开发布的政治信息，包括负面的政治信息，因此“内参”都被列入保密范围，不得随意扩散。在过去，“内参”体系主要由新华社、《人民日报》等官方媒体组成。尤其是新华社，至今仍维持着最为重要的高层决策所依据的“内参”体系，包括《参考要闻》、《国内动态清样》、《内部参考》、《内参选编》、《参考清样》等。20 世纪 90 年代后，中共决策系统中的这一“内参”制度进一步发展，除了传统的官方媒体的内参渠道外，中央多数部委也各有其向中央决策层报送的“内参”，一些重要智库如中央政策研究室、中央党校、中央编译局、国家行政学院、国务院发展研究中心、中国社会科学院、中国科学院等，都各有其多种“内参”直接报送中央决策层。一些地方政府近年来也开始建立自己的“内参”体系，作为地方党政机关了解当地民情和制定地方政策的重要依据。

近年来，中国最重要的一些大学也开始加入“内参”序列，这是因为中央要求加强大学的智库功能建设，北京大学、中国人民大学等有了“问题与对策”这类的内参报告，定期或不定期地就特定政策问题和思想性问题向上呈送其研究成果。

上书模式。这里的“上书”是指给决策者写信，提出政策建议，不包括为个人或小群体作利益申述之类的行为。上书模式与内参模式十分相似，都是有人向决策者提出建言，不同之处在于建言人的身份。在内参模式里，建言人是政府的智囊或智囊机构；在上书模式里，建言人不是专职的政府智囊。不过，建言人也未必是一介平民，他们往往是具有知

① 参见王绍光：《中国公共政策议程设置的模式》，载《中国社会科学》，2006 (5)。

识优势、社会地位的人。只有这种人才拥有某种话语权，才了解上书的管道，提出的建议才可能被重视。其实，即便是精英们的上书，往往也是石沉大海，毫无反响。

上书模式的最成功的案例是怒江开发案。反对开发怒江的社会组织上书国务院，而支持开发怒江水电的政府部门和地方政府也上书中央领导，希望该工程早日上马。正反两方面的上书形成拉锯战，使中央到目前为止还没有对怒江工程定案。社会组织的活动与上书如此影响中央政府的决策，这在中国恐怕还是第一次，成为一个标志性的事件。随着社会自由度的加大，社会地位不同、立场各异的人将会更积极地运用自己的发言权。因此，上书今后有可能变成影响中国议程设置的主要模式之一。

压力模式。不同于内参模式和上书模式的"说"的特征，压力模式主要在于"做"，即行动，即利益攸关方通过"焦点事件"等压力行动而改变政府的政策议程。在压力模式中，媒体，尤其是新媒体的作用不可忽视，即利益攸关方通过媒体施压而改变政策走向，通过媒体把"事件焦点"变成"公众议程"。这样，利益攸关方借助于媒体而形成的公众关注的"焦点事件"，迫使政府改变政策议程。

随着社会主体的多元化以及更多的社会自主性的形成，在互联网时代，民众的压力将越来越大，压力性的"焦点事件"有增无减。"回应性"是衡量民主化的一个重要指标。

压力模式表明，中国政治结构和政治过程已经发生了巨大变化，不能再用老眼光或戴着有色眼镜看中国政治。但是，也需要指出的是，互联网时代的一个重要特征是全球政治中的民粹主义化，如果一味地迎合民粹主义，民生反受民粹主义之害。

二、公民参与与政策转型

公民参与所带来的政策议程设置的变化必然带来政策上的影响。在大多数情况下，利益型公民参与直接针对的就是政府的政策个案，因而最常见的结果是公民参与改变具体的政策，这是第一个层次的政策改变，比如前述的怒江开发的搁置。

第二个层次是社会政策的改变。一些能够直接影响到政治稳定和政治秩序的特殊群体，如知识分子、大型企业的工人和退伍军人，其"社会抗争"能够直接争取到有利于自己的社会政策。

第三个层次是国家公共政策的转型。那些看上去彼此不关联的事件，却因为其不断攀升的数量和规模而促使公共政策转型。任何国家政治现代化过程中都会出现"社会抗争"政治。"社会抗争"意味着很多领域内的政策出现了问题，对社会不公正现象，执政者必须对此做出回应。

中国政策过程的变化意味着中国政治结构的重大变化，因此很多用来分析中国政治的概念需要更新。正如王绍光教授所言，"中国政治的逻辑已经发生了根本性的变化，而西方舶来的'威权主义'分析框架则完全无力把握中国政治中这些深刻的变化。在过去几十年里，这个标签像狗皮膏药一样往往被随处乱贴。中国政治在此期间发生了翻天覆地的变化，贴在中国政治上的标签却一成不变。如此荒唐的概念与其说是学术分析工具，不如说是意识形态的诅咒。现在已经到了彻底摆脱这类梦呓的时候了"①。

---

① 王绍光：《中国公共政策议程设置的模式》，载《中国社会科学》，2006（5）。

国家治理体系和治理能力现代化

重点问题

- 如何认识国家治理体系和治理能力现代化的内在逻辑？
- 如何认识“有能力的有限政府”？
- 如何认识国家能力与有限政府的关系？

2013年中共十八届三中全会通过的《中共中央关于全面深化改革若干重大问题的决定》（又称“改革60条”）提出“推进国家治理体系和治理能力现代化”，这是对中国政治发展、中国政治制度建设和制度能力的总概括，也是未来中国政治的总目标。因此，以此作为本书的结束语。

改革开放以来，大概没有哪一个官方概念像“国家治理”一样能引起学术界如此强烈的呼应，这是国家与社会相互传递正能量的表现。从过去的政治统治、政治管理向国家治理的转变，无疑是观念上的革命，因为政治统治就意味着专政和镇压，而政治管理也是权力的强制性、单向性的自上而下的运动。而“国家治理”则意味着，从权力的单向度强制性行使转变为国家与社会的良性互动，从而在社会协商中达成国家与社会的共治。这种政治模式意味着，政治权力的来源和合法性基础都发生了变化，即社会参与到政治权力的运作之中，治理的好坏社会也负有责任。

一、“国家治理体系和治理能力现代化”的内涵

根据官方表述，国家治理体系和治理能力现代化的内涵至少包括五大方面：

第一，制度和制度绩效的统一性。一个制度的好坏，老百姓是否最终接受，说到底是这个制度的“制度执行能力”，即我们常说的制度绩效所决定的，坊间流行的“好制度”如果不能有效治理，最终也会失去传说中的合法性。其实，从冷战时期两大阵营相互竞争而推销自己的“好制度”到冷战后很多国家实行“好制度”后而出现的“民主的回潮”、“无效的民主”甚至是政治衰败，都是徒有“好制度”的空壳而无实际的好绩效所致。一般老百姓最终都是靠脚来说话。

第二，政治属性。这是前提性的题中应有之义，“国家治理体系和治理能力现代化”是为了完善中国特色社会主义制度，因而抽象的概念是有政治价值属性的，那就是社会主义。

第三，价值观。任何一种政治制度都不能没有相应的价值体系支撑，既然是社会主义的，作为一种制度建设，必然离不开价值观建设，因此国家治理体系当然包括社会主义核心价值观。

第四，历史条件。之所以将国家治理置于社会主义的旗帜下阐述，是历史条件所决定的，因为任何政体，哪怕是人们心目中所谓的“好制度”、“好政体”，脱离一个国家的历史条件，即国情和民情，也就是政治文化，所谓的“好制度”都会变成病害百姓的坏制度，因此，真正的好制度是基于自己历史条件基础上的“长期发展、渐进改革、内生性演化的结果”。

第五，适应性与包容性。适应性与包容性是中华民族所以是中华民族的一个根本特征或者历史写照，所以作为坚持和完善中国特色社会主义制度的国家治理体系和治理能力现代化的改革，必须在坚持制度自信的同时而不能故步自封，自信地进行自我变革，否则，“制度自信也不可能彻底、不可能久远”。

这些是国家治理本身的含义。但是，作为一种改革所要达成的总目标或者说一种政治模式，国家与社会的互动只不过是一种政治模式下的一个方面或者至多是核心方面。那么，到底应该怎么概括或者理解这一总目标呢？

从目前学术界讨论和媒体报道看，有狭义和广义的两种完全不同的理解。狭义的理解主要来自法学界，认为总目标就是以法治化为核心的“法治中国”。法治化无疑是国家治理体系现代化必须具备的，但这样狭义地理解总目标显然不是“全面深化改革”本身所要追求的目标，不能解释“改革 60 条”。法治充其量是回答如何制约权力的问题，对此“改革 60 条”有所涉及，但“改革 60 条”所要实现的目标显然更多。

广义的理解就是政治体制、经济体制、社会体制、军事体制等所有方面的现代化。这样说当然很全面也不会有什么问题，但是也正是因为“全面的正确”，反而淹没了“改革 60 条”的良苦用心，也不能告诉我们改革所要达成的目标到底是什么，因为我们已经太熟悉“现代化”一词，比如过去说的“四个现代化”。“全面的正确”其实又回到“四个现代化”意义上了，而且制度上和体制上的“现代化”的标准到底是什么？都是很难断定的事。换句话说，要在 7 年内即到 2020 年实现与“传统”相对应的“现代化”，也是不可能的事，没有任何制度和体制能在如此短的时间内实现这样的结构性质变。因此，要准确地把握“国家治理体系和治理能力现代化”，我们必须找到最能让老百姓能理解、一目了然的概念或标准。

这就需要我们跳出字面本身，回到本次改革的形成历程以及“改革 60 条”——而不仅仅是政治学字面意义上的“国家治理”和“现代化”概念。中共十八届三中全会之前的政治局会议已经很明确地指出，本次改革的主题将有 3 个：地方政府职能转变、上海自贸区和廉政建设。果然，“改革 60 条”基本上是围绕这 3 个主题展开的：地方政府职能转变和上海自贸区在决定中体现为压缩政府权力边界并约束政府，廉政建设体现为控制政府权力，而且压缩政府权力边界和控制政府权力是以建设有能力的国家为前提的。这样，“国家治理体系和治理能力现代化”这个总体目标就很清楚了：建设一个“有能力的有限政府”！

什么是“有限政府”？政治学理论上讲的“有限政府”就是两种要素：权力有边界和权力受制约。西方国家都以此为标准，比如发达国家美国是这样，发展中国家印度和墨西哥也是这样。这样类型的政府的问题是，别说印度、墨西哥这样的发展中国家，就是美国也面临国家治理难题，因为彼此制约的权力最后变成了福山所说的“否决型政体”，这样的体制不仅导致美国联邦政府关门和停摆，还使得泛滥的枪支难以得到控制，保护多数下层阶级的全民医保方案屡屡流产。对此，今天的美国人已经开始反思，甚至怀疑自己的政治制度问题了，不再是信心满满地认为“历史终结”了。提出过“历史终结”的福山甚至说曾经优越的制度并不意味着永远优越，当它不能与时俱进地解决社会重大问题时，这样曾经优越的制度就是需要改革的制度。尽管有识之士已经意识到美国自身的制度问题，但要动一动美国的政治制度，比登天还难，因为动美国的制度就需要修改宪法，而修宪的法律障碍几乎是难以跨越的。

美国尚且如此，对很多发展中国家来说，如果国家无能力而仅有西方的有限政府标准，简直就是灾难。在印度，联邦政府经过几十年的努力，贫困人口依然在4亿以上，比非洲人口总和还要多。印度德里、孟买和墨西哥的墨西哥城的贫民窟蔚为壮观，举世闻名，但每年的改造速度只是几百间，如此下去需要一千年！关键原因在于，权力有边界而又受到约束的有限政府没有行动能力。

为什么有的国家或地区能避免南美式的“中等收入陷阱”？比如韩国，说到底是有一个有能力的政府和自主性国家。因为政府能力的差异，20世纪80年代的“亚洲四小龙”，如今其命运大不一样，比如当时中国台湾发展得最好，中国香港经济比新加坡好，现如今，“四小龙”中最差的是中国台湾，最好的是新加坡，其中的关键就是有没有一个有能力的政府。

比较政治经济学和比较政治发展的基本结论告诉我们，“有限政府”是必要的，但是“有限政府”如果不以国家能力为前提，政府就失去了其存在的应有价值——对人民的信托责任。何况，今日的国家之间的竞争已经不再是过去的企业竞争力问题，而是国家竞争力问题，是作为一个整体的国家与国家之间的竞争。为此，改革的目标就是要激发社会和市场的活力。但是如果“有限政府”是西方式的而不能有所作为，中国必然重蹈很多国家的覆辙。改革本身需要有能力的政府，否则改革就只是口头上的；公正社会需要有能力的政府，否则衡量社会公正基本指标的城乡差异、地区差异、贫富差异等诸多民生问题都无从解决。

不同于“全面的正确”对“国家治理体系和治理能力的现代化”的理解，“有能力的有限政府”是一个看得见摸得着的、可以衡量的目标。

第一，国家有能力。所谓国家能力就是权力中枢超越社会利益集团和部门政治的约束而将自己意志变为现实的能力。国家能力的实现首先要有一个强有力的没有部门利益的决策机关，其次是政府在市场经济中的合理作用。相比较过去十年只有改革愿望而无改革顶层设计机关而导致的种种改革的流产，比如红十字会社会化改革、新旧非公经济36条，“改革60条”中决定成立的中央全面深化改革领导小组，是一个比20世纪80年代的国家体制改革委员会更没有部门利益色彩的超级改革机构。我们知道，20世纪80年代的国家体制改革委员会在改革开放中曾发挥着巨大作用，其属下的体制改革研究所提出了一系列让人耳目一新的观念和政策，比如"社会主义商品经济"。2003 年，由国家体改委演变而来的国家体改办并入国家发展和改革委员会，发改委成为一个改革的牵头部门。我们知道，发改委本身是一个功能部门，比如投资审批，让这样一个具有部门利益的功能部门去牵头搞改革，无疑是勉为其难。因此，发改委牵头的一些重大改革最终流产。

第二，政府有作为。在强调市场的决定性作用的同时，没有忘记政府这只看得见的手，因为市场失灵屡见不鲜，最近的失灵就是 2008 年开始的金融海啸。这且不说。对于很多发展中国家，甚至美国这样的发达国家而言，仅靠市场和社会，很多重大问题根本无法自动解决，比如贫困问题，而且弱政府也无力解决。因此，既让市场起决定性作用，又充分发挥政府的作用，这是对人类治理经验教训的总结。在这个意义上，这也是理论上和制度上的"后发优势"，即把别人的教训变成自己的优势。

第三，权力有边界。与前几次以机构调整为主的改革相比，本轮改革的最大亮点是围绕政府职能转变，由此将形成权力有边界、权力受约束的有限政府。

中国过去的几次改革的伟大成就不容置疑，比如开放互联网、加入世界贸易组织、分税制改革、金融体制改革、机构大改革，以及军队与商业脱钩等，这些改革基本上建成了社会主义市场经济制度。正是因为社会主义市场经济制度的建成，之后的经济增长才得以保证。①

但是，和任何制度变迁的规律一样，改革也会带来非预期结果。过去改革的一个非预期结果便是：因没有相应的政府职能改革而使得政府占有资源越来越多，以及由此而形成的社会结构的利益集团化。比如，国家财政增长速度远远高于 GDP 的增长速度，进而又远远高于居民收入的增长速度，结果国家占有越来越多的财富和资源，国家又通过转移支付和发包的方式花钱。另一方面，由于没有以转变职能为主，而且以国家控制资源为导向，国家垄断的行业就越来越多，导致每个重要的行业都有几个大型国有企业垄断，比如金融、电信、石油，等等，结果便是垄断性利益结构的形成。官商勾结加垄断联盟，就形成了中国社会结构的利益集团化。为此，必须压缩政府的权力边界。

"改革 60 条"大多数条款属于压缩政府的权力边界。让市场在资源分配中发挥决定性作用就意味着政府退出相应的领域，比如上海自贸区的负面清单制度、统一市场监管、城乡统一的建设用地市场、打破行政主导和部门分割而建设市场主导的科研经费分配体制、投资体制中减少政府审批、放宽投资准入、社会组织成立由审批制改为登记制，等等，所有这些都是事实上压缩了政府权力边界，尤其是清理、减少地方政府对经济活动的干预。可以想见，压缩政府权力边界就等于激发了市场主体的活力。比如，如果改革了投资体制并放宽投资准入，政府的作用只是提供相应的公共产品服务而不能再是进入权上的审批，让市场主体即企业自动地平衡市场关系。又比如，如果改革了传统的由部门分割的科研经费分配体制，相关的政府主管部门就不再是一个利益主体，由市场来决定的科研经费的分配会更加公平，不再因为认为的等级身份比如所谓的"985 学校"、"211 学校"而获得不

① 参见杨光斌：《中国政治发展的战略选择：2000—2030》，见杨光斌：《中国政治发展的战略选择》，北京，中国人民大学出版社，2011。

平等的资源，也不能因为部属、地方管理的身份不同而区别对待。再比如，如果真的能统一城乡建设用地市场，乡政府、县政府和市政府等地方政府就不能再轻易地侵害农民的土地权益，因为征用农民土地的成本也非常高。因此，压缩政府权力边界的收益是难以估量的。

第四，权力受约束。过去若干年里地方一把手成为腐败重灾区，这是因为他既管人事资源又管经济资源，权力空前增大而又不受约束。

有鉴于此，如何约束和监督权力就成为“改革 60 条”的一个重点。“改革 60 条”一方面决定加强地方人大的财政监督权和人事决定权，同时改革司法体制和纪检体制，实行省以下法院的垂直管理，上级纪检部门提名下级纪检负责人，这些无疑是从纵横两方面加大对地方一把手的约束。在过去相当长的一段时间内，人大的监督作用被忽视，人大的人事决定权更被淡化，很多的地方政府的“制度创新”也不见地方人大的踪影，结果宪法规定的监督机制事实上被搁置，这样地方一把手看上去办事方便了，有效率了，结果最终是害了自己。仅在 2008—2009 年间，河南省的 24 个县委书记被双规，这难道不是因为监督机制的结构性问题所致？因此，从权力的纵横方向制约地方一把手，实在是当务之急且切中要害。

事业单位去行政化既是压缩政府的权力边界，也是制约政府权力。如把大学区分为不同的等级，本身就是人为制造不平等的、伤害千千万万大学生利益的、教育行政化的产物，为此“改革 60 条”决定事业单位去行政化。

建立公开透明的预算制度意味着，每一分钱到哪里、怎么花，都有了明确的规定，而预算不再是一笔糊涂账。过去，预算只是一个大致的比例，比如教育、卫生、科研、社会保障、国防、农业、水利、基础建设等，各个行业占多少比例，但是各个行业下到底怎么细分，比如高等教育中各个学校多少钱，都没有具体而细致的规定，这样一笔糊涂账就为腐败和不公正的开支留下很大空间，各省各部门为此而“跑部钱进”。笔者相信，公开透明的预算制度，既约束了财政主管部门的权力，又保护了掌握财政分配权的干部。预算公开透明，事实上就向有限政府迈出了一大步。道理很简单，怎么挣钱（税）怎么花钱（预算）就是一个国家的最大的政治。

这样，“推进国家治理体系和治理能力现代化”这一改革总目标，事实上是可以量化的、看得见摸得着的一个又一个具体的制度安排的总和，即由国家有能力、政府有作为、权力有边界和权力受约束而构成的“有能力的有限政府”。

二、国家能力与有限政府的内在逻辑关系

如何理解国家能力与有限政府的内在一致性而非悖论关系呢？这里可以通过集权与分权的关系得到更好的认识，即集权是国家能力的一个重要方面，而分权则是有限政府的核心要素。

第一，行政性分权与市场性分权的关系。这是 20 世纪 80 年代西方学者研究苏联—东欧改革时提出的分权概念，对认识中国的分权改革依然有帮助。所谓行政性分权就是上级向下级让渡、下放管理权和事权。这样，行政性分权既包括中央政府向行政主管部门分权，更多的是指中央政府向地方政府分权。行政性分权的问题是，收放自如，约束性不

大，既可以分权又可以随时集权。中国在20世纪50年代、60年代和80年代的改革属于行政性分权，结果形成了“收放循环”，一放就乱，一收就死。

市场性分权是指改变权力性质的分权，更多的是所有权和产权意义上的改革，即从国家所有或国家所有制一元化改变为多种经济成分共存或多种所有制平等的产权变革。相对于行政性分权，市场性分权更具有根本性和不可逆转性，因为任何正常的国家都不会随意侵害非国有的产权和权益。很明显，“改革60条”围绕让市场在资源分配中发挥决定性作用就是一种市场性分权。

行政性分权与市场性分权的关系。行政性分权和市场性分权的概念很好理解，分权的性质和范围也很好界定，这里的关键是二者的关系。中央政府或国家把权力下放给行政部门和地方政府，并不必然意味着有利于市场经济的发育，因为行政主管部门和地方政府都有自己的利益，为了自己的利益就有可能挤压市场的边界。因此，行政性分权和市场性分权之间事实上具有内在的冲突性，而且这种冲突性关系在现实中处处可见。

现实告诉我们，同样是分权改革，要看什么样的分权，是行政性分权还是市场性分权？在中国，通过分权改革而获得大量审批权的行政主管部门和地方政府，严重压制着市场和社会的活力。怎么办？这就需要寻求中央集权的解决之道。

国家能力—行政性分权—市场性分权的关系。既然行政性分权和市场性分权存在利益上的冲突，那么如何培育市场性分权？这就需要借助于国家能力，依靠有能力的国家去破除行政部门的特权（垄断利益）和地方政府的特权，因此有能力的中央政府反而有助于推动市场性分权。要做到这一点，关键看国家的观念和定位，是倾向于政府部门和地方政府，还是倾向于保护市场。这样，国家能力与行政性分权存在两种可能性关系：共谋与压力。在分权问题上，中央与行政部门—地方政府的共谋就意味着市场的萎缩，中央对行政部门—地方政府的压力就意味着市场的活力。由此带来的是有能力的中央集权与市场性分权的二重关系：紧张与和谐。

我们已经看到，当下的改革就是中央政府鼓励市场性分权，也可以看着是上下的合力改变中间的权力，即以国家与社会—市场的合力来改变来自中间的阻力。在中共十八届三中全会前的政治局会议决定，改革的主题是地方政府职能转变、上海自贸区和廉政建设；“改革60条”更是力主发挥市场的决定性作用。所有这些，都是中央政府改革行政部门—地方政府职能而培育市场的举措。比如，上海自贸区本身和社会组织登记制改革就是要彻底改变审批制，统一市场监管、城乡一体化建设用地市场、司法权的上收，等等，事实上就是压缩地方政府的权力边界。

这样，当我们把分权区分为行政性分权和市场性分权，并具体剖析二者之间的冲突性关系后，我们突然发现，原来有能力的国家有助于削减和压缩行政权力，有助于市场化改革而形成的有限政府。

第二，法权的国家性（集权）与治权的地方性（分权）。中国的改革以分权为出发点，但并不意味越分权越好，要该放的放，该收的收。那么到底什么权力该放、什么权力该收呢？这就需要区分权力的属性。

该集中的法权。法学界鼓吹的法律的权利主义只是立法的一个方面，其实任何法律首先都是工具主义的，即实现国家意志（且不说统治阶级意志）。也就是说，法律首先具有国家性，是国家意志的代表和实现。也正因为法权的国家性，法权必须是高度集中化的，或者说是统一化的。由此意味着，作为法权载体的司法机关，也必须是国家性的集权。要更好地理解这一道理，需要理解美国政治。美国开国之父在《联邦党人文集》中说得明白，为了避免地方政治影响全国，须建立超越地方政治的司法体制，以把地方政治限定在地方范围内。为此，设计了超越地方政治的联邦最高法院和联邦巡回法院。这就很有意思了，美国的政体是联邦制，即分权化，而司法体制则是国家性的，即集权制。美国开国之父深谙治国之道。后来，美国政治最伟大的观察家托克维尔在《论美国的民主》中指出，高度地方自治的美国所以能自治而不至于混乱，关键就是地方化的行政权力受制于“政府集权”①。托克维尔主张政府集权，反对行政集权。

该分权的治权。治权就是过去常说的政府的行政管理权，必须是分权化的。实践已经告诉我们，任何计划式的中央集权管理都不可能管理好形形色色的地方事务、部门政治与老百姓的生活，地方的事只能让地方去管，百姓的事只能让百姓自己去管，否则政府管不好百姓也有意见，社会也没了活力和动力。这是说的传统的分权思想。今天，治权的分权不但是中央向地方政府放权，还意味着中央与地方政府向社会分权，实现官民互动式治理。国家治理概念和思想的提出，本身就是一种新型的分权。这里首先是社会自治问题，比如“改革60条”规定社会组织成立的审批制改为登记制，以及事业单位的去行政化；其次是共同治理，比如市场和政府的平衡作用。应该看到，如果真能做到社会自治以及共同治理，合法性结构会发生重大变化，过去总是老百姓问政府的权力合法性问题，而在社会自治和共同治理的情况下，社会和市场本身对治权的合法性负有责任。这也是治权的分权的好处，共担风险。

法权之下的治权。我们强调治权分权的合理性，但无论治权如何分散和分权，都必须在统一的法权之下进行，尤其是在中央-地方关系维度上的治权的分权。如前，即使在一个联邦制的美国，自治的地方政治都服从统一的法律。这一点对一个已经习惯于地方分权的国家而言尤其重要。而要更好地做到这一点，需要进一步改革我国的司法体制，即司法体制、行政执法体制应该更体现国家性，应该更集权化，否则环保执法等行政执法就会被地方利益绑架，司法地方主义化程度不一。

第三，国家建设中的“时间性”。早发达国家与后发国家的国家建设路径上的差异，导致了集权与分权时序上的不同。早发达国家的国家成长路径是：先有社会组织，再有经济组织，最后是政治组织，即国家和政府。这一路径特征在英国和美国特别明显。比如美国，从最早的13个州到后来的开发西部，被称为“实业家”的带头大哥领着一帮人马，到一个地方比如芝加哥、丹佛等地安营以后，首先建立教会、学校、医院等社会组织，在此基础上发展经济，而当发展遇到困难后申请加入地方政府，进而成为联邦政府的一个组成部分。所以人们常说，哈佛大学的历史比政府长。因此，对于英美这样的早发达国家而言，国家的任务似乎是如何集权的问题。事实上，凯恩斯主义就是西方国家建设的转折点，国家权力开始渗透到市场中，国家扩大税收以搞社会福利建设。结果，国家权力越来

① 国家性集权在托克维尔那里表述为政府集权。

越大，政府部门也越来越多。

相反，对于中国这样的发展中国家而言，其现代国家建设路径是“国家权力—经济组织—社会组织”。这是因为，前现代国家虽然也有经济组织和自治性的社会组织，但因为社会的“总体性危机”（19 世纪 40 年代至 20 世纪 40 年代）而无力承担国家发展的任何任务，一盘散沙的国家最后是通过战争而组织起来，即典型的“战争制造的国家”。解决了国家权力危机的政权首先面临如何把社会组织起来的任务，于是我们看到的就是单位制的具有政治功能的经济组织，城市如此，农村也是这样，比如人民公社。结果，社会被完全淹没在一体化的政治经济体中。这样一来的问题是，社会和个人失去了活力。于是开始搞经济改革，经济体制改革的一个意外结果就是社会组织的出现。

国家建设路径上的鲜明对比告诉我们，如果说英美式的西方国家面临的主要问题是如何集权的问题，而中国等发展中国家则是如何分权的问题。英美式的集权是以分权为基础和前提的，即无论如何集权都不可能动摇既有的自治和分权，而中国式的分权则是以集权为前提和基础的，而且作为前提性和基础性条件的集权必须具有权威性，否则就很难分权。这是因为，在长期的计划经济式的集权体制下，形成了我们所熟悉的“条—块”利益矩阵，没有权威性的中央集权是打破不了既定的利益格局的。

第四，制度变迁中的关键时刻与常规时期。制度变迁分为关键时刻（即关键点）和常规时期，其中关键时刻所形成的制度与规则决定着常规时期的基本走向；而决定关键时刻成败的是观念和关键人物的权威大小。① 这当然是根据中国历史以及很多其他国家历史的基本经验而总结出来的。

比如，在 19 世纪 60 年代，中国、日本、德国和俄国等重要国家同时启动现代化进程，但最后的大输家为什么单单是中国，而其他国家都更成功或基本成功？这就是关键时刻的观念与关键时刻的“玩家”（players）有没有权威以及权威大小的问题。别国且不说，就中国的“同治中兴”以及随后的洋务运动而言，当最需要有权威的中央政府去推动现代化的时候，这一时期的清廷却因为太平天国运动而败落了，政权滑落到地方大员那里，而且愚昧的慈禧太后根本没有意识到“三千年之大变局”的挑战。相反，无论是日本的明治维新所强化的天皇，还是德国 1862 年宪制危机后出现的一代枭雄俾斯麦，甚至是沙皇尼古拉二世，都有与时俱进的观念和大变革所需要的权威。

如果说中国曾经因为落后的观念和缺失权威政府而失去了第一次现代化的机遇，而 20 世纪 80 年代开始的中国改革的成功以及苏联改革的失败同样证明了观念以及权威的重要性。首先，改革本身就是与时俱进的观念的体现，这没问题。其次，中苏改革的差异在于，邓小平多次说可以试错，不行就收回来，关键是能收得回来，这就是权威的最好证明。而戈尔巴乔夫的改革一乱就收不回来了，他本人没有应有的权威。

比较历史告诉我们，制度变迁中的关键时刻需要权威，只有权威才能把握得住关键时刻，即摆平各方利益，而且在关键时刻的威权和集权所塑造制度和规则恰恰可能是分权化的，成为常规时期的制度遗产。这是世界的历史，也是中国改革历史经验的写照。到目前为止，中国改革已经进行了 30 多年，可以分为三个波次，即 20 世纪 80 年代的改革、20

---

① 参见杨光斌：《制度的形式与国家的兴衰：比较政治发展的理论与经验》，北京，北京大学出版社，2005。

世纪 90 年代开始的改革以及中共十八届三中全会所启动的第三波改革。比如在 20 世纪 90 年代的改革中，无论是把中国与世界彻底联系起来的制度安排，比如开放互联网和加入 WTO，还是国内以社会主义市场经济为取向的分税制、金融体制改革所形成的今天超越于地方利益的人民银行体制、军队与商业脱钩、1998 年国务院机构大改革，都是在新观念即社会主义市场经济的指导下硬碰硬、真刀真枪的改革，最终基本上建成了社会主义市场经济体制。通过改革而破除旧体制并建成了新体制，实在是人类改革史的创举。

一句话，只有拥有国家能力的改革才能破除行政性分权所导致的社会结构的利益集团化。第二次改革的一个意外后果是，由于进行的是以机构改革为主的改革而不是政府职能转变，结果权力在市场化中更加重要。另外，国家行政权力保护下的行业垄断使得国有垄断企业成为重要的利益集团。这样，无论是触动政府的利益即压缩政府的权力边界还是制约政府的权力，以及破解垄断性利益，非有能力的中央政府所不及。

参考文献

中文：

毛泽东选集. 2版. 1～4卷. 北京：人民出版社，1991

邓小平文选. 2版. 第2卷. 北京：人民出版社，1994

邓小平文选. 第3卷. 北京：人民出版社，1993

江泽民文选. 第1～3卷. 北京：人民出版社，2006

朱镕基. 朱镕基讲话实录. 北京：人民出版社，2011

薄一波. 若干重大决策与事件的回顾. 上卷. 北京：中共中央党校出版社，1991

薄一波. 若干重大决策与事件的回顾. 下卷. 北京：中共中央党校出版社，1993

何沁主编. 中华人民共和国史. 北京：高等教育出版社，1999

郑谦，庞松. 当代中国政治体制发展概要. 北京：中共党史资料出版社，1988

关海庭主编. 20世纪中国政治发展史论. 北京：北京大学出版社，2002

程天权主编. 中国之路——改革开放三十年的历史进程和基本经验. 北京：中国人民大学出版社，2008

俞可平主编. 中国治理变迁30年（1978—2008）. 北京：社会科学文献出版社，2008

李强主编. 中国社会变迁30年（1978—2008）. 北京：社会科学文献出版社，2008

许崇德主编. 宪法. 北京：中国人民大学出版社，2002

谢庆奎等. 中国政府体制分析. 北京：中国广播电视出版社，1995

刁田丁主编. 中国地方国家机构概要. 北京：法律出版社，1989

徐湘林. 寻求渐进政治改革的理性：理论、路径与政策过程. 北京：中国物资出版社，2009

胡伟. 政府过程. 杭州：浙江人民出版社，1998

杨光斌. 中国经济转型中的国家权力. 北京：当代世界出版社，2003

杨光斌. 制度的形式与国家的兴衰：比较政治发展的理论与经验. 北京：北京大学出版社，2005

杨光斌. 制度变迁与国家治理：中国政治发展研究. 北京：人民出版社，2006

杨光斌. 中国政治发展的战略选择. 北京：中国人民大学出版社，2011

杨光斌．政治学的基础理论与重大问题．北京：中国人民大学出版社，2011

杨光斌．政治变革中的国家与制度．北京：中央编译出版社，2011

邹谠．二十世纪中国政治（中文版）．香港：牛津大学出版社，1994

［美］F. R. 麦克法夸尔，费正清编．剑桥中华人民共和国史（1949—1965年）．北京：中国社会科学出版社，1992

［美］F. R. 麦克法夸尔，费正清编．剑桥中华人民共和国史（1966—1982年）．海口：海南出版社，1992

［美］塞缪尔·亨廷顿．变迁社会中的政治秩序．北京：华夏出版社，1987

英文：

Doak A. Barnett. *The Making of Foreign Policy in China：Structure and Process*. Western Press，1985

Roderick Macfarquhar. *The Politics of China：The Eras of Mao and Deng*（*Second edition*）. Combridge：Cambridge University Press，1997

Kenneth G. Lieberthal. *Governing China：From Revolution through Reform*. New York：Norton，1995

Tony Saich. *Governance and Politics of China*. New York：Palgrave Publishers Ltd.，2001

Jonathan Unger. *The Nature of Chinese Politics：From Mao to Jiang*. New York：M. E. Sharp Inc.，2002

图书在版编目（CIP）数据

当代中国政治制度导论/杨光斌著. —2 版. —北京：中国人民大学出版社，2015.3
新编 21 世纪政治学系列教材
ISBN 978-7-300-20952-4

Ⅰ.①当… Ⅱ.①杨… Ⅲ.①政治制度-中国-高等学校-教材 Ⅳ.①D621

中国版本图书馆 CIP 数据核字（2015）第 039001 号

全国优秀教材二等奖
新编 21 世纪政治学系列教材
当代中国政治制度导论（第二版）
杨光斌　著
Dangdai Zhongguo Zhengzhi Zhidu Daolun

出版发行	中国人民大学出版社		
社　　址	北京中关村大街 31 号	**邮政编码**	100080
电　　话	010－62511242（总编室）		010－62511770（质管部）
	010－82501766（邮购部）		010－62514148（门市部）
	010－62515195（发行公司）		010－62515275（盗版举报）
网　　址	http://www.crup.com.cn		
经　　销	新华书店		
印　　刷	北京七色印务有限公司	**版　　次**	2007 年 6 月第 1 版
开　　本	787 mm×1092 mm　1/16		2015 年 5 月第 2 版
印　　张	14.5	**印　　次**	2024 年 12 月第 14 次印刷
字　　数	336 000	**定　　价**	42.00 元

教学支持说明

（教学课件）

中国人民大学出版社教育学科秉承“出教材学术精品，育人文社科英才”的出版宗旨，多年来，出版了大批高质量的教育学、小学教育、学前教育专业教材和学术著作。

我们为本教材制作了相应的 PPT 教学课件，任何一位采用本书作为授课教材的教师均可免费获得该课件。为了确保该课件仅为授课教师获得，烦请您填写如下材料，并将相关信息通过 E-mail 发送给我们，我们将在收到相关信息后通过 E-mail 给您发送该课件。欢迎您加入我们的 QQ 群（教育新视野交流群，群号为 159813080），或登录我社官方网站（www. crup. com. cn），注册并认证成为教师会员，以获得更好的服务。

我们的联系方式：

地址：（100872）北京市中关村大街甲 59 号文化大厦 1202 室

中国人民大学出版社

电话：（010）62515955　62515383

E-mail：ggglcbfs@vip. 163. com

QQ 群：159813080

兹证明____________大学/学院____________院/系____________专业____________学年第____________学期开设的________________课程，采用中国人民大学出版社出版的____________________________________（书名、作者）作为本课程教材。授课教师为____________，授课班级共________个、学生________人。授课教师需要与本书配套的教学课件。

联 系 人：____________________________

通信地址：____________________________

邮　　编：____________________________

电　　话：____________________________

E-mail：______________________________

系/院主任：____________（签字）

（系/院办公室章）

________年______月______日